Noufissa Sekkat

El gran libro de la cocina marroquí

350 recetas simples y fáciles: Tajine, cuscús, pasteles, bebidas y más...

Todos los derechos reservados

Resumen

4

9

Palabras del autor

Queridos lectores,

Me complace presentarles mi libro "El gran libro de la cocina marroquí", fruto de una investigación fascinante en todo Marruecos. En este libro, quise reunir las mejores recetas de la cocina marroquí, ofreciendo variaciones para satisfacer los deseos y gustos de todos.

También quería corregir ciertos errores o malentendidos que encontré durante mi investigación, para poder ofrecerles un libro completo y confiable sobre la cocina marroquí. Espero poder ayudarte a descubrir o redescubrir los sabores y placeres de esta rica y variada cocina.

Deje una evaluación favorable si disfrutó de este libro, para ayudar a otros lectores a descubrir y apreciar la cocina marroquí.

¡Les deseo buen apetito y hermosos descubrimientos culinarios!

Atentamente,

Noufissa Sekkat

Utensilios de cocina marroquí

apellido	descripciones	imagen
-tajín	una fuente de horno de barro en forma de cono con una tapa cónica que permite que los alimentos se cocinen lentamente y se infundan con especias y aromáticos.	
-KASRIA -KASAA	El KASAA o KASRIA es un utensilio de cocina tradicional marroquí de barro. Es una olla de fondo plano y bordes altos, que se utiliza para preparar y servir platos como cuscús, RFISSA, etc. su forma cónica ayuda a mantener el vapor en el interior. El KASAA también es apreciado por su belleza rústica y tradicional, y se utiliza a menudo como objeto decorativo en las cocinas y restaurantes marroquíes.	
-TANJIA -KALOUCH	El TANJIA es un utensilio de cocina tradicional marroquí que toma su nombre de la ciudad de Marrakech de donde es originario. Es una vasija de barro o loza en forma de tinaja u olla, con tapa hermética, a menudo sellada con una pasta hecha de harina y agua. El TANJIA se utiliza para cocinar carnes, como cordero o ternera, lentamente y a fuego lento, generalmente sobre brasas o en un horno de barro tradicional.	

-Tetera -BERRAD	La tetera marroquí, llamada *"BERRAD"*, es un utensilio de cocina tradicional utilizado para preparar y servir el té a la menta, bebida popular en Marruecos. La tetera suele estar hecha de latón, cobre o plata, y suele estar ricamente decorada con diseños grabados o en relieve. La forma de la tetera suele ser redondeada o bulbosa, con un asa para servir el té y un pico. Suele ir acompañado de una bandeja a juego para servir vasos de té a la menta.	
-Cuscussière -BORMA y KESKASS	un utensilio de cocina tradicional utilizado para preparar cuscús, un plato popular en muchos países del norte de África. Se compone de dos partes: una olla de metal -BORMA- o terracota con tapa abovedada y una cesta vaporera que encaja perfectamente en la olla -KESKASS-	
-Cuchara de madera -MOGHREF	Cucharas para comer sopa o mezclar ingredientes hechos de madera local también llamada MOGHREF	

Utensilios de pastelería marroquí

apellido	Descripción	imagen
-mortero -MEHREZ	es un utensilio de cocina tradicional marroquí que se utiliza para triturar y moler ingredientes como especias, hierbas o cereales.	
-Cortador de galletas -M9ATAA	Piezas de metal o plástico utilizadas para cortar formas específicas	
- Rodillos dentados -JERRARA	Se utiliza para cortar masa de hojaldre en zig-zig principalmente CHEBAKIA	

Desnatadora	*Úselo para freír papas fritas e incluso pasteles como CHEBAKIA*	
Placa Cocinando	*Plato para hornear pasteles*	
vaso de papel	*Papel para rellenar de masa y darle una bonita forma a la tarta*	
rodillos de madera	*Para estirar y aplanar la masa.*	

Conversiones

Conversiones de medidas:

- ✕ 1 taza (UPC) = 240 mililitros (ml)
- ✕ 1 cucharada (CUCHARADA) = 15 mililitros (ml)
- ✕ 1 cucharadita (TEASPOON) = 5 mililitros (ml)
- ✕ 1 onza (oz) = 28,35 gramos (g)
- ✕ 1 libra (lb) = 453,59 gramos (g)
- ✕ 1 galón (gal) = 3,79 litros (L)

Conversión de temperatura:

- ✳ 1 grado Celsius (°C) = 1,8 grados Fahrenheit (°F) + 32
- ✳ 350 grados Fahrenheit (°F) = 175 grados Celsius (°C)
- ✳ 375 grados Fahrenheit (°F) = 190 grados Celsius (°C)
- ✳ 400 grados Fahrenheit (°F) = 205 grados Celsius (°C)
- ✳ 425 grados Fahrenheit (°F) = 220 grados Celsius (°C)

Abreviaturas:

- ✰ TSP: cucharadita (TSP significa "TEASPOON" en inglés)
- ✰ TBSP: cucharada (TBSP significa "TABLESPOON" en inglés)
- ✰ OZ: onza (oz significa "ONZA" en inglés)
- ✰ lb: livre (lb significa "libra" en inglés)
- ✰ G: gramo (g significa "gramo" en inglés)
- ✰ KG: kilogramo (kg significa "KILOGRAM" en inglés)
- ✰ ML: mililitro (ml significa "MILILITRO" en inglés)
- ✰ L: litro (L significa "litro" en inglés)
- ✰ C: grado Celsius (C significa "Celsius" en inglés)
- ✰ cc: cucharadita
- ✰ cs: cucharada

Cocina marroquí

La reina de la cocina mundial!! Es una de las más ricas y variadas de la región mediterránea. Consiste en una mezcla de sabores y especias y también culturas que lo hacen único en su género. La cocina marroquí también se caracteriza por el uso de productos frescos y locales, como verduras, mariscos, carnes y especias.

La riqueza de la cocina marroquí:

La cocina marroquí a menudo se considera parte de la dieta mediterránea, conocida por sus beneficios para la salud. Es rico en frutas, verduras y cereales, y utiliza grasas saludables como el aceite de oliva. Platos tradicionales marroquíes como el cuscús y el tajín, TRID, HARIRA…. también son ricas en proteínas, gracias al uso de carnes o pescados.

Los sabores de la cocina marroquí:

Una de las características más distintivas de la cocina marroquí es el uso de especias y hierbas, que añaden sabores complejos y deliciosos a los platos. Las especias más utilizadas son el comino, el jengibre, el pimentón, el azafrán, la canela, la cúrcuma, el cilantro y RAS EL HANOUT, una popular mezcla de especias marroquíes. Cada especia aporta un sabor único y complementario a cada plato.

Ver en especias:

- *"El comino es una de las especias más populares en la cocina marroquí. Su sabor cálido y terroso agrega una profundidad de sabor a muchos platos, desde tajines hasta sopas y platos de carne".*

- *"La paprika, con su color rojo intenso, se usa a menudo para agregar calidez y dulzura a los platos marroquíes. Es especialmente buena con platos de carne y pollo".*

- *"El azafrán es una de las especias más caras y preciadas de la cocina marroquí. Su sabor floral y dulce añade un toque de sofisticación a platos como la paella y el tajín de pollo".*

- *"RAS EL HANOUT es una mezcla compleja de especias marroquíes, que puede contener hasta 30 ingredientes diferentes. A menudo se usa para impartir un sabor profundo y complejo a tajines, guisos y platos de cuscús".*

- *"La cúrcuma, también conocida como 'cúrcuma', es una especia de color amarillo brillante que agrega un sabor cálido y ligeramente amargo a muchos platos marroquíes. A menudo se usa en platos de verduras, así como en adobos para carne y pollo".*

- *"La canela es una especia dulce y reconfortante que se usa a menudo en platos dulces y salados de la cocina marroquí. A menudo se usa en pasteles marroquíes, así como en platos de tajín dulce como el tajín de cordero con ciruelas pasas".*

Cada especia de la cocina marroquí aporta un sabor único y complementario a los platos, creando una rica y variada experiencia gustativa.

La cocina marroquí también está influenciada por las diferentes culturas y tradiciones culinarias de las diferentes regiones del país. Cada región de Marruecos tiene su propia cultura culinaria y utiliza ingredientes locales para crear platos únicos. Por ejemplo, la cocina de la región costera a menudo usa mariscos frescos y especias suaves, mientras que la cocina del interior usa especias y carnes más fuertes.

En resumen, la cocina marroquí es una cocina rica y variada que utiliza ingredientes frescos y locales, especias complejas y tradiciones culinarias únicas para crear platos sabrosos y saludables. Ya sea que sea un gourmet o un entusiasta de la cocina, la cocina marroquí es una experiencia de sabor que seguramente lo impresionará.

El tajín?

🔸 *Es el auténtico manjar de los marroquíes, el tajine es un plato emblemático de la auténtica cocina marroquí, y también es uno de los platos más apreciados y solicitados en todo el mundo. Toma su nombre del utensilio de terracota esmaltada en el que se cuece lentamente sobre carbón, lo que le da un sabor único y una textura tierna y sabrosa y cuanto más viejo es el tajine, más le da un sabor soberbio a los platos.*

🔸 *El tagine es un plato que se puede hacer con varios ingredientes, pero el ingrediente principal suele ser carne de res, cordero, pollo o pescado. Su secreto es sencillo: todos los ingredientes en un solo plato; Este guiso rústico a menudo se cubre con verduras frescas de temporada, como zanahorias, calabacines, cebollas, tomates y pimientos. También se puede acompañar de frutos secos y frutos secos, como dátiles, albaricoques, pasas o ciruelas pasas.*

🔸 *Cada cocinera marroquí tiene su propia receta de tajine, con variaciones en torno a un guiso de carne o pescado acompañado de verduras o incluso frutos secos. Las especias y las hierbas son siempre los elementos clave que le dan al tagine ese sabor fuera de este mundo que lo distingue de un guiso común. Las especias más comunes utilizadas en la cocina marroquí son el cilantro, la canela, la nuez moscada, el comino y NIORA. El uso de ajo, perejil, limón y aceites de oliva también aporta un sabor único al tagine.*

🔸 *La cocina agridulce, con dátiles, albaricoques, pasas o ciruelas pasas, almendras tostadas o miel, es especialmente deliciosa. El tajine es un plato sencillo cuyo éxito depende esencialmente del método de cocción. La cocción debe ser lenta para que la carne o el pescado, las verduras y las especias combinen sus sabores. Es importante que la salsa se condense lo más posible para resaltar los sabores.*

🔸 *El tajine es un plato misterioso que combina sutilmente especias dulces, saladas y orientales. Se puede disfrutar en cualquier época del año, pero se disfruta especialmente durante los meses de invierno, donde proporciona auténtica calidez y confort. Los marroquíes suelen acompañar su tagine con bebidas frías, como agua mineral, zumos de frutas o refrescos.*

🔸 *Finalmente, una comida tradicional marroquí no puede terminar sin un café servido en una copa o un delicioso té dulce con menta fresca. Para obtener el mejor sabor y textura, se recomienda comer el tagine tibio y recién preparado. Tagine es un plato que deben probar aquellos que buscan experimentar la cocina marroquí, y es fácil de preparar en casa para una auténtica experiencia gastronómica.*

NOTA :

- Generalmente encontrarás un ingrediente llamado RAS EL HANOUT: es una fabulosa mezcla de especias pero podemos acercar un poco más su sabor mezclando las siguientes especias: lo encontrarás en las primeras páginas del capítulo tajine
- también encontrará la receta HARISSA en los siguientes capítulos porque se usa en bastantes recetas

Capítulo I :
Tagines

-1- Tajines: estilo gastronómico

Tajine: estofado de pollo con especias marroquí

🕐 *Origen: marroquí / dificultad:* ★★★ */5*

🕐 *Tiempo total de preparación: 1 hora y 10 minutos*

🕐 *Calorías por ración (4 raciones): 491 Kcals*

🕐 *Número de porciones: 4*

--------------COMPONENTES DE LA RECETA ---------------

- 🫒 *2 cucharaditas de aceite de oliva*
- 🫒 *2 cebollas (400 g), partidas por la mitad y en rodajas gruesas*
- 🫒 *2 berenjenas, cortadas por la mitad y en rodajas gruesas*
- 🫒 *400 g de garbanzos enlatados*
- 🫒 *2 pimientos rojos, sin semillas y cortados en cubitos*
- 🫒 *2 cucharaditas de caldo en polvo*
- 🫒 *50 g de albaricoques secos, cortados por la mitad*
- 🫒 *600 g de filetes de muslo de pollo sin piel, sin grasa visible, picados en trozos grandes*

- 🫒 *20 g de cilantro picado*
- 🫒 *560 g de patatas grandes, en rodajas muy finas (no es necesario pelarlas)*
- 🫒 *40 g de jengibre, en rodajas finas*
- 🫒 *1 diente de ajo, machacado*
- 🫒 *40 g de cúrcuma fresca, rallada o 1 cucharadita molida*
- 🫒 *¼ de cucharadita de pimienta de Jamaica*
- 🫒 *2 cucharaditas de semillas de comino*
- 🫒 *2 cucharaditas de cilantro molido*

----------------------Pasos de realización --------------------

1. *Caliente el horno a 180C/160C ventilador/gas 4, luego caliente 1 cucharadita de aceite de oliva en una sartén grande, profunda e ignífuga con fondo grueso y tapa. Agregue las cebollas y un poco de agua, luego cubra y cocine a fuego medio durante 5 minutos, hasta que se ablanden un poco. Mezcle bien, luego agregue la berenjena en rodajas y cocine, tapado, durante 5 minutos para que se ablande.*

2. *Agregue jengibre, ajo, cúrcuma y especias secas. Mezclar bien y añadir los garbanzos con su agua, luego los pimientos, el caldo, los albaricoques, el pollo y una lata llena de agua (400ml). Agregue el cilantro, luego coloque las papas en capas, superponiéndolas ligeramente en espiral. Presionar suavemente para compactarlos y pincelar con la cucharadita restante de aceite. Cocine durante 1h a 1h30 con la tapa. Retire la tapa a la mitad de la cocción y continúe cocinando hasta que las papas estén tiernas y los jugos burbujeen.*

Tagine de cordero frito con garbanzos

◔ *Origen: marroquí / dificultad:* ★★★ */5*

◔ *Tiempo total de preparación: 4 horas y 20 minutos*

◔ *Calorías por ración (6 raciones): 669 Kcals*

◔ *Número de porciones: 6*

------------------Componente de la receta ------------------

- *1 kg de filete de cuello de cordero, cortado en trozos grandes*
- *trozo de jengibre del tamaño de un pulgar, pelado y finamente rallado*
- *2 cucharadas de pasta rosa HARISSA, más 1 cucharadita para servir*
- *½ limón confitado finamente picado o una tira de ralladura de limón pelada*
- *1 rama de canela*
- *400 g de tomates triturados*
- *600 ml de caldo de pollo o cordero*
- *2 latas de 400 g de garbanzos escurridos pero sin enjuagar*
- *100 g de albaricoques secos picados gruesos (opcional)*

- *150 g de yogur natural*
- *manojo pequeño de cilantro, picado en trozos grandes*
- *3 cucharadas de (RASS EL HANOUT)*
- *2 cucharadas de aceite de oliva, más un chorrito opcional*
- *2 cebollas, picadas*
- *4 zanahorias, cortadas en trozos grandes*
- *6 dientes de ajo, finamente picados*
- *pequeño puñado de almendras tostadas fileteadas*
- *cuscús cocido*

---------------------Pasos de realización --------------------

1. *Mezclar las piezas de cordero con el (RASS EL HANOUT) y una pizca grande de sal para rebozarlas. Guárdelo en el refrigerador hasta por 4 horas .*
2. *Caliente el horno a 160C/140C convección/gas 3. Caliente el aceite en una cacerola grande resistente al calor a fuego medio y dore el cordero por todos lados. (Tendrás que hacer esto en lotes).*
3. *Vierta en un plato con una espumadera y reserve, luego cocine las cebollas y las zanahorias en la sartén durante 10-12 minutos hasta que estén blandas y doradas, agregando un chorrito de aceite si la sartén está seca. Agregue el ajo y el jengibre, y cocine por otros 2 minutos, luego agregue las 2 cucharadas de HARISSA y la mermelada de limón. Cocine por otro minuto hasta que las verduras estén cubiertas con la mezcla y pegajosas. Agregue la canela, luego agregue los tomates y deje hervir.*
4. *Cocine por unos minutos más hasta que se reduzca a una pasta espesa. Regrese el cordero y sus jugos en reposo a la sartén y vierta el caldo. Sazonar y volver a hervir a fuego lento. Coloque la tapa en la sartén y transfiera al horno para cocinar durante 1 hora.*

5. *Agregue los garbanzos y los albaricoques, si los usa, tape nuevamente y regrese al horno por 1 hora hasta que el cordero esté tierno. Sazone, luego deje reposar el tagine durante 10 minutos.*

6. Almacene refrigerado por hasta tres días o congelado por tres meses. Dejar enfriar primero. Descongele en el refrigerador durante la noche antes de recalentar a fuego lento hasta que se caliente por completo. *Vierta 1 cucharadita de HARISSA en el yogur, luego espolvoree el tajine con cilantro y almendras picadas. Sirva con cuscús y yogur especiado al lado.*

La mezcla casera (RASS EL HANOUT):

- 1 cucharadita de comino molido,
- 1 cucharadita de jengibre molido,
- 1 cucharadita de cúrcuma molida,
- 3/4 cucharadita de canela molida,
- 3/4 de cucharadita de pimienta negra recién molida,
- 1/2 cucharadita de pimienta blanca molida,
- 1/2 cucharadita de cilantro molido,
- 1/2 cucharadita de pimienta de cayena molida,
- 1/2 cucharadita de nuez moscada molida y
- 1/4 cucharadita de clavo molido (opcional).

Mezcla de especias RAS EL HANOUT

Información:
RAS EL HANOUT es una mezcla de especias utilizada en varios platos marroquíes y magrebíes.

------------------Componente de la receta ------------------

especias enteras
- 1 nuez moscada entera (7g)
- 14g de anís
- 14 g de semillas de hinojo
- 14 g de canela cassia, o equivalente en canela molida
- 14g de cubos
- 14 g de pimienta de Jamaica
- 1 anís estrellado
- 2 dientes enteros

Otras especias y hierbas
- 3 vainas de cardamomo
- 14 g de raíz de cúrcuma seca
- 14 g de jengibre molido

- 1/2 cucharadita de hebras de azafrán (0,25g)
- 14 g de pétalos de rosa de capullos de rosa secos, rosas de damasco o de Dades
- 7 g de galanga seca
- 1/2 pimiento largo, u omitir si es difícil de encontrar
- 7g de pimienta blanca
- 7g de pimienta negra
- 14 g de pimienta de Guinea, u omitir si es difícil de encontrar
- 14g de masa
- 14 g de lavanda

------------------Pasos de realización ------------------

1. Precalentar el horno a 170°C (338°F). Ase a la parrilla las especias enumeradas en "Especias enteras" durante 8 minutos. Dejar enfriar.
2. En un molinillo de café o especias, mezcle las especias enfriadas hasta obtener una textura granulada.
3. Agregue el resto de los ingredientes y mezcle todo hasta obtener un polvo fino. Tamizar y conservar sólo el polvo fino.
4. Guarde Ras el Hanout en un frasco hermético protegido de la luz durante 3 a 6 meses.

------------------Observó ------------------

☆ Es esencial usar las especias más frescas posibles para un sabor óptimo. Cuando haya terminado de mezclar la mezcla de especias, guárdela en un frasco de vidrio hermético y colóquela en un ------------- ------ --Nota ---------------------- oscuro.

☆ Esta receta es una sugerencia, ya que es casi imposible encontrar un vendedor de especias dispuesto a compartir su receta de Ras el Hanout.

Tagine con garbanzos (forma de sopa)

○ *Origen: marroquí / dificultad:* ★★ */5*
○ *Tiempo total de preparación: 45 minutos*
○ *Calorías: 320 Kcal por ración*
○ *Número de porciones: 4*

------------------Componente de la receta -------------------

- 2 pimientos rojos
- 1 cucharada de aceite de colza
- 2 botes de 400 g de garbanzos escurridos y enjuagados
- 1½ litros de caldo de verduras ligeramente salado
- 150 g de repollo picado
- 1 limón, rallado y exprimido
- 50 g de albaricoques secos picados finamente

- 1/2 manojo pequeño de perejil finamente picado
- yogur natural sin grasa, para servir (opcional)
- 1 cebolla roja, en rodajas finas
- 2 dientes de ajo grandes, triturados
- 2 cucharaditas de cilantro molido
- 1 cucharadita de comino molido
- 2 cucharadas de pasta de rosas HARISSA

---------------------Pasos de realización --------------------

1. Caliente la parrilla a su posición más alta. Corte los pimientos por la mitad y saque las semillas, luego colóquelos con el lado cortado hacia abajo en una bandeja para hornear forrada con papel de aluminio. Ase a la parrilla durante 10-15 minutos, o hasta que se infle y se ablande. Lo suficientemente frío como para manipularlo, luego retire y deseche las pieles. Cortar los pimientos asados en tiras finas.

2. Caliente el aceite en una cacerola grande a fuego lento. Saltee la cebolla durante 8-10 minutos hasta que se ablande. Agrega el ajo, el cilantro, el comino y la pasta de HARISSA y cocina 1 min más. Agregue los garbanzos y el caldo, lleve a ebullición y cocine a fuego lento tapado durante 15 minutos.

3. Agregue los pimientos a la sopa junto con la col rizada, la ralladura y el jugo de limón y los albaricoques y cocine, tapado, durante otros 5 minutos. Sirva la sopa en tazones y sirva con perejil picado espolvoreado y una cucharada de yogur, si lo desea.

Tagine marroquí con pollo, hinojo y aceitunas

🕐 *Origen: marroquí / dificultad: ★★★ /5*

🕐 *Tiempo total de preparación: 60 minutos*

🕐 *Calorías: unas 400 Kcal por ración*

🕐 *Número de porciones: 4-6 porciones*

------------------*Componente de la receta* ------------------

- 🧄 *400 ml de caldo de verduras caliente, preparado con 2 cucharaditas de caldo en polvo*
- 🧄 *2 tomates, en cuartos*
- 🧄 *6 Kalamata o aceitunas verdes, sin hueso y partidas por la mitad*
- 🧄 *puñado generoso de cilantro, picado, más extra para servir*
- 🧄 *70 g de cuscús entero*
- 🧄 *400 g de garbanzos enlatados, escurridos y enjuagados*
- 🧄 *½ limón*

- 🧄 *1 cucharada de aceite de colza*
- 🧄 *1 cebolla grande, finamente picada*
- 🧄 *1 bulbo de hinojo, cortado a la mitad y en rodajas finas, las hojas reservadas*
- 🧄 *trozo de jengibre del tamaño de un pulgar, finamente picado*
- 🧄 *2 dientes de ajo grandes, picados*
- 🧄 *4 muslos de pollo sin piel, partidos por la mitad y desgrasados*
- 🧄 *½ cucharadita de cúrcuma*
- 🧄 *1 cucharadita de comino molido*
- 🧄 *1 cucharadita de cilantro molido*

--------------------*Pasos de realización* --------------------

1. *Exprime el limón en un bol y déjalo a un lado. Cortar el limón por la mitad, quitar el hueso de la mitad y picar la ralladura.*

2. *Caliente el aceite en una sartén antiadherente y saltee la cebolla, el hinojo, el jengibre y el ajo hasta que estén tiernos. Agregue el pollo y saltee unos minutos más hasta que se dore.*

3. *Agregue la ralladura de limón y las especias, luego vierta el caldo. Tape y cocine a fuego lento durante 25 minutos, luego agregue los tomates, las aceitunas, el cilantro y la mitad del jugo de limón. Cocine 5 minutos más hasta que el hinojo y el pollo estén tiernos y la salsa se haya reducido.*

4. *Mientras tanto, cocine el cuscús según las instrucciones del paquete y agregue los garbanzos. Agregue más jugo de limón al gusto, luego sirva el tagine con el cuscús, el cilantro adicional y las hojas de hinojo.*

Tagine de pollo con granada, limones y aceitunas

🕐 *Origen: marroquí / dificultad: ★★★ /5*

🕐 *Tiempo total de preparación: 90 minutos*

🕐 *Calorías: unas 498 Kcal por ración*

🕐 *Número de porciones: 4-6 porciones*

------------------Componente de la receta ------------------

- puñado de aceitunas
- 1 limón pequeño, ½ en rodajas muy finas
- ½ granada, solo semillas
- 100 g de queso feta desmenuzado
- menta en manojo pequeño, solo hojas
- cuscús, servir
- 2 cucharadas de semillas de cilantro
- 1 cucharada de semillas de comino
- 1½ cucharadita de semillas de hinojo
- ½ cucharadita de pimienta negra
- ¼ de cucharadita de jengibre molido
- 1 cucharadita de canela molida
- buena pizca de azafran

- 2 cucharadas de aceite de oliva
- 8 muslos de pollo
- 1 cebolla picada
- 2 dientes de ajo
- 2 cucharadas de mezcla de especias marroquíes (ver más abajo)
- 1 limón confitado grande o 2 pequeños, solo la piel, finamente picado
- 2 tomates grandes, picados
- 1 cubito de caldo de pollo
- 1 cucharada de miel
- 1 cucharada de vinagre de vino tinto

----------------------Pasos de realización ----------------------

1. Caliente 1 cucharada de aceite en una cacerola ancha y poco profunda o en una sartén resistente al horno. Sazone el pollo y cocine, con la piel hacia abajo, de 8 a 10 minutos, hasta que esté crujiente. Voltee y cocine por otros 5 minutos. Transferir a un plato. Calentar el horno a 170C/150C ventilador/gas 3.

2. Agregue el aceite restante y la cebolla a la sartén. Revuelva durante unos minutos, luego agregue el ajo y la mezcla de especias marroquíes. Revuelva, raspando la cebolla y los trozos de pollo del fondo, hasta que las especias huelan bien. Añadir el limón en conserva, los tomates, la pastilla de caldo, la miel, el vinagre y 750 ml de agua. Llevar a ebullición, luego colocar el pollo encima. Cubra con una tapa o papel aluminio y transfiera al horno durante 1 hora.

3. Destape, coloque las aceitunas y las rodajas de limón encima y rocíe los limones con un poco de aceite. Regrese al horno por 20 minutos o hasta que la salsa se haya reducido un poco (puede hacerlo en la bandeja para hornear si tiene poco tiempo). Revisa la sazón agregando un chorrito de limón, más miel o sal si crees que lo necesita. Espolvorea con semillas de granada, queso feta y menta y sirve con cuscús.

Tagine de cordero en olla de cocción lenta

- Origen: marroquí / dificultad: ★★★ /5
- Tiempo total de preparación: 30 minutos
- Tiempo de cocción: 4-8 horas (dependiendo de la temperatura de cocción)
- Calorías: unas 462 Kcal por ración
- Número de porciones: 4-6

----------------------Componente de la receta -------------------

- 1 kg de paletilla, cuello o pierna de cordero cortado en trozos
- 1 cucharada de aceite de oliva
- 1 batata, cortada en trozos
- 30 g de cerezas secas
- ½ cucharadita de miel
- ½ manojo de cilantro, picado
- 1 cebolla picada

- 3 zanahorias, cortadas en trozos
- 2 cucharaditas de ras-el-hanout
- 1 cucharadita de comino molido
- 1 cucharada de puré de tomate
- 1 cubito de caldo de pollo o cordero o una olla
- cuscús, servir

----------------------Pasos de realización -------------------

1. Freír el cordero en aceite por tandas y verter en la olla de cocción lenta. Saltee la cebolla en la misma sartén durante 5 minutos o hasta que se ablande un poco. Agregue las zanahorias y las especias, mezcle todo, agregue el puré de tomate, el caldo y 250 ml de agua y mezcle todo alrededor de la sartén. Vierta en la olla de cocción lenta. Añade el boniato, las cerezas secas, la miel y otros 500ml de agua.

2. Cocine a fuego lento durante 8 horas o a fuego alto durante 4 horas. Agregue cilantro y sirva con cuscús. Dejar enfriar antes de congelar.

Tajine marroquí de cebada perlada, chirivías y limón confitado

○ Origen: marroquí / dificultad: ★★★★ /5
○ Tiempo total de preparación: 60 minutos
○ Calorías: 412 Kcal por ración
○ Número de porciones: 4-6

-------------------Componente de la receta -------------------

- 3 chirivías, cortadas en trozos
- 3 zanahorias, cortadas en trozos
- 2 limones confitados, picados
- 200 g de cebada perlada
- 1 litro de caldo de verduras
- 1 manojo pequeño de perejil, con las hojas recogidas
- 1 paquete pequeño de menta, hojas recogidas
- 150 g de aceitunas verdes picadas
- ½ limón, jugo
- semillas de granada, para servir

- 160 g de yogur griego espeso (o alternativa no láctea)
- 2-3 cucharadas de TAHINI
- ½ limón, jugo
- 2 cucharadas de aceite
- 2 cebollas, en rodajas
- 2 dientes de ajo, picados
- ½ cucharadita de cúrcuma
- 1 cucharadita de pimentón
- 2 cucharaditas de (RASS EL HANOUT)
- 2 batatas, peladas y cortadas en trozos

---------------------Pasos de realización ---------------------

1. Calentar el aceite en una cacerola refractaria.
2. Agregue la cebolla y una pizca de sal, cocine por 5 minutos hasta que comience a tomar color y se ablande, luego agregue el ajo y las especias.
3. Cocine otro minuto hasta que esté fragante, luego agregue la batata, las chirivías, las zanahorias, la mermelada de limón y la cebada perlada.
4. Mezcle todo bien y cocine durante aproximadamente un minuto hasta que las verduras y la cebada estén cubiertas con las especias.
5. Vierta el caldo y un poco de condimento, hierva, luego reduzca el fuego y cocine a fuego lento durante 45 minutos o hasta que las verduras y la cebada estén tiernas.
6. Para hacer el aderezo, mezcle el yogur con el TAHINI, el jugo de limón y un poco de sazón, luego agregue un poco de agua para que sea cuchaable. Picar la mayor parte de las hojas de menta y el perejil.
7. Pruebe el estofado para sazonar, luego mezcle con las hierbas picadas, las aceitunas y el jugo de limón. Quizás congelado en este punto; recalentar muy suavemente.
8. Espolvorea con semillas de granada y las hierbas restantes para agregar color y textura.
9. Servir con yogur TAHINI.

Tagine con garbanzos

- Origen: marroquí / dificultad: ★★ /5
- Tiempo total de preparación: 45 minutos
- Calorías: 399 Kcal por ración
- Número de porciones: 5

------------------Componente de la receta -----------------

- 1 cucharadita de canela
- ¼ de cucharadita de chile dulce en polvo
- Bolsa de 500 g de trozos de calabaza congelada
- 2 zanahorias, finamente picadas
- 1 calabacín, finamente picado
- 2 latas de tomate triturado de 400 g
- 1 lata (400 g) de garbanzos, escurridos
- cuscús o arroz cocido, para servir
- 1 cucharada de aceite
- 1 cebolla roja, finamente picada
- 2 dientes de ajo, machacados
- 1 cucharadita de jengibre rallado
- ½ cucharadita de comino molido
- 1 cucharadita de cilantro molido

-------------------Pasos de realización ------------------

1. Caliente el aceite en una sartén de fondo grueso, luego saltee suavemente las cebollas durante unos 10 minutos hasta que comiencen a caramelizarse.
2. Agregue el ajo, el jengibre y las especias y cocine por otros 2 minutos.
3. Agregue las verduras enlatadas y los tomates y deje hervir.
4. Ponga la tapa y cocine a fuego lento durante unos 15 minutos o hasta que todas las verduras estén tiernas.
5. Agregue los garbanzos, recaliente y sirva con cuscús o arroz.

Tagine de paletilla de cordero picante

○ *Origen: marroquí / dificultad:* ★★★★ */5*
○ *Tiempo total de preparación: 3 horas y 20 minutos*
○ *Calorías: 650 Kcal por ración (4 raciones en total)*
○ *Número de porciones: 4*

----------------------*Componente de la receta* ------------------

- 1 kg de paletilla de cordero desgrasada, cortada en dados
- 3 cucharadas de harina común
- 1 cebolla grande, picada
- 2 dientes de ajo, machacados
- 1 cucharada de (RASS EL HANOUT)
- 2 cucharaditas de cilantro molido
- 2 cucharaditas de comino molido
- buena pizca de clavo molido
- 3 cucharadas de aceite vegetal

- una buena pizca de azafrán (opcional)
- 1 rama de canela
- 400 g de tomates triturados
- 1 limón, rallado y exprimido
- 1 cucharada de miel
- 4 cucharadas de melaza de granada
- 270g de pasta FILO (4-6 hojas)
- 50 g de mantequilla derretida
- 50 g de almendras fileteadas
- 50 g de semillas de granada

----------------------*Pasos de realización* ------------------

1. Calentar el aceite en una cacerola refractaria grande. Reboza el cordero en la harina con un poco de condimento, luego dóralo en el plato.
2. Haga esto en lotes para no abarrotar el plato (lo que da como resultado que la carne se cueza al vapor en lugar de frita). Tómese su tiempo para lograr un color marrón oscuro, que agregará mucho sabor carnoso al guiso.
3. Reserve la carne en un plato sobre la marcha.
4. Agregue el aceite restante a la sartén con la cebolla y el ajo.
5. Cocine durante 5 minutos hasta que se ablanden, luego agregue las especias, los tomates, la ralladura y el jugo de limón, la miel y la melaza.
6. Llene la lata de tomates hasta la mitad con agua, agua y agregue eso también. Sazone bien, lleve a ebullición y cubra con una tapa.
7. Reduzca el fuego y cocine durante 2½ a 3 horas o hasta que la carne esté tierna. Dejar enfriar.
8. Caliente el horno a 180C/160C ventilador/gas 4. Transfiera la carne a un molde para tarta de unos 25 cm de ancho, o déjelo en el molde si es lo suficientemente grande como para acomodar el relleno.
9. Desenvuelva el filo y cepille una hoja con mantequilla, arrúguela y colóquela encima del pastel.
10. Continúe con las hojas restantes hasta cubrir el tagine. Rocíe la mantequilla restante encima y cubra las almendras, luego hornee durante 45 minutos o hasta que la masa esté crujiente y dorada.

11. *Espolvorea con semillas de granada justo antes de servir.*

Tagine de verduras con quinoa y albaricoques

- ⏱ *Origen: marroquí / dificultad: ★★★ /5*
- ⏱ *Tiempo total de preparación: 80 minutos*
- ⏱ *Calorías: unas 412 Kcal por ración*
- ⏱ *Número de porciones: 6*

-----------------Componente de la receta -----------------

- 1 cucharadita de aceite de coco o aceite de oliva
- 1 cebolla roja, picada
- 2 dientes de ajo, machacados
- ½ calabaza moscada (500 g), cortada en trozos grandes
- 2 pimientos rojos, picados
- 400 g de garbanzos enlatados, escurridos
- 400 g de tomates triturados
- 500 ml de caldo de verduras vegano (como caldo de caléndula vegano en polvo)
- 1 cucharadita de canela molida
- 1 cucharadita de comino molido
- 2 cucharaditas de cúrcuma
- 2 cucharaditas de paprika
- manojo pequeño de cilantro picado
- un puñado pequeño de menta, picada, más extra para servir
- semillas de granada, para servir (opcional)
- 280g de quinoa
- 80 g de albaricoques secos picados
- 20 g de almendras fileteadas, tostadas
- 4 cucharadas de TAHINI
- 2 cucharaditas de limón confitado finamente picado, más 2 cucharaditas de líquido del frasco
- 6 cucharadas de leche de almendras

---------------------Pasos de realización -----------------

1. Caliente el aceite en una sartén grande y saltee la cebolla a fuego medio durante 3 minutos.
2. Agregue el ajo y la calabaza y cocine por otros 7 minutos.
3. Agregue las verduras restantes y continúe salteando durante 3 minutos antes de agregar los garbanzos, los tomates y el caldo, junto con las especias y los condimentos.
4. Cocine a fuego lento durante 30 minutos, sin tapar. Mientras tanto, poner 750 ml de agua en una cacerola pequeña, llevar a ebullición, luego agregar la quinoa y cocinar por 20 minutos.
5. Una vez cocido, añadir los albaricoques y las almendras, además de una pizca de sal.
6. vinagreta de TAHINI, mezcle todos los ingredientes en un tazón pequeño. Sazone con una pizca de sal.
7. TAHINI encima.
8. Espolvorea con cilantro picado y semillas de menta y granada, si las usas, para terminar.

Tagine de albóndigas con bulgur picante y garbanzos

- ⏱ *Origen: marroquí / dificultad: ★ /5*
- ⏱ *Tiempo total de preparación: 20 minutos*
- ⏱ *Calorías: unas 322 Kcal por ración*
- ⏱ *Número de porciones: 4*

---------------------Componente de la receta ------------------

- 400 g de garbanzos enlatados
- 2 cucharaditas de caldo de verduras en polvo
- 2 cucharaditas de cilantro molido
- 2 cebollas, 1 en cuartos, 1 en mitades y en rodajas
- 2 cucharadas de puré de tomate
- 2 dientes de ajo
- 1 huevo
- 1 cucharada de chile en polvo
- 500 g de carne molida extra magra
- 2 cucharaditas de aceite de colza

- 4 zanahorias grandes, cortadas en palitos
- 1 cucharadita de comino molido
- 2 cucharaditas de cilantro molido
- 400 g de tomates triturados
- 1 limón, se quita la ralladura con un pelador de papas y luego se pica
- 12 aceitunas Kalamata, picadas
- 1 cucharada de caldo de verduras en polvo
- ? manojo de cilantro fresco, picado
- 200 g de trigo búlgaro

---------------------Pasos de realización ------------------

1. Coloque la cebolla en cuartos en el procesador de alimentos y pulse para picar finamente. Agregue la carne molida, 1 cucharada de puré de tomate, ajo, huevo y chile en polvo y mezcle hasta obtener una pasta suave. Divide la mezcla en 26 piezas del mismo tamaño y enróllalas en bolas.
2. Caliente el aceite en una sartén grande y cocine las albóndigas durante unos 5-10 minutos para que se doren ligeramente. Verter del molde a un plato.
3. Ahora agregue la cebolla y las zanahorias picadas a la sartén y saltee brevemente en los jugos de cocción para que se ablanden un poco. Agregue las especias y vierta los tomates con 1 ½ latas de agua, luego agregue la ralladura de limón picada, el resto de la pasta de tomate, las aceitunas y el caldo en polvo. Regrese las albóndigas a la sartén, luego cubra y cocine por 15 minutos hasta que las zanahorias estén tiernas. Agrega cilantro.
4. Mientras se cocina el tajine, vierta la búlgara en una cacerola con los garbanzos y el agua de la lata.
5. Agregue 2 latas de agua, caldo y cilantro. Tape y cocine por 10 minutos hasta que la búlgara esté tierna y el líquido se absorba.
6. Sirva la mitad con la mitad del tagine y refrigere el resto por otra noche si lo desea.

Tajine de coliflor, aceitunas y lentejas

○ *Origen: marroquí / dificultad: ★ /5*
○ *Tiempo total de preparación: 45 minutos*
○ *Calorías: unas 377 Kcal por ración*
○ *Número de porciones: 3*

--------------------Componente de la receta --------------------

- *1 cucharada de aceite de colza*
- *1 cebolla grande, finamente picada*
- *2 dientes de ajo, finamente picados*
- *1 cucharada de chile en polvo*
- *1 cucharadita de comino molido*
- *2 cucharaditas de cilantro molido*
- *400 g de tomates triturados*
- *1 limón, se quita la ralladura con un pelador de papas y luego se pica*
- *2 cucharadas de puré de tomate*

- *12 aceitunas Kalamata, partidas por la mitad*
- *1 cucharada de caldo de verduras en polvo*
- *4 zanahorias grandes, cortadas en palitos*
- *1 coliflor pequeña, cortada en floretes*
- *1 lata de 400g de lentejas verdes*
- *paquete pequeño de cilantro fresco, picado*
- *200 g de trigo búlgaro*

--------------------Pasos de realización --------------------

1. *Caliente el aceite en una sartén grande, agregue la cebolla y el ajo y saltee brevemente para que se ablanden un poco. Agregue las especias, luego vierta los tomates con 1 lata de agua, luego agregue la ralladura de limón picada, el puré de tomate, las aceitunas y el caldo en polvo. Agregue las zanahorias y la coliflor a la sartén, cubra y cocine por 15 minutos hasta que estén tiernas. Agrega las lentejas con el líquido de la lata y el cilantro.*
2. *Mientras se cocina el tagine, cocine el búlgaro según las instrucciones del paquete. Si sigue una dieta saludable, sirva la mitad con la mitad del tagine y refrigere el resto por otra noche.*

Tagine de pollo con repollo y queso feta picante

- ⏱ *Origen: Mediterráneo / dificultad: ★★★ /5*
- ⏱ *Tiempo total de preparación: 55 minutos*
- ⏱ *Calorías: aproximadamente 379 Kcal por ración*
- ⏱ *Número de porciones: 4*

-------------------*Componente de la receta* -------------------

- 6 albaricoques secos, cortados a la mitad
- 175 g de garbanzos enlatados, escurridos y enjuagados
- ½ cucharadita de semillas de comino
- 275 g de coles de Bruselas ralladas
- 50g de feta
- ½ manojo pequeño de cilantro, picado en trozos grandes
- 1 ½ cucharada de aceite de coco

- 1 cebolla roja grande, en rodajas
- 1 pimiento rojo, en rodajas finas
- 3 dientes de ajo, finamente picados
- 10 muslos de pollo (sin hueso y sin piel)
- ½ cucharadita de canela molida
- ½ cucharadita de cúrcuma molida
- ½ cucharadita de pimentón ahumado
- 1 cucharada de puré de tomate
- 250 ml de caldo de pollo

---------------------*Pasos de realización* -------------------

1. Caliente 1 cucharada de aceite de coco en una sartén grande a fuego medio. Cuando esté derretido y caliente, agregue la cebolla, el pimiento y el ajo.
2. Cocine, revolviendo regularmente, durante 3 a 4 minutos o hasta que comience a ablandarse.
3. Sube el fuego al máximo y añade los muslos de pollo. Saltee todo durante unos 3 minutos, revolviendo ocasionalmente.
4. Espolvorear con especias, exprimir el puré de tomate y freír, revolviendo casi constantemente durante 1 min. Verter el caldo y llevar a ebullición. Reduzca el fuego a bajo y cubra parcialmente con una tapa. Después de 30 minutos, agregue los albaricoques secos y los garbanzos y cocine a fuego lento durante otros 10 minutos.
5. Mientras el tagine burbujea, caliente la 1/2 cucharada de aceite de coco restante en una sartén a fuego alto. Cuando se derrita, agregue las semillas de comino, tueste por 10 segundos, luego agregue los brotes rallados. Freír los brotes a fuego alto, revolviendo casi constantemente, durante 5 minutos, después de lo cual deberían haberse ablandado y dorado por ------------------------- -----Observaciones.
6. Sirva el tagine en un tazón grande, espolvoree con brotes fritos, desmenuce sobre el queso feta y termine con el cilantro.

Tagine marroquí de cordero y arándanos

○ *Origen: marroquí / dificultad: ★★★ /5*
○ *Tiempo total de preparación: unas 4 horas (incluida la marinada de cordero)*
○ *Calorías: unas 490 Kcal por ración*
○ *Número de porciones: 5*

------------------**Componente de la receta** ------------------

- *1½ kg de paletilla de cordero, desgrasada y cortada en cubos*
- *1 cucharada de comino molido*
- *1 cucharada de cilantro*
- *1 cucharadita de pimentón dulce*
- *1 cucharadita de pimentón picante*
- *3 cucharadas de aceite de oliva*
- *2 cebollas moradas grandes, cortadas en medias lunas*
- *200 g de arándanos frescos o congelados*

- *50 g de pistachos sin cáscara, tostados y picados en trozos grandes, para servir*
- *yogur natural, unas hojas de menta y cuscús, para acompañar*
- *4 dientes de ajo, finamente picados*
- *2 palitos de canela, partidos por la mitad*
- *6 vainas de cardamomo, ligeramente trituradas*
- *400 g de tomates triturados*
- *2 cucharadas de miel*

----------------------**Pasos de realización** --------------------

1. *Al menos 3 horas antes (o preferiblemente un día), mezcle el cordero con la mitad del comino, el cilantro, el pimentón dulce y picante en un tazón grande. Tapar y dejar en infusión en el frigorífico.*
2. *Caliente el horno a 160C/140C ventilador/gas 3.*
3. *Caliente 1 cucharada de aceite en una sartén grande para horno a fuego alto y sazone bien el cordero con las especias.*
4. *Trabajar en lotes, freír hasta que estén doradas, luego reservar.*
5. *Agrega más aceite según sea necesario y logra un color intenso en la carne; esto agregará sabor al tagine.*
6. *Una vez que el cordero esté dorado, vierta el aceite restante en la sartén, reduzca el fuego a medio y agregue las cebollas, el ajo y las especias molidas restantes.*
7. *Cocine por 5 minutos hasta que se ablanden, luego agregue los palitos de canela y las vainas de cardamomo.*
8. *Regrese el cordero al plato con los tomates, más 1/2 lata de agua y miel. Llevar a ebullición, sazonar, tapar y hornear durante 2h15.*
9. *Retire el tagine del horno, mezcle bien y agregue los arándanos. Regrese al horno, sin tapar, por 15 minutos adicionales hasta que el cordero esté completamente tierno.*
10. *Pruebe el tagine para sazonar y retire los palitos de canela y las vainas de cardamomo. Untar los pistachos, el yogur y las hojas de menta, luego servir del plato a la mesa con el cuscús.*

Tagine de venado con caldo de pollo

- ☉ *Origen: marroquí / dificultad: ★★★ /5*
- ☉ *Tiempo total de preparación: 70 minutos*
- ☉ *Calorías: 563 Kcal por ración*
- ☉ *Número de porciones: 4*

-------------------Componente de la receta -------------------

- manojo de cilantro, tallos picados en trozos grandes, hojas picadas
- trozo de jengibre del tamaño de un pulgar, pelado y picado en trozos grandes
- 3 dientes de ajo, machacados
- 1 chile rojo grande, sin semillas y picado en trozos grandes
- buena pizca de azafran
- 500 ml de caldo de pollo
- 8 ciruelas pasas sin hueso, cortadas por la mitad
- 2 cucharadas de melaza de granada
- trigo búlgaro o arroz integral, para
- 3 cucharadas de aceite de canola o de girasol

- 600 g de calabaza o calabaza, pelada, sin semillas y picada en trozos grandes
- 250 g de chalotes, cortados por la mitad
- 450 g de estofado de venado (preferiblemente paletilla o tibia), cortado en trozos grandes
- 1 cucharada de comino
- 1 cucharada de semillas de cilantro
- 1 cucharadita de granos de pimienta negra
- 1 rama de canela
- yogur natural, para servir

---------------------Pasos de realización ---------------------

1. Caliente 1 cucharada de aceite en una cacerola grande y caliente el horno a 180C/160C ventilador/gas 4. Revuelva los trozos de calabaza en otra cucharada de aceite y un poco de condimento, y colóquelos en una bandeja para hornear forrada con papel pergamino. Ase la calabaza durante 30 minutos hasta que esté casi tierna pero no demasiado blanda. Mientras tanto, agregue los chalotes a la sartén, rodando ocasionalmente, hasta que estén dorados. Coge las chalotas y reserva.

2. Agregue el aceite restante a la sartén y dore el venado; deberá hacerlo en lotes para no sobrecargar la sartén. Tómese su tiempo, asegúrese de que la carne tenga una bonita corteza de color marrón oscuro antes de sacarla de la sartén; esto le dará al tagine un sabor rico y agradable.

3. Mientras la carne se dora, caliente una sartén y agregue el comino, las semillas de cilantro, los granos de pimienta, la rama de canela y los clavos. Vuelva a calentar las especias, revolviendo ocasionalmente, hasta que adquieran un color oscuro y estén fragantes. Coloque la rama de canela a un lado con el venado y vierta las especias restantes en el tazón pequeño de un procesador de alimentos o una maja. Batir o triturar con un mortero hasta convertirlo en polvo. Agregue los tallos de cilantro, el jengibre, el ajo, el chile y 1 cucharadita

de sal, y mezcle hasta obtener una pasta (es posible que deba agregar un poco de agua si usa un procesador de alimentos).

4. *Cuando todos los trozos de venado estén dorados, vuelve a poner la carne en la sartén con la rama de canela. Agregue la pasta de especias y chisporrotee durante 1-2 minutos, agregando un poco de agua si la pasta comienza a adherirse al fondo de la sartén. Añadir el azafrán y verter el caldo. Lleve a ebullición, cubra con una tapa y cocine a fuego lento durante 1 hora y media, revolviendo ocasionalmente.*

5. *Agregue los chalotes dorados, las ciruelas pasas y la melaza de granada al tagine, aumente ligeramente el fuego y cocine a fuego lento sin tapar durante otros 30 minutos, hasta que el líquido se haya reducido y el tagine esté rico y sabroso. Sazone y agregue la calabaza 10 minutos antes de que termine la cocción del tagine. Agregue las hojas de cilantro y sirva con su cereal favorito (el trigo búlgaro, la quinua o el arroz integral funcionan bien) y una cucharada de yogur. Aún mejor refrigerado y servido al día siguiente. Este tajine se mantendrá hasta por 3 días en el refrigerador o se puede congelar por 2 meses.*

Tagine pilaf con calabaza

○ *Origen: marroquí / dificultad: ★★ /5*
○ *Tiempo total de preparación: 45 minutos*
○ *Calorías: 443 Kcal por ración*
○ *Número de porciones: 4*

------------------Componente de la receta -----------------

- 350 g de calabaza, en cubitos
- 225g de arroz basmati
- 2½ cm/1 raíz de jengibre, pelada y finamente rallada
- 1 diente de ajo, machacado
- 100 g de frutas y frutos secos mixtos
- 600 ml de caldo de verduras

- 1 cucharada de aceite vegetal
- 1 cebolla picada
- 1 cucharada de mezcla de especias para tagine o RAS EL HANOUT
- 1 cucharada de cebollas crujientes listas para usar
- perejil picado, para servir (opcional)

-----------------------Pasos de realización -----------------

1. Coloque una cacerola grande a fuego medio. Agregue el aceite y la cebolla y cocine a fuego lento hasta que se ablanden, aproximadamente 5 minutos. Vierta la mezcla de especias, la calabaza moscada y el arroz, y saltee hasta que chisporrotee y esté cubierto de especias.

2. Agrega el jengibre y el ajo, fríe por otros 30 segundos, luego revuélvelos en la mezcla de frutas y nueces.

3. Agregue el caldo y coloque la tapa en la olla. Mantenga tapado pero revuelva regularmente, cada 5 minutos más o menos, durante 20 minutos.

4. Una vez que el arroz esté tierno y se absorba el caldo, servir inmediatamente en un plato grande adornado con cebolla frita crujiente y perejil picado, si se desea.

Tajine de berenjena ahumada, limón y albaricoques

○ *Origen: marroquí / dificultad: ★ /5*
○ *Tiempo total de preparación: 25 minutos*
○ *Calorías: 243 Kcal por ración*
○ *Número de porciones: 3*

----------------------Componente de la receta ------------------

- *1½ cucharadita de (RASS EL HANOUT)*
- *1½ cucharadita de pimentón dulce ahumado*
- *buena pizca de azafran*
- *300 ml de caldo de pollo o de verduras caliente*
- *2 limones confitados, la ralladura de ambos en rodajas, la pulpa central de 1 picado grueso*
- *120 g de albaricoques secos, cortados por la mitad*
- *200 g de tomates picados gruesos*
- *1 cucharada de miel clara*
- *ralladura de 1 limón, jugo de ½*

- *2 berenjenas, cortadas en trozos grandes*
- *3 cucharadas de aceite de oliva*
- *2 cebollas, picadas*
- *2 cucharadas de jengibre recién rallado*
- *2 cucharaditas de semillas de sésamo tostadas*
- *2 cucharadas de perejil de hoja plana finamente picado*
- *2 cucharadas de menta finamente picada*
- *yogur griego, para servir (opcional)*
- *Trigo integral búlgaro, para servir (opcional)*

----------------------Pasos de realización ------------------

1. *Dore las berenjenas en 2 cucharadas de aceite para que estén doradas por todos lados, pero aún no blandas en el medio. Se hace mejor en lotes en una sartén antiadherente grande.*
2. *Caliente una sartén poco profunda de fondo grueso o tajine a fuego medio con el aceite restante, luego agregue las cebollas, el jengibre y las especias, y saltee suavemente hasta que se ablanden y se doren.*
3. *Mientras tanto, añadir el azafrán al caldo para remojarlo.*
4. *Agregue la ralladura y la pulpa de limón confitada, los albaricoques, los tomates, la miel y el jugo de limón a las cebollas con el caldo de azafrán.*
5. *Inserte las berenjenas firmemente, cubra con una tapa y cocine a fuego lento durante 30 minutos hasta que las berenjenas estén tiernas. Sazone como desee.*
6. *Mezcle la ralladura de limón, las semillas de sésamo y las hierbas picadas y espolvoree sobre el tagine.*
7. *Sirva con yogur griego y trigo integral búlgaro, si lo desea.*

Tagine: estofado de pollo con limón y cuscús

○ *Origen: marroquí / dificultad: ★★★ /5*
○ *Tiempo total de preparación: 65 minutos*
○ *Calorías: unas 460 Kcal por ración*
○ *Número de porciones: 5*

------------------*Componente de la receta* ------------------

- 🥄 *200 g de cuscús gigante*
- 🥄 *1 cucharada de aceite de oliva*
- 🥄 *2 cebollas, picadas*
- 🥄 *500 g de muslos de pollo deshuesados y sin piel, cada uno cortado en 2-3 piezas*
- 🥄 *3 cucharadas de pasta de tajine o 2 cucharadas de (RASS EL HANOUT)*
- 🥄 *un puñado de perejil picado*

- 🥄 *2 latas de 400 g de tomates con una mezcla de aceitunas picadas*
- 🥄 *un puñado pequeño de orégano fresco, hojas recogidas y picadas*
- 🥄 *2 limones confitados, sin piel, con la piel enjuagada y picados finamente*
- 🥄 *2 cucharadas de miel ligera*
- 🥄 *1 cubito de caldo de pollo*

------------------*Pasos de realización* ------------------

1. *Caliente el aceite en una cacerola grande resistente al calor con tapa. Agregue las cebollas y cocine por 10 minutos hasta que comiencen a caramelizarse. Empuje las cebollas a un lado del plato y agregue el pollo. Cocine a fuego alto durante unos 5 minutos hasta que el pollo esté dorado.*

2. *Agregue la pasta tagine, los tomates, el orégano, los limones confitados y la miel y desmenuce en el cubo de caldo. Llene una de las latas de tomates con agua hasta la mitad y viértala en el plato. Sazone con un poco de sal y mucha pimienta negra. Revuelva todo bien, luego cubra con una tapa y cocine a fuego lento durante 40 minutos a fuego lento, o hasta 4 horas a fuego muy bajo si come en diferentes momentos.*

3. *Agregue el cuscús 10 minutos antes de servir, cubra y cocine a fuego lento durante 10 minutos o hasta que esté cocido. Si come a diferentes horas, vierta su porción en una cacerola, agregue 50 g de cuscús y cocine de la misma manera. Agregue un poco de perejil justo antes de servir.*

Tagine marroquí fácil con pollo y garbanzos 2

○ *Origen: marroquí / dificultad:* ★★★ /5
○ *Tiempo total de preparación: 1 hora y 20 minutos*
○ *Calorías: alrededor de 450 calorías por porción*
○ *Número de porciones: 4-6 porciones*

----------------------*Componente de la receta* ------------------

- *1 kg de muslos de pollo deshuesados y sin piel, cortados en trozos grandes*
- *500 ml de caldo de pollo*
- *400 g de tomates triturados*
- *100 g de pasas*
- *400 g de garbanzos enlatados, escurridos y enjuagados*
- *250 g de cuscús, para servir*

- *un puñado de menta, solo las hojas, para servir*
- *1 cucharada de HARISA*
- *1 cucharada de aceite vegetal*
- *1 cebolla grande, en rodajas finas*
- *1 cucharadita de canela molida*
- *1 cucharadita de comino molido*
- *1 cucharadita de cúrcuma molida*

---------------------*Pasos de realización* -------------------

1. *Combine los muslos de pollo con la HARISSA en un tazón grande y refrigere, tapado, durante 20 a 30 minutos.*
2. *Caliente el aceite en una cacerola grande o tajine resistente al calor y saltee el pollo durante 2-3 minutos hasta que se dore. Retire de la sartén y reserve.*
3. *Saltee la cebolla durante 8-10 minutos hasta que esté suave, luego agregue las especias. Regrese el pollo al plato, junto con el caldo, los tomates y las pasas. Sazonar, llevar a ebullición, luego bajar el fuego a bajo. Cocine a fuego lento, tapado, durante 45 minutos.*
4. *Agregue los garbanzos al plato y cocine a fuego lento, sin tapar, durante 15 minutos hasta que la salsa se reduzca y espese un poco. Servir con cuscús y un puñado de hojas de menta encima.*

Tagine con cuscús y mariscos

○ *Origen: marroquí / dificultad: ★ /5*
○ *Tiempo total de preparación: 35 minutos*
○ *Calorías: alrededor de 400 calorías por porción*
○ *Número de porciones: 4 porciones*

------------------Componente de la receta ------------------

- *400 g de garbanzos enlatados*
- *Bolsa de 350g de selección de mariscos congelados*
- *300 g de cuscús*
- *manojo pequeño de cilantro, solo las hojas, picado en trozos grandes*
- *25 g de almendras fileteadas tostadas*
- *1 cucharada de aceite vegetal*

- *1 cebolla picada*
- *1 pimiento rojo, sin semillas y picado*
- *1 diente de ajo, finamente picado*
- *2 cucharadas de HARISA*
- *2 latas de tomate triturado de 400 g*
- *ralladura y jugo de ½ limón, reservando la otra ½ para servir*

-------------------Pasos de realización -------------------

1. *Caliente el aceite en una sartén grande y saltee la cebolla y el pimiento rojo durante unos 5 minutos hasta que se ablanden. Agrega el ajo, la HARISSA y los tomates troceados y cocina por unos 10 minutos hasta que espese. Agregue los mariscos congelados y cocine por unos 10 minutos más.*

2. *Coloque el cuscús en un recipiente para servir, vierta agua hirviendo sobre él para cubrirlo y luego cubra con film transparente. Deje en remojo mientras se cocina el tagine, luego agregue la mayor parte del cilantro, las almendras, la ralladura y el jugo de limón y el condimento.*

3. *Sirva el tagine con el cuscús y corte la mitad de limón restante en gajos para exprimir encima. Espolvorea con el cilantro restante y sirve.*

Tagine de pavo marroquí con frutas confitadas

- ○ *Origen: marroquí / dificultad: ★★★ /5*
- ○ *Tiempo total de preparación: 50 minutos*
- ○ *Calorías: aproximadamente 476 Kcal por ración*
- ○ *Número de porciones: 4*

-------------------*Componente de la receta* -------------------

- *1 cucharada de aceite de oliva*
- *1 cebolla roja, en rodajas gruesas*
- *3 zanahorias, cortadas en rodajas gruesas en diagonal*
- *3 chirivías, cortadas en rodajas gruesas en diagonal*
- *2 dientes de ajo, machacados*
- *2 cucharaditas de (RASS EL HANOUT)*
- *500 ml de caldo de pavo o pollo*
- *400 g de tomates triturados*
- *400 g de garbanzos enlatados, escurridos y enjuagados*

- *140 g de albaricoques secos y ciruelas pasas, picados en trozos grandes*
- *300 g de pavo sobrante, cortado en trozos*
- *un buen chorrito de miel clara*
- *½ manojo pequeño de cilantro, picado en trozos grandes*
- *1 cucharada de almendras fileteadas*
- *cuscús, servir*
- *yogur griego, para servir*

-------------------*Pasos de realización* -------------------

1. *Caliente el aceite en una cacerola grande, agregue la cebolla y cocine a fuego lento durante 8 minutos o hasta que se ablande.*
2. *Agregue las zanahorias y las chirivías y cocine por 8 minutos hasta que comiencen a ablandarse y dorarse ligeramente. Agregue el ajo y el (RASS EL HANOUT), y cocine por otros 30 segundos.*
3. *Verter el caldo, los tomates, los garbanzos, las nueces y 150 ml de agua. Sazonar, llevar a ebullición y cocinar de 25 a 30 minutos hasta que las verduras estén tiernas.*
4. *Agregue el pavo y cocine a fuego lento durante 5 minutos para que se caliente.*
5. *Agregue miel, luego espolvoree con cilantro y almendras justo antes de servir con cuscús y yogur griego.*

Tagine de cordero con arroz basmati

🕐 *Origen: marroquí / dificultad: ★★★ /5*
🕐 *Tiempo total de preparación: 2 horas y 22 minutos*
🕐 *Calorías: aproximadamente 830 Kcal por ración*
🕐 *Número de porciones: 5*

------------------Componente de la receta ------------------

- 🍖 **2 kg de filetes de cuello de cordero**
- 🍖 **pizca grande de azafrán**
- 🍖 **2 palitos de canela**
- 🍖 **2 limones confitados (en un frasco), escurridos y cortados en gajos finos**
- 🍖 **300 g de albaricoques secos listos para comer**
- 🍖 **250 g de dátiles secos sin hueso listos para comer**
- 🍖 **100 g de pistachos sin cáscara**
- 🍖 **2 cucharaditas de agua de rosas**
- 🍖 **25 g de maicena**

- 🍖 **manojo pequeño de cilantro, hojas picadas en trozos grandes**
- 🍖 **cuscús cocido o arroz basmati, para servir**
- 🍖 **5 cucharadas de aceite de oliva ligero o aceite de girasol**
- 🍖 **3 cebollas medianas, cortadas en gajos finos**
- 🍖 **4 dientes de ajo, finamente picados**
- 🍖 **4 cucharaditas de comino molido**
- 🍖 **4 cucharaditas de cilantro molido**
- 🍖 **1 cucharadita de chile en polvo**
- 🍖 **1 cucharadita de cúrcuma molida**

------------------Pasos de realización ------------------

1. **Calentar el horno a 180C/160C ventilador/gas 4. Retirar la grasa dura del cordero, cortarlo en trozos y condimentar todo. Caliente 1 cucharada de aceite en una sartén grande para horno y dore el cordero 3-4 veces a fuego alto durante 1-2 minutos hasta que esté ligeramente dorado. Agregue 1 cucharada adicional de aceite entre cada lote y transfiéralo a un tazón cada vez que se dore un lote.**

2. **Caliente el resto del aceite en la misma sartén a fuego medio y saltee las cebollas durante 5 minutos o hasta que estén suaves y ligeramente doradas. Agregue ajo, comino, cilantro, chile en polvo, cúrcuma, 1 cucharadita de pimienta negra molida y 1 cucharadita de sal marina en escamas. Cocine 1 minuto, revolviendo. Volvemos a poner el cordero en la fuente y añadimos 1,5 litros de agua, el azafrán, la canela y los limones. Llevar a ebullición, revolviendo un par de veces. Cubrir con una tapa y transferir al horno. Hornear 1 hora.**

3. **Retire con cuidado la fuente del horno y agregue los albaricoques, los dátiles y la mitad de los pistachos, luego cubra nuevamente y regrese al horno. Cocine por otros 30 minutos o hasta que el cordero esté muy tierno.**

4. **Transfiera el plato a una bandeja para hornear y ajuste el condimento al gusto. Mezcla la maicena con el agua de rosas y 3 cucharadas de agua fría, luego agrégala al tagine. Cocine a fuego medio durante 1-2 minutos o hasta que la salsa espese. (Espesar la salsa con harina de maíz no es tradicional, pero ayuda a que el tagine se congele mejor). Cuando esté listo**

para servir, corte las nueces restantes y espolvoréelas encima. Adorne con cilantro y sirva con cuscús o arroz.

-------------------------------*Observó* ------------------- ------
----

Congelar

Deseche los palitos de canela y congele el tagine cocido, antes de agregar el cilantro, en dos moldes de aluminio grandes o en un recipiente apto para el congelador hasta por 3 meses. Para servir, descongele el tagine durante la noche en el refrigerador. Vuelva a calentar en una fuente tapada en el horno a 190°C/170°C convección/gas 5 durante 45 minutos o hasta que se caliente por completo.

Tagine de pollo con cuscús de almendras

- Origen: marroquí / dificultad: ★★★ /5
- Tiempo total de preparación: 30 minutos
- Calorías: unas 500 Kcal por ración
- Número de porciones: 4-6 porciones

------------------Componente de la receta ------------------

- 600 g mini filetes de pollo
- 4 cucharadas de pasta de tagine especiada (disponible en Tesco o Marks & Spencer), o 2 cucharadas de HARISSA
- Botella de 190 ml de jugo de granada (sin azúcar)
- Bolsa de 100 g de semillas de granada

- Bolsa de 100 g de almendras tostadas fileteadas
- pequeño paquete de menta picada
- 1 cucharada de aceite vegetal
- 200 g de cuscús
- 1 cubito de caldo de pollo
- 1 cebolla roja grande, cortada por la mitad y en rodajas finas

---------------------Pasos de realización ---------------------

1. Lleve la tetera a ebullición y caliente el aceite en una sartén grande. Poner el cuscús en un bol con un poco de condimento y desmenuzar la mitad de la pastilla de caldo. Agregue la cebolla a la sartén y saltee durante unos minutos para que se ablande. Vierta agua hirviendo sobre el cuscús hasta que esté cubierto, luego cubra el recipiente con una toalla de cocina y reserve.

2. Empuje la cebolla a un lado de la sartén, agregue los filetes de pollo y dórelos por todos lados. Añadir el tajine o la pasta HARISSA y el jugo de granada, luego desmenuzar el resto de la pastilla de caldo y sazonar bien. Cocine a fuego lento, sin tapar, durante 10 minutos hasta que la salsa se espese y el pollo esté bien cocido. Agregue las semillas de granada, reservando algunas para dispersar antes de servir.

3. Después de 5 minutos, esponjar el cuscús con un tenedor y agregar las almendras y la menta. Sirva el pollo sobre el cuscús cubierto con salsa.

Lentejas con espinacas y cerezas

○ *Origen: marroquí / dificultad:* ★ */5*
○ *Tiempo total de preparación: 25 minutos*
○ *Calorías: unas 282 Kcal por ración*
○ *Número de porciones: 4 porciones*

-------------------Componente de la receta -------------------

◆ *300 ml de caldo de pollo o de verduras bajo en sal*

◆ *140 g de cerezas secas*

◆ *400g de espinacas*

◆ *perejil en un manojo pequeño, hojas recogidas y picadas*

◆ *2 cucharaditas de aceite de oliva*

◆ *4 chalotes, finamente picados*

◆ *Bolsa de 250g de lentejas listas para comer*

----------------------Pasos de realización -------------------

1. *Caliente el aceite en una cacerola mediana. Agregue los chalotes y cocine a fuego medio durante 10 minutos hasta que estén tiernos.*

2. *Añadir las lentejas Puy, el caldo y las cerezas y cocinar a fuego lento durante 10 minutos. Retire del fuego y agregue las espinacas y el perejil.*

Tajine de pato marroquí con especias y dátiles de BLED

○ *Origen: marroquí / dificultad:* ★★ /5
○ *Tiempo total de preparación: 30 minutos*
○ *Calorías: 635 Kcal por ración*
○ *Número de porciones: 3*

------------------*Componente de la receta* ------------------

- trozo de jengibre del tamaño de un pulgar, pelado
- 1 cucharada de comino
- 1 cucharada de cilantro
- 1 cucharada de canela
- 1 cucharadita de jengibre molido
- 2 limones confitados, cortados por la mitad, la pulpa y la médula se sacaron y se desecharon
- 200g de dátiles

- Pasta
- 100 g de almendras blanqueadas, picadas muy gruesas
- hojas de menta, para servir
- cuscús, servir
- 2 cucharaditas de aceite de girasol
- 6 muslos de pato sin piel
- 1 cebolla grande
- 2 dientes de ajo
- 1 pimiento rojo, sin semillas

---------------------*Pasos de realización* -------------------

1. Caliente la olla de cocción lenta a fuego lento. Mientras tanto, caliente el aceite en una sartén y dore los muslos de pato en tandas hasta que estén dorados.
2. Cuando todos los muslos estén cocidos, colóquelos en la olla de cocción lenta. Mientras dora el pato, coloque la cebolla, el ajo, el chile, el jengibre, las especias y el limón en conserva en un procesador de alimentos y mezcle hasta que espese.
3. Vierta la masa en la sartén caliente y cocine durante 5 minutos para que se ablande. Mientras tanto, agregue la mitad de los dátiles al procesador de alimentos con 200 ml de agua y mezcle hasta que quede suave.
4. Corta los dátiles restantes en trozos grandes.
5. Vierta la pasta de cebolla y todos los dátiles en la olla de cocción lenta, agregue la passata, sazone, revuelva, cubra y cocine por 5 horas (o hasta 7).
6. Extienda las almendras en el tagine y revuelva.
7. Servir con cuscús, espolvoreado con hojas de menta.

-----------------------------------*Observó* ------------------ ------

----
uso del horno

Si no tienes una olla de cocción lenta, esta receta se puede hornear en el horno: sigue el paso 1, luego mete al horno durante 4 horas a 160C/140C ventilador/gas 3 hasta que el pato se derrita y la salsa tenga un sabor intenso .

Tagine marroquí con pierna de cordero, albaricoques y chalotes

- ☼ *Origen: marroquí / dificultad: ★★ /5*
- ☼ *Tiempo total de preparación: 25 minutos (marinar la noche anterior)*
- ☼ *Calorías: 795 Kcal por ración*
- ☼ *Número de porciones: 6-8*

-------------------Componente de la receta -------------------

- 🍯 *1 pierna grande de cordero con hueso (unos 2 kg)*
- 🍯 *85 g de almendras enteras sin piel*
- 🍯 *2 limones confitados, sin pulpa, piel y corazón, finamente picados*
- 🍯 *1 cucharada de (RASS EL HANOUT)*
- 🍯 *1 cucharada de miel ligera*
- 🍯 *150 ml de caldo de pollo caliente*
- 🍯 *cilantro en manojo pequeño, hojas recogidas*
- 🍯 *cuscús y yogur natural, para servir*
- 🍯 *600 g de chalotes, cortados por la mitad si son particularmente grandes*
- 🍯 *400 g de albaricoques pequeños, partidos por la mitad y sin hueso*
- 🍯 *4 cucharadas de aceite de oliva*
- 🍯 *4 dientes de ajo, machacados*
- 🍯 *1 cucharada de comino molido*
- 🍯 *2 cucharadas de miel ligera*
- 🍯 *2 cucharaditas de canela molida*
- 🍯 *2 cucharaditas de jengibre molido*
- 🍯 *2 cucharaditas de semillas de cilantro*
- 🍯 *pizca de hebras de azafrán*

-------------------Pasos de realización -------------------

1. *Corta la pierna de cordero por todos lados y colócala en una lonchera grande o en una cacerola grande. Triture los ingredientes de la marinada con un mortero y una maja. Agregue un poco de pimienta negra y frote todo el cordero. Marinar durante la noche o hasta 24 horas.*
2. *Caliente el horno a 140C/120C ventilador/gas 1. Coloque el cordero en una asadera grande, raspando el exceso de marinada de la parte superior. Cubra la sartén con papel de aluminio, pellizcando los bordes para sellar. Cocine durante 6 a 7 horas, rociando cada hora más o menos, hasta que la carne esté increíblemente tierna.*

3. *Retire la asadera del horno y suba el horno a 200C/180C convección/calor a gas 6. Vierta el jugo de cordero en una taza medidora, deje enfriar un poco y desengrase.*

4. *Ponga los chalotes en la sartén con el cordero y revuelva para cubrir con un poco del jugo. Asar durante 15 minutos y luego agregar los albaricoques y las almendras.*

5. *Batir los jugos de la cocción con el limón, el (RASS EL HANOUT), la miel y el caldo, luego verter sobre el cordero y asar durante otros 20 min.*

6. *Dejar reposar durante 10 minutos, luego espolvorear con hierbas y servir con cuscús y yogur.*

Tagine moderno de berenjena con cuscús de almendras

- ○ *Origen: marroquí / dificultad: ★★★ /5*
- ○ *Tiempo total de preparación: 50 minutos*
- ○ *Calorías: 460 Kcal por ración (para 4 raciones)*
- ○ *Número de porciones: 5*

----------------------*Componente de la receta* --------------------

- 🍯 *1 cucharada de aceite de colza*
- 🍯 *1 cebolla grande, picada*
- 🍯 *3 dientes de ajo, picados*
- 🍯 *1 cucharada de HARISA*
- 🍯 *1 cucharadita de semillas de comino*
- 🍯 *½ cucharadita de canela molida*
- 🍯 *200 ml de caldo de verduras bajo en sal*
- 🍯 *400 g de tomates triturados*
- 🍯 *350 g de berenjenas pequeñas, limpias y cortadas varias veces*

- 🍯 *2 tiras de ralladura de limón, finamente picadas*
- 🍯 *390 g de frijoles de mantequilla enlatados, escurridos*
- 🍯 *175 g de cuscús entero*
- 🍯 *40 g de almendras tostadas fileteadas*
- 🍯 *1 bote de 150 g de yogur probiótico natural 0% grasa, mezclado con ½ diente de ajo machacado y 2 cucharadas de menta picada, más hojas para decorar (opcional)*

----------------------*Pasos de realización* --------------------

1. *Caliente el aceite en una sartén antiadherente grande y saltee la cebolla y el ajo durante 5 minutos. Agregue la HARISSA, el comino y la canela, cocine brevemente, luego vierta el caldo y los tomates.*
2. *Agregue las berenjenas y el limón, luego cubra la sartén y cocine a fuego lento durante 15-20 minutos hasta que las berenjenas estén tiernas. Agregue los frijoles de mantequilla y caliente.*
3. *Mientras tanto, cocine el cuscús según las instrucciones del paquete, luego agregue las almendras. Sirva el tagine de berenjena sobre el cuscús con yogur rociado y decore con hojas de menta, si lo desea.*

Tagine picante de cordero con membrillo

○ *Origen: marroquí / dificultad:* ★★★ /5
○ *Tiempo total de preparación: 50 minutos*
○ *Calorías: 522 Kcal por ración (para 4 raciones)*
○ *Número de porciones: 4*
○

--------------------Componente de la receta --------------------

- *1 cucharada de aceite de oliva*
- *4 piernas de cordero*
- *gran nuez*
- *2 cebollas grandes, cortadas por la mitad y luego en cuartos*
- *4 dientes de ajo, machacados*
- *4 tiras de ralladura de 1 limón sin cera, más jugo*
- *2 cucharaditas de canela molida*
- *2 cucharaditas de cilantro molido*
- *1 cucharadita de jengibre molido*

- *1 cucharadita de comino molido*
- *una buena pizca de hebras de azafrán (opcional)*
- *1 cucharada colmada de puré de tomate*
- *1 cucharada de miel clara*
- *400 ml de buen caldo de cordero o ternera*
- *2 membrillos, pelados, cortados en cuartos y sin corazón*

--------------------Pasos de realización --------------------

1. *Caliente el aceite en una sartén grande. Sazone los muslos con sal y pimienta, luego dórelos en el aceite durante 10 minutos o hasta que estén dorados.*
2. *Mientras tanto, en una cacerola o cacerola grande, derrita la mantequilla. Cocine las cebollas durante 10 minutos a fuego medio hasta que estén doradas, luego agregue el ajo. Caliente el horno a 160C/140C ventilador/gas 3.*
3. *Agregue las tiras de ralladura de limón y las especias a la sartén de cebolla. Cocine por 1 minuto, luego agregue el puré de tomate, la miel, el caldo y la mitad del jugo de limón. Coloque los muslos en la sartén, luego meta los gajos de membrillo dentro y alrededor de la carne. (Puede estar bastante apretado, pero la carne se encogerá a medida que se cocina). Llevar a ebullición, luego cubrir con una tapa y estofar en el horno durante 2 horas.*
4. *Retire la tapa y cocine por 30 minutos adicionales. Retire cualquier exceso de grasa.*
5. *La salsa estará bastante líquida, así que si prefiere un guiso más espeso, retire el cordero y los membrillos en un plato para servir, luego hierva los jugos de la sartén hasta que espese.*
6. *Sazone, agregue jugo de limón y sirva con el cordero.*

Tajine : pierna de pollo en RAS EL HANOUT

○ *Origen: marroquí / dificultad: ★★ /5*
○ *Tiempo total de preparación: 50 minutos*
○ *Calorías por ración: unas 460 Kcals*
○ *Número de porciones: 4-6*

------------------------*Componente de la receta* ------------------

- 🍵 *un poco de aceite*
- 🍵 *500 ml de caldo de pollo caliente*
- 🍵 *350 g de trigo búlgaro*
- 🍵 *2 botes de 100 g de semillas de granada*
- 🍵 *manojo de menta, picada, más algunas hojas para servir*
- 🍵 *8 muslos de pollo, sin piel y sin hueso, cada uno cortado en 2-3 piezas*
- 🍵 *2 cucharadas de mezcla de especias RAS -EL- HANOUT o tagine marroquí*

------------------------*Pasos de realización* ------------------

1. *Caliente un poco de aceite en una cacerola grande (con una tapa que cierre bien).*
2. *Cubrir las piezas de pollo con un poco de sazón y la mitad de la mezcla de especias y agregar a la sartén, dorando bien por todos lados.*
3. *Agregue el resto de la mezcla de especias y cocine por 1 min.*
4. *Vierta el caldo, sazone y revuelva, luego cubra y cocine por 25 minutos a fuego medio-bajo.*
5. *Retire la tapa, aumente el fuego a medio y agregue el trigo búlgaro.*
6. *Cocine por 10 minutos, luego cubra, apague el fuego y deje reposar por otros 10 minutos.*
7. *Cuando se haya absorbido todo el líquido y el trigo búlgaro esté blando, añadir la menta picada y espolvorear por encima las semillas de granada.*

Tagine de pescado blanco con azafrán

- ○ *Origen: marroquí / dificultad: ★★ /5*
- ○ *Tiempo total de preparación: 35 minutos*
- ○ *Calorías por ración: unas 390 Kcals*
- ○ *Número de porciones: 4*

------------------Componente de la receta------------------

- 1 cucharada de aceite de oliva
- 1 cebolla picada
- buena pizca de azafran
- 600 ml de caldo de pescado o pollo caliente
- 2 dientes de ajo, machacados
- trozo de jengibre del tamaño de un pulgar, pelado y rallado
- ½ chile verde (sin semillas si no le gusta demasiado picante), en rodajas finas
- 2 cucharaditas de comino molido
- 1 cucharadita de cilantro molido
- 1 cucharadita de canela

- 1 cucharada de puré de tomate
- tomates cherry, cortados a la mitad
- 2 cucharadas de almendras molidas
- la ralladura de una naranja, el jugo de ½
- 1 cucharada de miel
- 700 g de pescado blanco, cortado en trozos grandes
- manojo pequeño de cilantro picado
- puñado de almendras fileteadas, tostadas
- ½ chile verde, (sin semillas si no te gusta muy picante), para servir
- cuscús y yogur natural, para servir (opcional)

----------------------Pasos de realización---------------------

1. Caliente el aceite en una sartén grande. Agregue la cebolla y cocine por unos minutos hasta que esté suave. Mientras tanto, poner el azafrán en el caldo caliente y dejar en infusión. Agregue el ajo, el jengibre y el chile a la sartén y cocine por unos minutos más. Vierta las especias y el puré de tomate, revuelva durante unos minutos hasta que esté fragante, luego agregue los tomates, las almendras molidas, la ralladura y el jugo de naranja, la miel y el caldo de azafrán asegurándose de usar todo el azafrán. Cocine a fuego lento, sin tapar, durante 10 minutos, hasta que los tomates se hayan roto y la salsa se haya espesado un poco.

2. Agregue el pescado a la sartén, asegurándose de que las piezas estén todas debajo de la salsa. Cubra con una tapa y cocine a fuego lento durante 2-3 minutos hasta que esté cocido. Revisar sazón, agregar cilantro y espolvorear con almendras tostadas. Servir espolvoreado con guindilla, acompañado de un poco de cuscús y una gota de yogur natural, si se desea.

----- -------------------------Nota ----------------- --------
--
Tagine de pescado: congelarlo con anticipación

Cocine el tagine hasta el final del paso 1, enfríe, luego congele la salsa en un recipiente de plástico y congele el pescado por separado. Descongele la salsa y el pescado en el refrigerador durante la noche antes de continuar con el paso 2.

Tagine marroquí : cordero con frutos secos

🕐 *Origen: marroquí / dificultad: ★★★ /5*

🕐 *Tiempo total de preparación: 95 minutos*

🕐 *Calorías: aproximadamente 421 Kcal por ración*

🕐 *Número de porciones: 4-6*

----------------------*Componente de la receta* ------------------

- 🥄 **2 cucharadas de aceite de oliva**
- 🥄 **600 g de cordero magro picado**
- 🥄 **500 g de tomates triturados**
- 🥄 **350 g de garbanzos enlatados, enjuagados y escurridos**
- 🥄 **250 g de albaricoques secos**
- 🥄 **60 ml de caldo de pollo**
- 🥄 **Bolsa de 120 g de semillas de granada**
- 🥄 **2 puñados grandes de cilantro, picado grueso**
- 🥄 **1 cebolla grande, picada en trozos grandes**
- 🥄 **2 zanahorias grandes, cortadas en cuartos a lo largo y cortadas en trozos**
- 🥄 **2 dientes de ajo, finamente picados**
- 🥄 **2 cucharadas de mezcla de especias RAS-EL-HANOUT (vea el consejo a continuación)**

-----------------------*Pasos de realización* -------------------

1. *Calentar el horno a 180C/160C convección/gas 4. Calentar el aceite en una cacerola y dorar el cordero por todos lados. Coloque el cordero en un plato, luego agregue la cebolla y las zanahorias y cocine durante 2-3 minutos hasta que estén doradas. Agregue el ajo y cocine 1 min más. Agregue las especias y los tomates y sazone. Dorar el cordero con los garbanzos y los albaricoques. Verter sobre el caldo, remover y llevar a ebullición. Cubrir la fuente y poner en el horno durante 1 hora.*

2. *Si el cordero todavía está un poco duro, déjalo otros 20 minutos hasta que esté tierno. Cuando esté listo, déjalo reposar para que no se queme y sírvelo espolvoreado con granada y hierbas, acompañado de cuscús o arroz.*

-------------------------------*Observó* ------------------- ------

----

(RASS EL HANOUT), una mezcla de especias del norte de África
, contiene cardamomo, canela, clavo, cilantro, comino, nuez moscada, cúrcuma y pimienta negra.
Encuéntrelo en grandes supermercados o use una mezcla de las especias anteriores.

Tagine marroquí de pescado fragante

○ *Origen: marroquí / dificultad: ★★ /5*
○ *Tiempo total de preparación: 75 minutos*
○ *Calorías: unas 320 Kcal por ración*
○ *Número de porciones: 7*

-----------------*Componente de la receta* -----------------

- 2 cucharadas de aceite de oliva
- 4 dientes de ajo, picados en trozos grandes
- 4 cucharaditas de comino molido
- 2 cucharaditas de paprika
- manojo de cilantro, picado
- 1 cucharadita de sal
- jugo y ralladura de 1 limón
- 8 filetes de tilapia sin piel de 100 g cada uno
- 2 cucharadas de aceite de oliva
- 2 cebollas grandes, cortadas por la mitad y en rodajas finas

- 2 dientes de ajo, en rodajas
- 2 cucharaditas de comino molido
- 2 cucharaditas de paprika
- 3 latas de 400 g de tomate triturado
- 500 ml de caldo de pescado
- 175 g de aceitunas rellenas de guindilla
- 4 pimientos verdes, cortados en cuartos, sin semillas y en rodajas
- Bolsa de 500 g de patatas nuevas pequeñas cortadas por la mitad a lo largo

---------------------*Pasos de realización* ---------------------

1. Para hacer la CHARMOULA, poner en un bol pequeño el aceite, el ajo, el comino, el pimentón, las tres cuartas partes del cilantro y la sal. Agregue el jugo de limón, luego mezcle con una batidora de mano hasta que quede suave. Vierta la mitad sobre los filetes de pescado y voltee para cubrir ambos lados. Ponga a un lado para marinar.

2. Caliente el aceite y saltee las cebollas y el ajo hasta que se ablanden y comiencen a dorarse, aproximadamente de 4 a 5 minutos. Agregue el comino y el pimentón y cocine por otros 2 minutos. Agregue los tomates, el caldo, las aceitunas y la ralladura de limón, agregue el resto de la CHARMOULA y cocine a fuego lento sin tapar durante 10 minutos.

3. Agregue los pimientos y las papas, cubra y cocine a fuego lento durante 15 minutos hasta que las papas estén tiernas. Si congela, reserve la mitad de la salsa y refrigere antes de congelar.

4. Revuelva el cilantro restante en el tagine, luego coloque los filetes de pescado encima (si congela un lote, reserve 4 porciones de pescado) y cocine durante 4-6 minutos hasta que el pescado esté bien cocido. Sirva con arroz basmati hervido con un poco de azafrán si lo desea.

Congele su tagine en pequeñas cantidades

Para mayor flexibilidad, empaca en porciones de dos. Envuelva el pescado crudo y el tagine por separado en bolsas para congelar, eliminando la mayor cantidad de aire posible de las bolsas. Se congelará hasta por 1 mes. Descongele ambos completamente en el refrigerador, luego vuelva a calentar el tagine en una cacerola hasta que se caliente por completo. Cocine el pescado descongelado encima durante 4-6 minutos.

Tagine de pollo marroquí

○ *Origen: marroquí / dificultad: ★★★ /5*
○ *Tiempo total de preparación: 100 minutos*
○ *Calorías: unas 410 Kcal por ración*
○ *Número de porciones: 4*

-----------------------Componente de la receta -------------------

- **4 pechugas de pollo deshuesadas y sin piel**
- **3 cucharadas de aceite de oliva**
- **600 ml de caldo de pollo**
- **2 cucharadas de azúcar moreno**
- **2 cucharadas de vinagre de vino tinto**
- **100 g de cerezas secas**
- **1 cebolla roja pequeña, finamente picada**
- **Ralladura de 1 limón**
- **un puñado de hojas de menta**
- **100 g de queso feta, desmenuzado**

- **cuscús y yogur natural**
- **2 cebollas, 1 picada en trozos grandes, 1 en rodajas**
- **100g de tomates**
- **100 g de jengibre, picado grueso**
- **3 dientes de ajo**
- **1 cucharadita de cúrcuma**
- **1 cucharada de comino molido, cilantro y canela**
- **1 calabaza moscada grande, sin semillas y picada en trozos grandes**

-----------------------Pasos de realización -------------------

1. *Sazonar el pollo. Caliente 2 cucharadas de aceite en una sartén, luego dore el pollo por todos lados. Retire el pollo a un plato. Mezcle la cebolla picada, los tomates, el jengibre y el ajo hasta obtener una pasta áspera. Saltee la cebolla picada en el aceite restante en la sartén hasta que se ablande, luego agregue las especias y saltee otro 1 minuto hasta que esté fragante. Agregue la pasta y saltee durante unos minutos más para que se ablande.*

2. *Regrese el pollo al plato con la calabaza, el caldo, el azúcar y el vinagre. Llevar a ebullición, luego cocinar durante 30 minutos hasta que el pollo esté bien cocido. Levante el pollo y agregue las cerezas, luego continúe cocinando a fuego lento la salsa para espesarla mientras corta el pollo en trozos pequeños. Regrese el pollo a la salsa y sazone.*

3. *Mezcle la cebolla roja, la ralladura de limón, la menta y el queso feta. Extender en el plato, luego servir con cuscús y yogur.*

Tagine marroquí de verduras con cuscús de garbanzos

- Origen: marroquí / dificultad: ★★★/5
- Tiempo total de preparación: 40 minutos
- Calorías: unas 410 Kcal por ración
- Número de porciones: 4

-------------------Componente de la receta -------------------

- 400 g de chalotes en bolsas, pelados y partidos por la mitad
- 2 cucharaditas de miel clara
- 2 pimientos rojos, sin semillas y cortados en trozos
- 3 cucharadas de cilantro picado
- 2 cucharadas de menta picada, más extra para espolvorear
- 250 g de cuscús
- 1 cucharada de HARISSA (pasta de chile marroquí)
- 400 g de garbanzos enlatados, enjuagados y escurridos

- un puñado de almendras fileteadas tostadas
- 2 cucharadas de aceite de oliva
- 1 calabaza moscada grande, de aproximadamente 1 ¼ kg / 2 lb 12 oz, pelada, sin semillas y cortada en trozos pequeños
- 1 cucharadita de canela molida
- ½ cucharadita de jengibre molido
- 450 ml de caldo de verduras de sabor fuerte
- 12 ciruelas pasas sin hueso

----------------------Pasos de realización -------------------

1. Saltee las chalotas en el aceite durante 5 minutos hasta que estén tiernas y doradas. Agrega la calabaza y las especias y revuelve durante 1 min. Humedecer con el caldo, bien sazonado, luego agregar las ciruelas pasas y la miel. Tape y cocine a fuego lento 8 min.
2. Agregue los pimientos y cocine, de 8 a 10 minutos, hasta que estén tiernos. Agrega el cilantro y la menta.
3. Vierta 400 ml de agua hirviendo sobre el cuscús en un recipiente, luego agregue la HARISSA con ½ cucharadita de sal. Agrega los garbanzos, tapa y deja reposar por 5 minutos. Esponje con un tenedor y sirva con el tagine, las almendras fileteadas y la menta extra.

tagine de pollo del MAGREB

- ○ *Origen: norteafricano / dificultad: ★★/5*
- ○ *Tiempo total de preparación: 1 hora y 20 minutos*
- ○ *Calorías: unas 498 Kcal por ración*
- ○ *Número de porciones: 4*

------------------Componente de la receta ------------------

- *2 pechugas de pollo grandes, con piel*
- *4 muslos de pollo, con hueso y piel*
- *2 palitos de canela pequeños*
- *grandes pizcas de azafrán*
- *1 cucharadita de jengibre molido*
- *pizca de chile seco triturado*
- *375 g de calabaza moscada, pelada y cortada en trozos*
- *500 ml de caldo de pollo*
- *1 cucharada colmada de miel clara*

- *2 cucharadas de cilantro picado grueso*
- *2 cucharadas de aceite de oliva*
- *200 g de chalotes pelados*
- *2 dientes de ajo, en rodajas*
- *jengibre rallado 4cm*
- *1 cucharadita de semillas de comino, ligeramente trituradas*
- *1 cucharadita de semillas de cilantro, ligeramente trituradas*

------------------Pasos de realización ------------------

1. *Caliente el horno a 180C/160C/gas 4. Corte cada pechuga de pollo por la mitad, luego sazone todo el pollo. Calentar el aceite en una cacerola a prueba de horno de tamaño mediano. Agrega el pollo, con la piel hacia abajo, y dóralo bien; Puedes hacerlo en lotes. Retire de la sartén y reserve.*
2. *Baje un poco el fuego, agregue los chalotes a la sartén y cocine hasta que estén dorados. Agregue el ajo y el jengibre rallado y cocine por 30 segundos antes de agregar todas las especias y cocine por otro minuto.*
3. *Agregue la calabaza moscada a la sartén y revuelva para cubrir con las especias. Coloque el pollo, con la piel hacia arriba, sobre los chalotes y la calabaza. Verter sobre el caldo y rociar con miel. Llevar a ebullición suave, luego transferir al horno para cocinar durante 40 minutos hasta que estén tiernos. Espolvorea con cilantro y sirve con cuscús y un tazón de HARISSA, si lo deseas.*

tajín con vegetales picantes

- ⊙ *Origen: marroquí / dificultad: ★★ /5*
- ⊙ *Tiempo total de preparación: 40 minutos*
- ⊙ *Calorías: 244 Kcal por ración*
- ⊙ *Número de porciones: 3*

------------------*Componente de la receta* ------------------

- 🔺 **4 zanahorias, cortadas en trozos**
- 🔺 **4 chirivías pequeñas, o 3 grandes, cortadas en trozos**
- 🔺 **1 cucharadita de comino molido, paprika, canela y chile dulce en polvo**
- 🔺 **400 g de tomates triturados**

- 🔺 **2 puñados pequeños de albaricoques secos jóvenes**
- 🔺 **2 cucharaditas de miel**
- 🔺 **3 cebollas rojas, en cuartos**
- 🔺 **2 pimientos rojos, sin semillas y cortados en trozos**
- 🔺 **2 cucharadas de aceite de oliva**

------------------------*Pasos de realización* ------------------

1. **Caliente el horno a 200°C/180°C convección/gas 6. Divida las verduras entre dos bandejas para hornear, rocíe con la mitad del aceite, sazone y luego frote el aceite sobre las verduras con las manos para cubrirlas. Hornee durante 30 minutos hasta que estén tiernos y comiencen a dorarse.**
2. **Mientras tanto, saltee las especias en el aceite restante durante 1 minuto; deben chisporrotear y comenzar a oler aromáticos. Añadir los tomates, los albaricoques, la miel y una lata de agua. Cocine a fuego lento durante 5 minutos hasta que la salsa se reduzca ligeramente y los albaricoques estén regordetes, luego agregue las verduras y un poco de condimento. Servir con cuscús o patatas asadas**

------------------------------*Observó* ------------------ ------

----

Si quieres usar una olla de cocción lenta...

dale un poco más de tiempo a esta olla marroquí. Combine las verduras, el aceite, las especias, los tomates, los albaricoques y la miel en su olla de cocción lenta, cubra y cocine a fuego lento durante 6-8 horas hasta que las verduras estén tiernas.

Tagine de pollo con jengibre

○ *Origen: marroquí / dificultad: ★ /5*
○ *Tiempo total de preparación: 45 minutos*
○ *Calorías: 325 Kcal por ración*
○ *Número de porciones: 4*

---------------------*Componente de la receta* -------------------

♠ *pizca de azafrán o cúrcuma*

♠ *1 cucharada de miel*

♠ *400 g de zanahorias, cortadas en palitos*

♠ *un puñado pequeño de perejil picado grueso*

♠ *rodajas de limón, para servir*

♠ *2 cucharadas de aceite de oliva*

♠ *8 muslos de pollo deshuesados y sin piel, cortados a la mitad si son grandes*

♠ *1 cebolla picada*

♠ *2 cucharaditas de jengibre fresco rallado*

----------------------*Pasos de realización* -------------------

1. *Caliente el aceite en una sartén grande y ancha con tapa, agregue el pollo, luego saltee rápidamente hasta que esté ligeramente dorado. Agregue la cebolla y el jengibre, luego saltee otros 2 minutos.*

2. *Añadir 150 ml de agua, azafrán, miel y zanahorias, sazonar y mezclar bien. Lleve a ebullición, cubra bien, luego cocine a fuego lento durante 30 minutos hasta que el pollo esté tierno. Destape y aumente el fuego durante unos 5 minutos para reducir un poco la salsa. Espolvorea con perejil y sirve con rodajas de limón para exprimir encima.*

------------------------------*Observó* ------------------- ------

----

Consejo: pechugas de pollo

Puedes preparar este plato usando 4 pechugas de pollo deshuesadas y sin piel en lugar de muslos. Simplemente córtelos por la mitad y reduzca el tiempo de cocción a fuego lento a 15 minutos.

Tagine de garbanzos , verduras y pasas

- ○ *Origen: marroquí / dificultad: ★★ /5*
- ○ *Tiempo total de preparación: 35 minutos*
- ○ *Calorías: 400 Calorías*
- ○ *Número de porciones: 4*

-------------------------Componente de la receta ------------------

- *400 g de garbanzos enlatados, enjuagados y escurridos*
- *4 cucharadas de pasas*
- *425 ml de caldo de verduras*
- *300 g de guisantes congelados*
- *cilantro picado, para servir*
- *2 cucharadas de aceite de oliva*
- *2 cebollas, picadas*
- *½ cucharadita de canela molida, cilantro y comino*
- *2 calabacines grandes, cortados en trozos*
- *2 tomates picados*

-------------------------Pasos de realización ------------------

1. *Caliente el aceite en una sartén, luego saltee las cebollas durante 5 minutos hasta que estén tiernas.*
2. *Añade las especias. Agregue el calabacín, los tomates, los garbanzos, las pasas y el caldo, luego hierva.*
3. *Tape y cocine a fuego lento durante 10 minutos.*
4. *Agregue los guisantes y cocine por otros 5 minutos.*
5. *Espolvorea con cilantro, para servir.*

-------------------------------Observó ------------------ ------

----

Servir con cuscús

El cuscús es delicioso con tajines. Verter 200 g en un bol y verter encima 400 ml de caldo hirviendo. Cubra y deje reposar 5 minutos, luego rocíe con una cucharada de aceite de oliva.

Tagine de cordero, calabaza y albaricoque

- Origen: marroquí / dificultad: ★★★ /5
- Tiempo total de preparación: 2 horas
- Calorías: 450 Calorías
- Número de porciones: 4

------------------------Componente de la receta ------------------

- 2 cucharadas de aceite
- 200 g de calabaza moscada, en cubos
- 200 g de albaricoques secos jóvenes
- 400 g de tomates triturados
- 500 ml de caldo de cordero o ternera
- Ralladura de 1 limón
- manojo pequeño de cilantro

- cuscús y yogur natural, para servir
- 1 cebolla grande, finamente picada
- 2 dientes de ajo, finamente picados
- 1 cucharada de RAS-EL-HANOUT
- 1 cucharadita de cilantro molido
- 600 g de pierna de cordero, cortada en dados de 2 cm, eliminando el exceso de grasa

----------------------Pasos de realización ------------------

1. Caliente el horno a 200C/180C convección/gas 6. Caliente el aceite en una sartén resistente al calor, agregue la cebolla y cocine por 5 minutos hasta que se ablande. Agregue el ajo y las especias y cocine unos minutos más, revolviendo para evitar que se peguen y se quemen.

2. Añadimos a la cazuela el cordero, la calabaza y los albaricoques, vertemos sobre los tomates y el caldo, salpimentamos bien y llevamos a ebullición. Poner la tapa y transferir al horno. Después de 1 hora, revuelve el tagine y regresa al horno, sin tapar, por otros 30 minutos.

3. Revisa el condimento. Espolvorea con ralladura y cilantro, y sirve en tazones calientes con cuscús y yogur.

Tagine marroquí de KEFTA con limón y aceitunas

- ○ Origen: marroquí / dificultad: ★★★ /5
- ○ Tiempo total de preparación: 1 hora y 15 minutos
- ○ Calorías: 480 Calorías
- ○ Número de porciones: 3

-------------------Componente de la receta -------------------

- 3 cebollas, peladas
- trozo de jengibre del tamaño de un pulgar, pelado y rallado
- 1 chile rojo, sin semillas y finamente picado
- pellizcar las hebras de azafrán
- 250ml de caldo de cordero
- 1 cucharada de puré de tomate
- Kalamata negra deshuesada
- manojo pequeño de cilantro picado
- cuscús o pan crujiente fresco, para servir

- 600g de carne picada de cordero – KEFTA-
- ralladura y jugo 1 limón sin cera, cortado en gajos
- 1 cucharadita de comino molido
- 1 cucharadita de canela molida
- pizca de pimienta de cayena
- un puñado pequeño de perejil de hoja plana picado
- 2 cucharadas de aceite de oliva

--------------------Pasos de realización --------------------

1. Pon las cebollas en un procesador de alimentos y tritúralas hasta que estén finamente picadas. Coloque el cordero, la ralladura de limón, las especias, el perejil y la mitad de las cebollas en un tazón grande y sazone.
2. Usando sus manos, revuelva hasta que esté bien mezclado, luego forme bolas del tamaño de una nuez.
3. Caliente el aceite en una fuente para horno grande o tajine con tapa, luego agregue las cebollas restantes, el jengibre, el chile y el azafrán.
4. Cocine por 5 minutos hasta que la cebolla se ablande y comience a tomar color.
5. Agregue el jugo de limón, el caldo, el puré de tomate y las aceitunas, luego hierva.
6. Agregue las albóndigas, una a la vez, luego reduzca el fuego, cubra con la tapa y cocine por 20 minutos, volteando las albóndigas varias veces.
7. Retire la tapa, luego agregue las rodajas de cilantro y limón, colocándolas entre las albóndigas.
8. Cocine, sin tapar, otros 10 minutos hasta que el líquido se haya reducido y espesado ligeramente. Servir caliente con cuscús o pan fresco crujiente.

Tagine de cordero marroquí con ragú de albaricoque

○ *Origen: marroquí / dificultad: ★ /5*
○ *Tiempo total de preparación: 45 minutos*
○ *Calorías: 410 Calorías*
○ *Número de porciones: 4*

----------------------*Componente de la receta* -------------------

- *2 cucharaditas de ras-el-hanout, bereber u otra mezcla de especias del Medio Oriente*
- *1 cucharada de puré de tomate*
- *5 albaricoques secos suaves, cortados a la mitad*
- *300 ml de caldo de verduras o de pollo*

- *cuscús cocido, hojas de menta o cilantro y rodajas de limón, para acompañar*
- *2 cucharadas de aceite de oliva*
- *250 g de piezas de cordero para guiso*
- *1 cebolla, en rodajas finas*
- *1 diente de ajo, picado*
- *1 cucharada de jengibre picado*

---------------------*Pasos de realización* -------------------

1. *En una sartén mediana, caliente 1 cucharada de aceite. Sazonar la carne y freír brevemente hasta que se dore.*
2. *Retire de la sartén y agregue el aceite restante.*
3. *Agregue la cebolla, el ajo y el jengibre y saltee con un poco de sazón.*
4. *Cocine durante 5 minutos hasta que estén tiernos, luego agregue la mezcla de especias, el puré de tomate, los albaricoques y el caldo, y regrese el cordero a la sartén. Cocine a fuego lento durante 25 minutos.*
5. *Sirva con cuscús caliente, hojas de menta o cilantro y rodajas de limón.*

Tagine de cordero picado con pimienta de Marrakech

○ *Origen: marroquí / dificultad:* ★★★ /5
○ *Tiempo total de preparación: 60 minutos*
○ *Calorías: 450 Calorías*
○ *Número de porciones: 6*

-------------------Componente de la receta -------------------

- 🫕 *1½ cucharadas de semillas de comino*
- 🫕 *1½ cucharada de cilantro molido*
- 🫕 *3 cucharadas de HARISA*
- 🫕 *3 pimientos rojos, sin semillas y picados en trozos grandes –De Marrakech-*
- 🫕 *2 latas de 400g de garbanzos escurridos*
- 🫕 *2 paquetes de 20 g de cilantro, la mayoría picado, con algunas hojas enteras sobrantes para servir*

- 🫕 *500 ml de caldo de ternera o cordero, formado por 2 cubitos*
- 🫕 *1 cucharada de aceite de oliva*
- 🫕 *3 cebollas, cortadas por la mitad y en rodajas finas*
- 🫕 *3 paquetes de carne picada magra de cordero de 400 g*
- 🫕 *2 cucharadas de jengibre finamente picado*
- 🫕 *4 dientes de ajo, finamente picados*
- 🫕 *2 latas de tomate triturado de 400 g*
- 🫕 *1 cucharada de pimentón*
- 🫕 *1 cucharada de canela molida*

---------------------Pasos de realización ---------------------

1. *Caliente su wok o una sartén antiadherente grande, vierta las semillas de comino y tueste por unos segundos. Para retirar Agregue el aceite a la sartén y saltee las cebollas durante 5 minutos hasta que comiencen a tomar color. Agregue la carne picada, el jengibre y el ajo, y cocine, rompiendo la carne picada con su cuchara de madera, hasta que ya no esté rosada. Escurra cualquier exceso de líquido o grasa de la sartén.*
2. *Agrega los tomates, el comino tostado, las especias restantes y la HARISSA; agregue más especias para una patada extra. Añadir los pimientos, los garbanzos, las tres cuartas partes del cilantro picado y el caldo. Tape y cocine durante 40 minutos, revolviendo ocasionalmente, hasta que la salsa se haya espesado un poco. Sal del fuego. Deje enfriar, luego agregue el resto del cilantro picado. Se puede servir o congelar en este punto.*
3. *Envasar en bolsas para congelar y alisar el hachís a través de la bolsa para aplanarlo. Usar dentro de 3 meses. Para servir, retire las bolsas y caliente del congelador en una sartén sobre la placa con un poco de agua hasta que burbujee, luego espolvoree con cilantro.*

Tagine marroquí con garbanzos y verduras mixtas

◔ *Origen: marroquí / dificultad: ★/5*
◔ *Tiempo total de preparación: 60 minutos*
◔ *Calorías: 289 Calorías*
◔ *Número de porciones: 4*

------------------Componente de la receta ------------------

- 350 g de patatas nuevas, partidas por la mitad
- 400 g de tomates triturados
- 400 g de garbanzos enlatados, enjuagados y escurridos
- 250 ml de vino tinto
- 1 zanahoria mediana, cortada en trozos
- 1 pimiento rojo o amarillo, sin semillas y cortado en trozos
- 1 cebolla roja grande, cortada en trozos
- 4 cucharadas de aceite de canola o aceite de oliva virgen extra

- 1 cucharadita de semillas de comino
- 1 cucharadita de semillas de hinojo
- 1 cucharadita de semillas de cilantro, trituradas
- 3 dientes de ajo, picados
- ralladura y jugo de una naranja
- 1 rama de canela
- 8 ciruelas, partidas a la mitad
- cuscús y almendras fileteadas tostadas, para servir (opcional)
- 1 bulbo de hinojo, cortado y cortado en palitos grandes

------------------Pasos de realización ------------------

1. Calienta el horno a 220C/200C ventilador/gas 7. Coloca las patatas, el hinojo, la zanahoria, el pimiento y la cebolla en una asadera con 3 cucharadas de aceite, comino, semillas de hinojo y cilantro, sal y pimienta. Use sus manos para cubrir todo, luego ase durante 30 minutos, revolviendo una vez, hasta que la mezcla esté dorada y las papas estén bien cocidas.

2. Mientras tanto, caliente una sartén grande a fuego medio y agregue la cucharada restante de aceite. Freír el ajo hasta que esté fragante, luego agregar los tomates, los garbanzos, el vino, la ralladura y el jugo de naranja, la rama de canela y las ciruelas pasas. Llevar a ebullición y cocinar a fuego lento mientras se asan las verduras. Agregue las verduras asadas a la sartén y revuelva. Regrese a fuego lento y cocine por 15-20 minutos. Sirva sobre cuscús caliente espolvoreado con almendras tostadas, si lo desea.

Tagine de gallina de Guinea marroquí con albaricoques

- ☼ *Origen: marroquí / dificultad: ★★★ /5*
- ☼ *Tiempo total de preparación: 1h 40min*
- ☼ *Calorías por ración (suponiendo 6 raciones): aproximadamente 521 kcal*
- ☼ *Número de porciones: 6*

------------------*Componente de la receta* ------------------

- 🍲 *1 raja de canela grande*
- 🍲 *llovizna de miel ligera*
- 🍲 *pizca grande de azafrán remojada en 1 cucharada de agua hirviendo*
- 🍲 *jugo 1 limon*
- 🍲 *850ml de caldo de pollo*
- 🍲 *300 g de garbanzos enlatados, escurridos y enjuagados*
- 🍲 *250 g de albaricoques secos*
- 🍲 *manojo pequeño de cilantro*
- 🍲 *3 cucharadas de aceite de oliva*
- 🍲 *2 gallinas de Guinea, cortadas como un pollo (pídele a tu carnicero que lo haga o mira nuestro video sobre cómo cortar un pollo, en 'Prueba', a continuación)*
- 🍲 *2 cebollas, picadas en trozos grandes*
- 🍲 *2 dientes de ajo, picados*
- 🍲 *1 calabaza moscada o calabaza pequeña, pelada, sin semillas y picada en trozos grandes*
- 🍲 *1 cucharada de RAS-EL-HANOUT*
- 🍲 *1 cucharadita de comino molido*
- 🍲 *1 cucharadita de cilantro molido*
- 🍲 *¼ de cucharadita de jengibre molido*
- 🍲 *cuscús o arroz, para servir*

----------------------*Pasos de realización* ----------------------

1. *Caliente el aceite en una cacerola grande, poco profunda y resistente al calor. Sazonar las piezas de pintada y dorarlas, en tandas si es necesario, luego retirarlas a un plato.*
2. *Saltee las cebollas en la misma sartén hasta que estén suaves, luego agregue el ajo y la calabaza, cocine por 1-2 minutos. Vierta las especias y cocine por unos minutos antes de agregar la miel, el azafrán y el jugo de limón. Vierta el caldo de pollo y los garbanzos.*
3. *Sumerja los trozos de pintada en el caldo y agregue los albaricoques. Tape la olla y cocine a fuego lento durante 50 minutos a 1 hora, hasta que el pollo y la calabaza estén tiernos. Agregue cilantro y sirva con cuscús o arroz.*

Comida familiar: tagine de cordero con albaricoques

- ○ *Origen: marroquí / dificultad:* ★★★ */5*
- ○ *Tiempo total de preparación: 2h10min*
- ○ *Calorías por ración (asumiendo 4 raciones): aproximadamente 591 Kcals*
- ○ *Número de porciones: 5*

------------------Componente de la receta ------------------

- 🥄 **2 cucharadas de aceite de oliva**
- 🥄 **1 cebolla, finamente picada**
- 🥄 **2 dientes de ajo grandes, triturados**
- 🥄 **½ cucharadita de comino**
- 🥄 **½ cucharadita de jengibre molido**
- 🥄 **¼ de cucharadita de hebras de azafrán**
- 🥄 **1 cucharadita de canela molida**
- 🥄 **1 cucharada de miel ligera**
- 🥄 **100 g de albaricoques secos jóvenes, cortados en cuartos**
- 🥄 **1 cubito de caldo de verduras ligeramente salado**

- 🥄 **1 calabaza moscada pequeña, pelada, sin semillas**
- 🥄 **2 zanahorias finamente picadas (unos 150 g)**
- 🥄 **500 g de pierna de cordero cortada en cubos**
- 🥄 **y cortar en cubos de 1 cm**
- 🥄 **cuscús o arroz al vapor, para servir**
- 🥄 **perejil picado y piñones tostados, para servir (opcional)**

--------------------Pasos de realización --------------------

1. **Caliente el aceite de oliva en una sartén de fondo grueso y agregue la cebolla y la zanahoria. Cocine durante 3-4 minutos hasta que se ablanden.**
2. **Añadir el cordero molido y dorar todo. Agregue el ajo y todas las especias y cocine por unos minutos más o hasta que los sabores se combinen.**
3. **Agregue la miel y los albaricoques, desmenuce el cubito de caldo y vierta unos 500 ml de agua hirviendo o suficiente para cubrir la carne. Mezclar bien y llevar a ebullición. Baje el fuego, ponga la tapa y cocine por 1 hora.**
4. **Retire la tapa y cocine por otros 30 minutos, luego agregue la calabaza. Hornee durante 20-30 minutos adicionales hasta que la calabaza esté tierna y el cordero esté tierno. Sirva con arroz o cuscús y espolvoree con perejil y piñones, si lo desea.**

Tajine con Verduras de Temporada

○ *Origen: marroquí / dificultad:* ★★ */5*
○ *Tiempo total de preparación: 50 minutos*
○ *Calorías por ración: 323 Kcals (para 6 raciones)*
○ *Número de porciones: 6*

------------------------*Componente de la receta* ------------------

- *1 cucharada de aceite de oliva*
- *1 cebolla grande, en rodajas gruesas*
- *2 dientes de ajo grandes, finamente picados*
- *½ cucharadita de comino molido, cúrcuma y canela*
- *1 cucharadita de jengibre molido*
- *1½ cucharadita de pasta HARISSA*
- *2 cucharadas de miel ligera*

- *1 kg de verduras de temporada (como 1/2 calabaza pequeña, 2 zanahorias grandes, 3 chirivías medianas y 1 boniato grande), peladas y cortadas en trozos*
- *600 ml de caldo de verduras caliente*
- *2 paquetes de 175 g de Mycoprotein Meat Chunks o tofu cortado en cubitos*
- *2 cucharadas de cilantro fresco picado*

------------------------*Pasos de realización* ------------------

1. *Caliente el aceite en una sartén antiadherente grande y saltee suavemente la cebolla y el ajo durante 5-7 minutos. Agregue el comino molido, la cúrcuma, la canela y el jengibre, la pasta de HARISSA y la miel y cocine por otro minuto antes de agregar las verduras, el caldo y 1 cucharadita de sal. Llevar a ebullición, tapar y cocinar a fuego lento durante 25 minutos.*
2. *Agregue la carne de micoproteína o el tofu y cocine a fuego lento otros 5 minutos, luego pruebe y agregue más sal y pasta HARISSA si lo desea. Espolvorear con cilantro picado y servir.*

-2- Tajine: el más famoso, clásico y tradicional

Tagine marroquí (LHAM BELBARKOUK): el famoso tagine con carne y ciruelas pasas

○ Origen: marroquí / dificultad: ★★★ /5
○ Tiempo total de preparación: 1 hora 20 minutos
○ Calorías: unas 434 Kcal por ración (para 6 raciones)
○ Porciones: 6

------------------Componente de la receta ------------------

🝆 2,5 kilos de carne de vaca, cordero o incluso cabra es mejor
🝆 1/4 kilo de ciruelas secas
🝆 1 cucharada de sésamo
🝆 1 cucharada de mantequilla
🝆 2 cucharadas de azúcar
🝆 2 cebollas picadas
🝆 1/4 taza de ajo picado

🝆 1 cucharadita de sal
🝆 1 cucharadita de pimienta negra
🝆 1/2 cucharadita de canela
🝆 3 palitos de canela
🝆 1 cucharadita de azafrán
🝆 1 cucharadita de jengibre
🝆 1 cucharada de aceite de oliva

------------------Pasos de realización ------------------

1. En un tazón grande, ponga un cuarto de taza de aceite de oliva con una cucharada de aceite vegetal y agregue las especias de sal, jengibre, pimienta negra, canela y azafrán.

2. mezclar todo bien. Ponga los trozos de carne (preferiblemente baja en grasa) en la mezcla de especias, cúbralos bien por todos lados y déjelos marinar durante aproximadamente media hora.

3. traer el tagine (que sea preferiblemente plano), y ponerlo a fuego lento, luego poner otro cuarto de taza de aceite de oliva con una cucharada de aceite vegetal, y poner los trozos de carne marinados

4. Ponga el agua de condimento a un lado, luego agregue un cuarto de taza de ajo picado a la cara, junto con dos cebollas finamente picadas.

5. deje la sartén en la estufa hasta que comience a madurar y cúbrala asegurándose de revolverla cada 10 minutos y prepárese para cocinar las ciruelas, pero asegúrese de asar las ciruelas primero con semillas de sésamo antes de usarlas.

6. En una cacerola mediana a fuego medio, traiga una taza de agua y hierva, luego agregue las ciruelas pasas hasta que estén cocidas, luego escurra el agua de las ciruelas pasas y déjelas por un rato. Agregue las ciruelas, los palitos de canela, una cucharada de mantequilla y dos cucharadas de azúcar, revolviendo ocasionalmente, hasta que los ingredientes estén combinados y caramelizados.

7. agregue el agua de condimento al tagine de carne y cocine a fuego medio hasta que esté bien cocido, luego retire del fuego y agregue la mezcla de ciruelas, adorne con semillas de sésamo y cubra hasta que se consuma.

Tajine marroquí con pollo y aceitunas - MESLALLA-

- ○ Origen: marroquí / dificultad: ★★★ /5
- ○ Tiempo total de preparación: 1 hora 15 minutos
- ○ Calorías: unas 300 Kcal por ración (para 4 raciones)
- ○ Porciones: 4

----------------------Componente de la receta --------------------

- 🍯 1/2 taza de aceitunas rojas de nombre MESLALA o de cualquier tipo
- 🍯 2 limones en escabeche.
- 🍯 Un pollo cortado en ocho piezas.
- 🍯 una cebolla picada
- 🍯 4 dientes de ajo, machacados
- 🍯 una cebolla picada

- 🍯 1/4 taza de perejil picado
- 🍯 una cucharadita de jengibre
- 🍯 una cucharadita de cúrcuma
- 🍯 una cucharadita de pimienta negra
- 🍯 una cucharadita de sal
- 🍯 una cucharadita de azafrán
- 🍯 aceite de oliva

----------------------Pasos de realización --------------------

1. pones la cebolla picada en un bol grande, añades el ajo machacado, el perejil picado y un limón encurtido en dados, y remueves la mezcla.
2. Luego le agregas especias, le pones una cucharadita de pimienta negra, jengibre, cúrcuma, sal y azafrán, con dos cucharadas de aceite de oliva, y mezclas bien todos los ingredientes.
3. Ponga los trozos de pollo bien lavados en el adobo, asegurándose de que estén bien empapados por todos lados en el adobo, y déjelos alrededor de media hora o hasta toda la noche, después de cubrirlos.
4. Trae el tajín marroquí, que es conocido por su tapa cónica, luego coloca una capa de cebollas en rodajas, luego coloca el pollo marinado encima y coloca el tajín después de cubrirlo a fuego lento durante hasta una hora y media.
5. Luego se le agregan los trozos de aceituna junto con la ralladura de limón marinada, y se deja el tajín otra media hora a fuego lento para que termine de madurar, entonces ya está listo para comer.

Tagine marroquí con 6 verduras

- ◷ Origen: marroquí / dificultad: ★ /5
- ◷ Tiempo total de preparación: 47 minutos
- ◷ Calorías: aproximadamente 198 Kcal por ración
- ◷ Porciones: 4-6

-------------------------Componente de la receta --------------------

Especias

- 🌶 un pimiento mediano
- 🌶 una cucharadita de sal
- 🌶 una cucharadita de pimienta negra
- 🌶 una cucharadita de cúrcuma
- 🌶 una cucharadita de jengibre
- 🌶 1/4 taza de perejil picado
- 🌶 una cucharada de aceite de oliva con ajo machacado

Verduras :

- 🌶 1/4 kilo de papas
- 🌶 1/4 kilo de calabacín
- 🌶 1/4 kilo de zanahorias
- 🌶 1/4 kilo de guisantes,
- 🌶 un tomate picado
- 🌶 una cebolla picada

--------------------Pasos de realización --------------------

1. En un recipiente, pones una cucharada de aceite de oliva, agregas perejil y una cucharada de ajo machacado, luego agregas las especias de sal, pimienta negra, jengibre y cúrcuma, y mezclas todos los ingredientes y los mezclas. Prepare el tajín, ponga las cebollas picadas con los tomates y los pimientos verdes, ponga dos cucharadas de la mezcla de especias, revuelva bien, luego ponga la tapa a fuego lento durante un cuarto de hora.

2. Comienzas a mezclar la mezcla de especias con las papas cortadas en cubitos, junto con las zanahorias, calabacines y guisantes, y los agregas a la sartén, y dejas por media hora aproximadamente, hasta que todos los ingredientes estén cocidos, luego está listo para comer.

Tagine marroquí con sardinas

○ **Origen: marroquí / dificultad: ★★ /5**
○ **Tiempo total de preparación: 1 hora y 20 minutos**
○ **Calorías: aproximadamente 299 Kcal por ración**
○ **Porciones: 4-6**

------------------*Componente de la receta* ------------------

- **1 kilo de sardinas frescas, sin cabeza y limpias por dentro**
- **1 taza de <u>CHARMOULA</u> :**
- **"especias específicas para pescado: pimentón, comino, pimienta, sal, concentrado de tomate, pimentón picante, Cilantro y perejil ,jengibre molido , jugo de limón »**
- **3 papas grandes, en rodajas finas**

- **3 pimientos dulces (cualquier color), rebanados y cortados en cubitos**
- **3 tomates grandes, en rodajas**
- **1 calabacín grande, en rodajas**
- **Rodajas de limón (o limón confitado picado) para decorar**
- **Cilantro picado para decorar**

--------------------*Etapas de realización* --------------------

<u>CHARMOULA</u>

• **Combine todos los ingredientes y revuelva hasta que quede suave.**

--------------------*Pasos de realización* --------------------

tagine de sardinas

1. **Picar finamente el limón confitado y mezclar con la CHARMOULA.**
2. **Con las manos cubrir las sardinas y el interior de las sardinas con la mitad de la CHARMOLA. Reserva el resto de la CHARMOLA. Coloque el pescado en el refrigerador hasta que esté listo para cocinar el tagine, cuanto más largas sean las sardinas, mejor.**
3. **Cuando esté listo para cocinar el tagine, precaliente el horno a 200°C (390°F).**
4. **Placer les pommes de terre, les poivrons, les tranches de courgettes et les tomates dans une soupe d'eau et verser sur les légumes en veillant à ce que tous les légumes soient recouverts de CHARMOULA (ajouter quelques cuillères à soupe d'eau au tajine si es necesario).**
5. **Disponer las sardinas enfriadas sobre las verduras y cortar las rodajas de limón.**
6. **Cubra el plato con papel de aluminio y colóquelo en el horno caliente durante 30 a 35 minutos o hasta que esté tierno.**
7. **las papas son más grandes que la bandeja para hornear grande. Mezclar el resto de CHARMOULA con 2 cucharadas tiernas y las sardinas están cocidas.**
8. **Sirva caliente, espolvoreado con cilantro.**

----------------------- *Observaciones*----------------------- -

--

• *Para ahorrar tiempo, pídale al pescadero que limpie el pescado.*
• *Asegúrese de que las papas fritas no sean demasiado gruesas, si lo son, tardarán más en cocinarse y el pescado estará seco cuando se cocine.*

Tajine (DJAJ BEL FRITE): pollo con papas fritas

○ *Origen: marroquí / dificultad:* ★★★ */5*
○ *Tiempo total de preparación: 1 hora y 35 minutos*
○ *Calorías: aproximadamente 433 Kcal por ración*
○ *Porciones: 4-6*

--------------------*Componente de la receta* --------------------

- *Pollo pequeño, cortado en trozos pequeños*
- *cucharadita de pimienta negra*
- *Dos cucharadas de pimienta blanca "jengibre"*
- *Sal al gusto*
- *Media taza de aceite de oliva mezclado con aceite vegetal*

- *el agua*
- *Patatas fritas*
- *3 cebollas grandes, en rodajas largas*
- *perejil y cilantro*
- *3 dientes de ajo*
- *Colorante alimentario o azafrán gratis*

----------------------*Pasos de realización* --------------------

1. *Mezcle bien el perejil picado y el cilantro con el ajo salado.*
2. *Cogemos el tajín, si lo hay, o una olla común, en la que ponemos rodajas de cebolla, luego aceite y pollo, y añadimos la mezcla de perejil, cilantro, ajo y sal, luego añadimos azafrán o pimienta de colores, negra y pimienta blanca. y dejar la mezcla a fuego muy bajo.*
3. *Después de que la mezcla hierva, la mezclamos con los corazones de los trozos de pollo, después de que la cebolla se haya marchitado, vertemos una taza de agua, luego tapamos el tagine y dejamos que el pollo hierva a fuego lento. Enmantequillamos el pollo y lo ponemos. en el horno para dorar.*
4. *Una vez que esté todo listo, cogemos las patatas fritas y las ponemos encima, habiéndolas frito previamente, y las servimos sanas.*

Tagine de alcachofas con guisantes

- ○ *Origen: marroquí / dificultad: ★★★/5*
- ○ *Tiempo total de preparación Tagine de alcachofas con guisantes: 1000 min*
- ○ *Calorías: unas 380 Kcal por ración*
- ○ *Raciones: 6 a 8 personas*

------------------Componente de la receta ------------------:

- ♣ **500 gramos de carne de res o cordero, preferiblemente la paletilla, en trozos grandes**
- ♣ **1 kg de cuscús fresco**
- ♣ **200 g de guisantes frescos**
- ♣ **1 cebolla mediana finamente picada**
- ♣ **3 dientes de ajo, rallados**
- ♣ **1 cucharadita de jengibre molido**

- ♣ **1 cucharadita de cilantro molido**
- ♣ **1 cucharadita de cúrcuma molida**
- ♣ **sal y pimienta para probar**
- ♣ **5 cucharadas de aceite de oliva**
- ♣ **1 litro de agua**
- ♣ **1/2 limón confitado**
- ♣ **2 cucharadas de cilantro y perejil finamente picados**

------------------Pasos de realización ------------------

1- *Llene un tazón grande con agua y dos cucharadas de jugo de limón.*

2- *Limpia el pepino: con un cuchillo de cocina, primero pela las hojas. Recorta los bordes duros en la parte inferior del reloj de cuco. Luego corte el centro y use una cuchara para sacar el centro peludo hasta que tenga un centro muy limpio. Sumerge los corazones de cuco en un recipiente con agua y jugo de limón para que no se oxiden.*

Observó :

1. *Frota un poco de limón en tus manos y yemas de los dedos antes de limpiar el reloj de cuco para no mancharte los dedos.*

3- *En una olla a presión, coloca los trozos de carne a fuego medio. Agregue la cebolla, los dientes de ajo, el jengibre, el cilantro, la cúrcuma, la sal, la pimienta y el aceite de oliva. Mezclar todos los ingredientes Agregar 500 ml de agua, cerrar la olla a presión y cocinar por 30 minutos o hasta que la carne esté medio cocida. Revisa la carne de vez en cuando y agrega agua si es necesario.*

4- *Escurrir el agua del limón y lavarlo.*

5- *Abre la olla a presión y agrega los corazones de roble, los guisantes, el perejil picado, el cilantro y el limón confitado. Agrega agua si es necesario, suficiente para cubrir la mitad de los ingredientes, tapa la olla de presión y continúa cocinando a fuego medio durante 30 minutos.*

6- *Para servir, poner primero la carne (ya sea en un plato o en una cacerola), y decorar con la coliflor y los guisantes, luego verter toda la salsa alrededor. Agregue más perejil picado y cilantro. ¡Sirve inmediatamente con pan crujiente!*

Tajine de DAKHLA con calamares

○ *Origen: marroquí / dificultad: ★ /5*
○ *Tiempo total de preparación Tajine de calamares: 50 min*
○ *Calorías: unas 220 Kcal por ración*
○ *Raciones: 4 personas*

-------------------Componente de la receta -------------------

- 450 g de calamares cortados en aros (la ciudad de DAKHLA es una ciudad del SAHARA marroquí conocida por su riqueza marítima y especialmente por su marisco)
- 2 tomates, pelados y rallados
- 1/2 cebolla, picada
- 4 cucharadas de perejil picado
- 225 g de salsa de tomate
- 2 cucharadas de aceite de oliva
- 1 cucharadita de sal
- 1/4 cucharadita de pimienta negra
- 2 cucharaditas de pimiento dulce

----------------------Pasos de realización ----------------------:

1- Para preparar la salsa, corta los tomates por la mitad y rállalos con los agujeros grandes de un rallador de cajas. Deshazte de la piel.
2- Picar el perejil.
3- Cortar la cebolla por la mitad y luego cortarla en semicírculos finos.
4- A fuego medio, caliente el aceite de oliva durante un minuto. Use el mejor aceite de oliva posible en este plato, ya que realmente afecta el sabor. Agregue las cebollas y cocine por dos minutos. Agregue los tomates rallados y cocine por otros 2 minutos.
5- Agrega la salsa de tomate, la sal, la pimienta, el pimentón y la mitad del perejil picado. Mezclar bien.
6- Tape la sartén y deje que la salsa se cocine durante 5 minutos.
7- Agregue los anillos de calamares a la salsa. Tape la sartén y cocine a fuego medio durante 45 minutos a una hora. Revisa los calamares de vez en cuando y remueve.
8- Cuando hayan transcurrido unos 40 minutos de cocción, añadir el perejil picado restante y seguir cocinando hasta que los calamares estén cocidos y la salsa haya espesado.
9- Servir inmediatamente con pan

Tagine marroquí con membrillo y okra

○ *Origen: marroquí / dificultad: ★ /5*
○ *Tiempo total de preparación: 35 minutos*
○ *Calorías por ración: 93 Kcals*
○ *Número de porciones: 3 porciones*

------------------*Componente de la receta* -------------------

para los membrillos

- 1 kg de membrillos
- 500 ml de agua
- 2 cucharadas de jugo de limón, separadas
- Para el tagine 250 g de okra
- 2 cucharadas de aceite de oliva
- 600 g muslos, muslos o pechuga de pollo
- 1 cebolla blanca picada
- 3 dientes de ajo, rallado

- 1 tomate rallado
- 1 cucharadita de sal
- 1 cucharadita de jengibre
- 1/2 cucharadita de cúrcuma
- 1/2 cucharadita de pimienta 1 cucharada de pimentón
- 500 ml de agua
- 1 cucharada de perejil picado
- 1 cucharada de cilantro picado
- ## Adornar:
  perejil picado

------------------*Pasos de realización* ----------------------:

Paso 1: Preparación del membrillo

1- Lave y retire el corazón y las semillas de los membrillos, luego córtelos en 4. Coloque los membrillos en un recipiente grande lleno de agua y 1 cucharada de jugo de limón para evitar la oxidación. 2- Escurrir los membrillos y ponerlos en una olla grande. Agregue el agua y la cucharada restante de jugo de limón. Lleve el agua a ebullición, luego cubra la cacerola y cocine por 15 minutos.

Paso 2: Preparación del tagine

3- Lave la okra, pélela, luego colóquela en un recipiente lleno de agua y reserve 4- En una cacerola a fuego medio, caliente el aceite de oliva, agregue el pollo y cocine por 5 minutos. 5- Agrega la cebolla y el ajo y cocina por 5 minutos removiendo todo 6- Luego agrega el tomate y las especias. Mezclar y cocinar por 2 minutos. 7- Añadir el agua y llevar a ebullición. 8- Escurrir la okra y el membrillo, luego agregarlos a la olla con el perejil y el cilantro. Tape la olla y cocine por 40 minutos. Revisa la máquina cada 15 minutos y agrega más agua si es necesario. 9- Una vez que el pollo esté bien cocido y la salsa haya espesado, sírvelo en un tajine o plato de servir. Espolvorear con perejil y servir caliente con pan marroquí.

93

Tagine marroquí con testículos

○ Origen: marroquí / dificultad: ★★★ /5
○ Tiempo total de preparación: 55 minutos
○ Calorías por ración: 521 Kcals
○ Número de porciones: 4 porciones

----------------------*Componente de la receta* --------------------

- 2 testículos de res o 4 testículos de cordero
- 1 cebolla mediana, cortada en cubos pequeños
- 3 cebollas grandes, en rodajas finas
- 1 diente de ajo, rallado
- 2 cucharadas de aceite vegetal
- 1 cucharada de aceite de oliva
- 1/2 cucharadita de cúrcuma molida

- 1/2 cucharadita de jengibre molido
- 1/2 cucharadita de canela molida
- 1/2 cucharadita de cilantro en polvo
- Una pizca de hebras de azafrán
- 1/2 cucharadita de pimienta Una pizca de sal
- 40 ml de agua
- 100 gramos de pasas
- 1 cucharada de miel

----------------------*Pasos de realización* --------------------

1- Limpiar a fondo los testículos de cordero. Corte los testículos por la mitad a lo largo, luego retire con cuidado la piel exterior.

2- Caliente el aceite vegetal en una cacerola a fuego medio-bajo. Agregue los cubos de cebolla, el ajo y una pizca de sal. Revuelva durante 4 minutos y luego agregue el aceite de oliva.

3- Agregue los testículos y cocine por 2 minutos por cada lado. Manéjelos con cuidado para que no se rompan.

4- Añadir las especias: cúrcuma, jengibre, canela, cilantro, hilo de azafrán y pimienta. Revuelva suavemente. Cocine por 5 minutos, volteando los testículos de vez en cuando para que todos los lados estén cocidos.

5- Añadir el agua, tapar la olla y llevar a ebullición.

6- Una vez que el líquido en la sartén comience a burbujear, agregue las cebollas rebanadas. Coloque los testículos sobre las cebollas finamente picadas.

7- Agrega la miel, tapa la cacerola y cocina por 10 minutos.

8- Escurra las pasas del agua y agréguelas al frasco. Agregue miel y una pizca de canela. Revuelva suavemente, cubra y cocine de 30 a 45 minutos hasta que las cebollas estén caramelizadas. Durante la cocción, voltee los testículos de vez en cuando, para que todos los lados se cocinen de manera uniforme.

9- Sirve en un bol y decora con semillas de sésamo tostadas.

Tagine marroquí : cordero con dátiles
ZAGORA

- ○ *Origen: marroquí / dificultad:* ★★★ */5*
- ○ *Tiempo total de preparación: 2 horas*
- ○ *Calorías: Unas 500 Kcal por ración*
- ○ *Servicio: 4 a 6 personas*

--------------------*Componente de la receta* --------------------

- 🔺 *1,5 Kg de carne de cordero (cuello, paletilla o pierna)*
- 🔺 *2 cebollas*
- 🔺 *3 cucharadas de aceite de oliva*
- 🔺 *1 cucharadita de jengibre molido*
- 🔺 *1 cucharadita de cúrcuma molida*
- 🔺 *1/2 cucharadita de canela molida*
- 🔺 *1/2 cucharadita de sal, al gusto*
- 🔺 *1/4 cucharadita de pimienta, al gusto*

- 🔺 *Unos pistilos de azafrán*
- 🔺 *50 gramos de mantequilla*
- 🔺 *1 manojo de perejil fresco y cilantro*
- 🔺 *250 gramos de dátiles "ZAGORA es una ciudad marroquí conocida por sus dátiles de calidad"*
- 🔺 *125 gramos de almendras blanqueadas y fritas*
- 🔺 *Agua*

---------------------*Pasos de realización* ---------------------:

1. *Pelar las cebollas y picarlas finamente.*
2. *En una cacerola a fuego medio, agregue el aceite de oliva, la mantequilla, el jengibre, la cúrcuma, la canela, los pistilos de azafrán, sal y pimienta. Agregue la carne y revuelva para cubrir bien con las especias.*
3. *Agregue las cebollas y el manojo de perejil y cilantro y cocine a fuego lento, revolviendo ocasionalmente, hasta que las cebollas estén reducidas y transparentes.*
4. *Agregue el agua hasta el nivel de la carne, cubra y cocine alrededor de 1h a 1h30 hasta que la carne esté casi cocida.*
5. *5 a 15 minutos antes del final de la cocción, lave los dátiles y agréguelos a la sartén. Cocine por 10 minutos, luego agregue la miel, revuelva suavemente y cocine por 5 minutos hasta que la salsa esté suave y la carne esté tierna.*
6. *Colocar la carne en un plato, pincelarla con la salsa, disponer los dátiles alrededor y decorar con las almendras.*

Capítulo II :

Recetas de cuscús marroquí

1 -receta de cuscús auténtica y tradicional

CUSCÚS

El cuscús y el rey de los platos marroquíes es uno de los platos más populares y apreciados del Magreb. Suele acompañarse de verduras, carnes y salsas picantes. En este artículo, veremos los orígenes, los ingredientes, la herramienta de cocción, el tiempo de cocción y los pasos para hacerlo, así como las opciones sin gluten y los tipos de cuscús.

Orígenes del cuscús marroquí

Aunque se desconoce el origen exacto del cuscús, se consume desde el siglo VII. La palabra "cuscús" se deriva de la palabra bereber "SEKSU", que significa "redondeado". El cuscús es un plato común en todo el norte de África, con diferentes versiones de la receta.

Ingredientes del cuscús marroquí

El cuscús no es un grano, sino una forma de masa hecha de sémola, trigo duro purificado. Hay versiones de cuscús hechas de otros granos como cebada, maíz, mijo y harina de almendras.

Utensilio de cocina, tiempo de cocción y etapas de realización.

Para cocinar cuscús, necesitará un cuscús, un utensilio de cocina de dos partes que consta de una olla y una canasta de vapor. También puedes usar un colador de metal colocado sobre una olla de agua hirviendo como alternativa.
El tiempo de cocción varía según el tipo de cuscús y el método de cocción utilizado. La versión instantánea del cuscús, que se prepara agregando agua hirviendo y dejándola reposar durante cinco minutos, es la más rápida. Para la preparación tradicional, se tarda unas 2 horas en cocer al vapor el cuscús. Primero se cuece con agua y aceite, luego se coloca en la vaporera de la couscoussier para la cocción final.

Acompañamientos de cuscús marroquí

El cuscús marroquí a menudo se sirve con verduras, carnes y salsas picantes. Los ingredientes más utilizados son garbanzos, zanahorias, nabos, calabacines, cebollas y tomates. Las carnes más populares incluyen cordero, pollo y ternera.

Opciones sin gluten y tipos de cuscús

El cuscús está hecho de trigo duro, por lo que contiene gluten. Sin embargo, existen alternativas sin gluten como el cuscús de maíz, elaborado a base de harina de maíz o polenta. Otras alternativas incluyen el uso de quinua, mijo o arroz. Algunas empresas también elaboran cuscús sin gluten.

Tipos de cuscús marroquí

Existen diferentes tipos de cuscús marroquí según el tamaño del grano y la preparación. El cuscús fino se usa más comúnmente en platos de cuscús, mientras que el cuscús mediano se usa a menudo en ensaladas de cuscús. El cuscús grueso también se llama BELBOULA

Los pasos para preparar el cuscús en general:

el primer vapor

Cubra el cuscús con la tapa de la vaporera. También sugiero colocar una toalla entre la tapa y el frasco para atrapar la condensación. La primera cocción al vapor tardará entre 20 y 25 minutos. Prepare un plato grande y ancho cuando termine el primer vapor. También necesitarás más agua salada y aceite de oliva. Retire la vaporera de la olla y vierta el cuscús en el plato grande que ha preparado.

Como hiciste la primera vez, querrás volver a humedecer el cuscús con el aceite de oliva y el agua con sal. Frote los granos entre sus manos para aflojarlos y evitar que se aglutinen. Sí, estará caliente, es posible que desee esperar unos minutos para que el cuscús se enfríe un poco. También usé tenedores para hacer esta parte, pero si puedes usar tus manos, los resultados son mucho mejores.

como esponjar

El segundo vapor

Vuelva a colocar el cuscús en la parte superior de la vaporera colocando el paño de cocina encima y la tapa. El segundo vapor puede ir un poco más rápido porque el cuscús ya ha comenzado a ablandarse. Después de 15 minutos, levante la tapa y verifique si el cuscús está seco o aún húmedo. Si está seco, se puede quitar. Si todavía está húmedo, déjalo por otros 5 minutos.

Cuando se haya secado, seguir el mismo proceso que para el primer vapor, transfiriéndolo a la placa. Aplique agua salada y aceite de oliva y revuelva los granos por última vez.

El último vapor

Aquí repetirás exactamente lo mismo que para el segundo vapor. Una vez que el cuscús se haya separado, lo volverás a poner en la vaporera y le darás un último vapor. Probablemente solo tomará unos 15 minutos, dependiendo de qué tan húmedo moje el cuscús.

Cuando haya llegado el vapor final, harás un último "peluche", pero esta vez viertes el cuscús sobre el plato que usarás para servir. Cubre tus manos con aceite de oliva para deshacer los grumos que puedan quedar y darle al cuscús su pelusa final.

Sirve el cuscús

Hacer un montículo de cuscús en el centro del plato. Es posible que desee hacer un pozo poco profundo en el medio. Primero agregue carne (si la hay) al área del pozo, luego comience a colocar las verduras. En Marruecos, por lo general se colocan ordenadamente alrededor del círculo para crear un patrón de verduras alternas con cosas pequeñas como garbanzos o guisantes encima.

Use un poco del líquido para verter sobre el cuscús y agregue el resto a tazones pequeños para que los que comen puedan agregar tanto o tan poco como quieran. A algunas personas les gusta su cuscús con mucha salsa, y otras prefieren solo un poco.

Aquí está el ejemplo de un auténtico couscoussier

¿Se puede cocinar cuscús en una olla arrocera?

¡Si puede! La proporción de usar una olla arrocera es de 1 taza de cuscús por 1 taza de agua. También puedes agregar un poco de mantequilla o aceite y sal para darle un poco más de sabor. Puedes usar caldo en lugar de agua.

Mezclar todo y poner en la olla arrocera. Cubra la estufa y cocine usando el ciclo normal de cocción de arroz. Pero cuando la máquina termine y se encienda para mantener el calor, déjela así durante al menos 5 minutos. Abre la máquina y esponja con los dedos o con un tenedor.

Cuscús 7 verduras

○ *Origen: marroquí / dificultad:* ★★★★★ */5*
○ *Tiempo total de preparación: 3 horas 20min*
○ *Calorías por ración: 940 Kcals (para 8 raciones)*
○ *Número de porciones: 8*

-----------------------*Componente de la receta* -----------------

cuscús

- 2.2 lb de cuscús (sémola de trigo) - (no instantáneo; prefiero tamaño mediano)
- 1/4 taza de aceite de oliva o aceite vegetal
- 6 tazas de agua, dividida - (puede usar leche para la cocción al vapor final)
- 2-3 cucharaditas de sal - (añadida después de la primera cocción al vapor)
- 2 cucharadas de mantequilla blanda - (agregada después de la cocción al vapor final)

Condimento para carne y caldo.

- 2.2 lb de carne de cordero, res o cabra, en trozos grandes con hueso (o 1 pollo entero grande)
- 1 cebolla grande, picada en trozos grandes
- 3 tomates frescos, pelados y picados en trozos grandes
- 1/4 taza de aceite de oliva o aceite vegetal
- 1 1/2 cucharada de sal
- 1 cucharada de jengibre
- 1 cucharada de pimienta
- 1 cucharadita de <u>cúrcuma</u>
- 1 puñado de ramitas de perejil y cilantro, - atadas en un manojo

- 2 cucharaditas de SMEN - mantequilla marroquí confitada - (opcional; reservar hasta el final de la cocción)

Verduras tradicionales

- 1/2 taza de garbanzos secos, remojados durante la noche
- 1 repollo pequeño, cortado a la mitad o en cuartos
- 3 o 4 nabos medianos, pelados y partidos por la mitad
- 8-10 zanahorias, peladas - (cortadas por la mitad a lo largo si son grandes)
- 1 o 2 tomates pequeños, pelados, sin semillas y cortados en cuartos
- 1 o 2 cebollas pequeñas, partidas por la mitad - (en su lugar, puede usar cebollas perla enteras y frescas)
- 1 calabaza pequeña, en cuartos - (o calabaza en cuartos)
- 4 o 5 calabacines pequeños, con los extremos recortados - (u 8 bolas redondas, cortadas por la mitad)
- verduras opcionales
- 2 o 3 chiles o jalapeños - (cocine a fuego lento en un poco de caldo o al vapor hasta que estén suaves)
- 1 taza de frijoles frescos o congelados - (añadir con la segunda cocción al vapor)
- 2 o 3 camotes, pelados y partidos por la mitad - (añadir a la 3ra cocción al vapor)

- 1 calabaza de botella, pelada, limpia y cortada en trozos grandes - (añadir con la tercera cocción al vapor)

TFAYA opcional - Cebollas caramelizadas y pasas

- 1/2 taza de pasas, - remojadas en agua por 15 minutos
- 2 o 3 cebollas grandes, preferiblemente rojas
- 1/2 taza de agua
- 2 cucharadas de mantequilla

- 2 cucharadas de miel
- 1/2 cucharadita de pimienta
- 1/2 cucharadita de canela
- 1/4 cucharadita de jengibre
- 1/4 cucharadita de cúrcuma
- 1 pizca de hilos de azafrán, desmenuzado
- 1 pizca de sal
- 1 cucharadita de agua de azahar - (opcional)

------------------------ETAPAS ----------------

Por adelantado

Remoje los garbanzos secos en un recipiente grande con agua durante la noche. (O use una herramienta de remojo rápido: hierva los garbanzos secos durante 4-5 minutos, luego apague el fuego y déjelos en remojo durante una hora).

Lava y prepara tus verduras. Comience a hacer el TFAYA (opcional; vea las notas de la receta).

Prepara un espacio para trabajar el cuscús. En Marruecos usamos un GASAA (plato muy ancho y poco profundo para servir y mezclar), pero cualquier otro recipiente muy grande o tazón ancho puede funcionar. Preparar el aceite, el agua, la sal y la mantequilla. Aceitar ligeramente la cesta de vapor de un couscoussier.

Comience a hacer el caldo: consulte las notas de la receta si usa pollo o prepara cuscús vegetariano. Dorar la carne o el pollo con el aceite, la cebolla, los tomates y las especias en el fondo de una cuscúsera a fuego medio-alto. Continúe cocinando, sin tapar y revolviendo con frecuencia, durante unos 10 a 15 minutos, hasta que comience a formarse una salsa rica y espesa.

Agregue los garbanzos remojados y escurridos con el manojo de perejil/cilantro y aproximadamente 3 cuartos (o litros) de agua. Llevar a ebullición, tapar y cocinar a fuego medio durante unos 30 minutos.

Primer cuscús al vapor

Rocíe 1/4 taza de aceite sobre el cuscús. Mezcle y haga rodar el cuscús entre sus manos durante un minuto para distribuir el aceite de manera uniforme y deshacer las bolas o grumos.

Agregue 1 taza de agua y colóquela en el cuscús de la misma manera, revolviendo y frotando el cuscús hasta que esté bien combinado y no queden grumos.

Transfiera el cuscús a una canasta de vapor ligeramente engrasada, teniendo cuidado de no comprimir los granos durante el proceso. Coloque la canasta sobre el cuscús y cocine al vapor durante 15 a 20 minutos, desde que aparece el vapor por primera vez en el cuscús.

Segundo cuscús al vapor

Regrese el cuscús a su GSAA o tazón. Deje que se enfríe brevemente, luego trabaje en 1 taza de agua, usando el mismo movimiento que hizo antes. (Es posible que necesite usar una cuchara de madera si el cuscús está demasiado caliente, pero cambie a usar las manos cuando se haya enfriado lo suficiente).

Agregue la sal de la misma manera, luego agregue otra taza de agua. Mezcle, enrolle y frote el cuscús con las manos durante uno o dos minutos, asegurándose nuevamente de que no queden grumos.

Vuelva a colocar el cuscús en la canasta de la vaporera, siempre con cuidado de no comprimir o apelmazar los granos.

Agregue el repollo, las cebollas, los tomates (y los frijoles, si los usa) al frasco de cuscús, luego coloque la canasta de cuscús en la máquina para hacer cuscús. Cocine al vapor durante 15 a 20 minutos, desde que vea salir vapor por primera vez del cuscús.

Tercera y última cocción al vapor de cuscús

Ponga el cuscús al vapor en su GSSAA o bol.

Agrega los nabos y las zanahorias a la olla; tapa y cocina por 15 minutos mientras trabajas con el cuscús.

En incrementos, agregue 2-3 tazas de agua o leche en el cuscús de la misma manera que antes: revuelva, voltee y frote los granos entre sus manos y asegúrese de que no queden grumos. Utilice sólo la cantidad de agua o leche necesaria para hacer el cuscús al dente .

Pruebe la sal del cuscús y agregue un poco más si lo desea. Transfiera la mitad del cuscús a la canasta vaporera, nuevamente teniendo cuidado de no empacar los granos.

Agregue las verduras restantes a la sartén: calabaza o calabaza, calabacín y batatas si las usa.

Rellene con un poco de agua si el nivel ha descendido por debajo de las verduras. Pruebe y ajuste el condimento: debe ser fragante, un poco salado y picante.

Regrese la canasta de cuscús a la olla y cocine hasta que comience a salir vapor del cuscús.

Agregue cuidadosamente el cuscús restante a la canasta y continúe cocinando. Una vez que vea que sale vapor del cuscús, déjelo al vapor durante otros 10 a 15 minutos, o hasta que esté suave y esponjoso y las últimas verduras estén bien cocidas.

Sirve el cuscús

Vierte el cuscús en tu bol y trabaja la mantequilla.

Agregue el SMEN (si lo usa) al caldo en la olla y agite para incorporar.

Agregue aproximadamente 1 taza de caldo al cuscús, revolviendo como lo hizo antes. Coloque el cuscús en un montículo grande y poco profundo en su gsaa o en un plato hondo para servir. Haga un corte grande en el medio para sujetar la carne.

Retira la carne de la olla y colócala en el centro del cuscús. Adorne con repollo y calabaza o calabaza. Recoja las otras verduras del caldo con una espumadera y colóquelas alrededor de la carne (en forma de pirámide, si lo desea). Decora con los garbanzos (y/o las habas), los pimientos e incluso un manojo de perejil si lo deseas.

Vierta con cuidado varias tazas de caldo sobre el cuscús. Ofrezca el resto del caldo en tazones a un lado.

El TFAYA es opcional y se puede usar como guarnición o servir como guarnición.

Observó

- *Para hacer TFAYA, combine todos los componentes de la receta de TFAYA (excepto el agua de azahar) en una cacerola pequeña. Cubra y cocine a fuego medio-bajo hasta que las cebollas y las pasas estén tiernas y los líquidos se hayan reducido a un jarabe espeso, aproximadamente de 30 minutos a 1 hora. Revuelva ocasionalmente y agregue un poco de agua durante la cocción si es necesario. Un último paso opcional es añadir un poco de agua de azahar al gusto. Servir caliente.*

- *Si está usando pollo, asegúrese de retirarlo de la sartén una vez que esté listo. Comprobar después de la primera cocción al vapor del cuscús. Los pollos de corral pueden requerir o no todo el tiempo de cocción.*

- *Puede recalentar el pollo para servirlo agregándolo a la olla durante unos minutos al final de la cocción, pero yo prefiero dorarlo en el horno a 425 °F (220 °C).*

- *Para hacer una versión vegetariana del cuscús de siete vegetales, omita la carne o el pollo en el primer paso para hacer el caldo. Siga las instrucciones tal como están escritas, a menos que use garbanzos enlatados en lugar de guisantes secos remojados. En este caso, una vez que se haya formado una salsa espesa con las cebollas y los tomates, puedes agregar el agua y pasar directamente a la primera cocción al vapor.*

- *Si está preparando cuscús vegetariano, puede agregar aceite extra para obtener un caldo más rico. El aceite de oliva agrega sabor y lo uso regularmente para hacer cuscús.*

- *Con nosotros, todo gira en torno al caldo. A menudo aumento el condimento y el agua a la mitad para asegurarme de tener suficiente caldo para servir como guarnición. No es necesario que hagas esto, pero asegúrate de llenar el agua y revisar el condimento de vez en cuando mientras cocinas.*

- *Los garbanzos secos que se remojaron durante la noche son preferibles a los enlatados. Si usa conservas, escúrralas y agréguelas al caldo al final de la cocción, después de la última cocción al vapor del cuscús. No es necesario hervir a fuego lento; se calentarán mientras usted está ocupado armando el cuscús para servir.*

- *Una nota sobre las zanahorias. Muchos marroquíes insisten en cortarlos por la mitad a lo largo para quitarles el hueso. Prefiero no hacerlo a menos que el núcleo esté seco y leñoso. Si sigue este paso, las zanahorias se cocinarán más rápido que si contienen el corazón y/o se dejan enteras, por lo que puede ajustar cuándo las agrega a la sartén. Por ejemplo, dejaré enteras las zanahorias pequeñas y medianas, pero cortaré las zanahorias muy grandes por la mitad.*

- *El cuscús al vapor es la única forma de hacer cuscús en Marruecos. Asegúrese de que no se escape vapor entre la cesta vaporera y la olla. Si es así, envuelva sin apretar un trozo largo de plástico para envolver alrededor del borde de la sartén, luego coloque la vaporera encima; la envoltura de plástico debe crear un sello hermético.*

- *Para un cuscús al vapor aún más delicioso, use leche en lugar de agua para la cocción al vapor final.*

Si debe usar cuscús instantáneo, asegúrese de reconstituirlo con el caldo de esta receta. Evite que se empape; debe ser ligero y espumoso.

Cuscús marroquí con pasas y piñones

- Origen: marroquí / dificultad: ★★ /5
- Tiempo total de preparación: 30 minutos
- Calorías: 272 Kcal por ración
- Número de porciones: 4 porciones

------------------Componente de la receta ------------------

- 1/4 taza de piñones o sustituto de pistachos o almendras fileteadas
- 1/4 cucharadita de comino molido
- o caldo de pollo bajo en sodio
- 1 taza de cuscús integral
- 1/3 taza de pasas doradas
- 1/4 taza de perejil fresco picado
- 2 cucharadas de jugo de limón recién exprimido

- 1 cucharada de aceite de oliva
- 2 cucharadas de mantequilla sin sal aceite de coco usado o mantequilla vegana para hacer vegano
- 1 chalote pequeño , picado
- 1/4 cucharadita de sal kosher
- 1/4 cucharadita de pimienta negra

----------------------Pasos de realización ----------------------

1. Precaliente el horno a 350 grados F. Extienda los piñones en una sola capa sobre una bandeja para hornear con borde sin engrasar. Tueste en el horno hasta que esté fragante y ligeramente dorado, de 5 a 7 minutos, revolviendo una vez a la mitad de la cocción. Esté atento a ellos y quédese durante los últimos minutos para asegurarse de que esos preciosos piñones no se quemen. Transfiéralos inmediatamente a un recipiente para detener su cocción y evitar que la sartén caliente los queme una vez que salgan del horno.
2. En una sartén grande, derrita la mantequilla a fuego medio. Agregue los chalotes y cocine por 3 minutos, hasta que comiencen a ablandarse. Agregue sal, pimienta y comino y cocine por 30 segundos.
3. Vierta el caldo. Aumente el fuego a alto y deje hervir. Tan pronto como el líquido empiece a hervir, retira la cacerola del fuego. Agregue el cuscús, cubra y deje reposar 10 minutos.
4. Usando un tenedor, esponje el cuscús. Agregue las pasas, el perejil, el jugo de limón, el aceite de oliva y los piñones tostados a la olla, luego mezcle los componentes de la receta. Pruebe y ajuste la sazón a su gusto. Disfruta caliente.

----------------------Observó ----------------------

- ❖ PARA ALMACENAR : Coloque el cuscús sobrante en un recipiente hermético en el refrigerador hasta por 3 días.
- ❖ PARA RECALENTAR : recaliente suavemente las sobras en una sartén grande sobre la estufa a fuego medio-bajo. Agregue un chorrito de jugo de limón para alegrar los sabores. También puedes recalentar este plato en el microondas.

❖ **PARA CONGELAR** : *Deje que el cuscús se enfríe por completo, luego guárdelo en un recipiente de almacenamiento hermético y apto para el congelador hasta por 3 meses. Deje descongelar durante la noche en el refrigerador antes de recalentar.*

Cuscús Marroquí con Verduras, Garbanzos y Almendras

🕐 *Origen: marroquí / dificultad: ★★★★/5*
🕐 *Tiempo total de preparación: 50 minutos*
🕐 *Calorías: 362 Kcal por ración*
🕐 *Número de porciones: 4 porciones*

-----------------Componente de la receta -----------------

- *1 pimiento rojo grande, sin corazón y cortado en cubitos*
- *2 zanahorias medianas, cortadas por la mitad a lo largo y en rodajas finas*
- *1 1/3 taza de cuscús seco*
- *1 (14.5 oz) de caldo de pollo bajo en sodio*
- *1/2 cucharadita de cúrcuma*
- *1/2 taza de pasas*
- *1 lata (14 oz) de garbanzos, escurridos y enjuagados*
- *1/2 taza de almendras fileteadas, tostadas*
- *3 cucharadas de cilantro fresco picado*

- *2 cucharadas de menta fresca picada*
- *1 cebolla roja pequeña, cortada en trozos de 1 pulgada*
- *1 calabacín mediano, cortado por la mitad a lo largo y en rodajas*
- *4 cucharadas de aceite de oliva, dividido*
- *2 cucharadas de jugo de limón fresco*
- *2 cucharaditas de ajo picado (2 dientes)*
- *1 cucharadita de comino molido*
- *1 cucharadita de cilantro molido*
- *1/2 cucharadita de canela molida*
- *La sal*

------------------Pasos de realización -----------------

1. *Precaliente el horno a 475 grados. Rocíe una bandeja para hornear con borde de 18x13 pulgadas con spray antiadherente para cocinar. Coloque el pimiento, las zanahorias, las cebollas y el calabacín en una bandeja para hornear.*
2. *Rocíe con 1 cucharada de aceite de oliva y sazone con sal y revuelva para cubrir bien. Ase en el horno precalentado durante unos 15 minutos hasta que estén tiernos, revolviendo una vez a la mitad de la cocción.*
3. *Luego, si lo desea, mueva la rejilla del horno más cerca de la parrilla y ase durante aproximadamente 1-2 minutos para agregar un carbón ligero.*
4. *Mientras se asan las verduras, en un tazón pequeño, mezcle las 3 cucharadas restantes de aceite de oliva, jugo de limón, ajo, comino, cilantro, canela y sazone con 1/4 de cucharadita de sal, reserve.*
5. *Lleve a ebullición el caldo de pollo, 1/2 cucharadita de sal y la cúrcuma. Coloque el cuscús y las pasas en un tazón grande para mezclar, vierta el caldo de pollo caliente sobre el cuscús y revuelva, cubra el tazón con una envoltura de plástico y deje reposar durante 5 minutos.*
6. *Agregue la mezcla de vegetales asados, garbanzos, almendras, cilantro, menta y limón al cuscús y revuelva para cubrir bien (mientras sazona con un poco más de sal al gusto). Servir caliente.*

108

Sartén Pollo Marroquí y Cuscús

- Origen: marroquí / dificultad: ★★★ /5
- Tiempo total de preparación: 40 minutos
- Calorías: 560Kcals por porción
- Número de porciones: 4

----------------Componente de la receta ----------------

- 1 libra de pechugas de pollo deshuesadas y sin piel, cortadas en trozos de 3/4 de pulgada
- 3 cucharadas de aceite de oliva, dividido
- 1 cucharadita de comino molido, dividido
- 1/2 cucharadita de cilantro molido, cantidad dividida
- 1/2 cucharadita de canela molida, dividida
- Sal y pimienta negra recién molida
- 1 pimiento rojo grande, sin corazón y picado (1 1/2 tazas)

- 3/4 taza de cebolla roja picada
- 1 1/2 taza de zanahorias en palitos
- 1 cucharada de ajo picado (3 dientes)
- 1/4 cucharadita de cúrcuma
- 1 1/2 tazas de caldo de pollo bajo en sodio
- 1/3 taza de albaricoques secos picados o pasas doradas
- 1 taza de cuscús marroquí seco
- 2 cucharadas de jugo de limón fresco
- 1/2 taza de almendras fileteadas Fisher
- 2 cucharadas de cilantro fresco picado
- 2 cucharadas de menta fresca picada

----------------Pasos de realización ----------------

1. Caliente 1 cucharada de aceite de oliva en una sartén antiadherente de 12 pulgadas o en una sartén profunda a fuego medio-alto.
2. Agregue el pollo a la sartén, sazone con sal y pimienta, 1/2 cucharadita de comino, 1/4 de cucharadita de cilantro y 1/4 de canela. Cocine, volteando ocasionalmente, hasta que esté bien cocido, aproximadamente 7 minutos.
3. Transfiera el pollo a una hoja de papel de aluminio y envuélvalo para mantenerlo caliente. Caliente las 2 cucharadas restantes de aceite en una sartén.
4. Agregue el pimiento y la cebolla y saltee durante 5 minutos.
5. Agregue las zanahorias, el ajo, la 1/2 cucharadita restante de comino, 1/4 cucharadita de cilantro, 1/4 cucharadita de canela y la cúrcuma y saltee durante 1 minuto.
6. Agregue el caldo de pollo y los albaricoques, sazone con sal y pimienta al gusto y lleve a ebullición (no solo debe hervir a fuego lento en los bordes, también debe hervir ligeramente en el centro).
7. Agregue el cuscús, luego retírelo del fuego y déjelo reposar de 5 a 6 minutos hasta que esté tierno.
8. Agregue el pollo y los jugos acumulados, jugo de limón, almendras, cilantro y menta (también puede agregar un poco más de caldo si lo desea). Servir caliente.
9. Fuente de la receta: Cocina Chic

cuscús de limón

🕐 *Origen: Italiano / dificultad: ★★ /5*
🕐 *Tiempo total de preparación: 25 minutos*
🕐 *Calorías: 234 Kcal por ración*
🕐 *Número de porciones: 2*

-------------------*Componente de la receta* -------------------

- 2 cucharadas de aceite de oliva virgen extra
- 2 cucharadas de jugo de limón fresco
- La sal
- 2 cucharadas de perejil fresco picado, o más al gusto (opcional)*
- 1 taza (6 oz) de cuscús (no cuscús perla)
- 1 1/2 cucharadita de ajo picado (1 diente grande)
- 1 1/4 tazas de caldo de pollo bajo en sodio (o caldo de verduras)
- 1 cucharadita de ralladura de limón

----------------------*Pasos de realización* ----------------------

1. Caliente el aceite de oliva en una cacerola mediana a fuego medio-bajo.
2. Agregue el ajo y saltee hasta que esté fragante (¡no se tueste ni se dore o quedará amargo!), unos 20 segundos.
3. Retire del fuego, vierta el caldo de pollo, la ralladura de limón, el jugo de limón y sal al gusto. Colocar a fuego medio-alto y llevar a ebullición.
4. Vierta el cuscús, revuelva, luego retire del fuego e inmediatamente cubra con una tapa. Dejar reposar de 4 a 5 minutos fuera del fuego.
5. Agregue el perejil y revuelva con un tenedor. Termine con un poco más de aceite de oliva o caldo para humedecer si lo desea y sirva tibio.

--------------------------*Observó* --------------------------

* Otras opciones de hierbas que serían deliciosas aquí como sustituto del perejil son la albahaca, el cilantro, el eneldo o la menta.

cuscús ligero

🕐 *Origen: marroquí / dificultad: ★ /5*
🕐 *Tiempo total de preparación: 1 hora*
🕐 *Calorías: 200 Kcal por ración*
🕐 *Para 4 a 6 personas*

-------------------*Componente de la receta* -------------------

- 4 tazas de cuscús (650g)
- 4 tazas de agua fría (780 ml)
- 1 cucharadita de sal
- 2 cucharadas de aceite de oliva

---------------------*Pasos de realización* ---------------------

1. Precalentar el horno a 180 C (350 F).
2. Coloque el cuscús seco en una bandeja o plato para hornear y agregue agua fría. Mezclar y dejar reposar 30 min.
3. Use sus dedos o un tenedor para separar los granos de cuscús hasta que estén livianos, esponjosos y bien separados.
4. Agregue sal y aceite de oliva a los granos y mezcle los ingredientes.
5. Dejar en la bandeja, tapar con papel aluminio y llevar al horno caliente a calentar durante unos 30 minutos.

Cuscús de pollo con SMEN

○ *Origen: marroquí / dificultad: ★★★ /5*
○ *Tiempo total de preparación: 1 hora 50 minutos*
○ *Calorías: 497 Kcalss por ración*
○ *Número de porciones: 6*

------------------------Componente de la receta --------------------

preparación de cuscús

- *1 kg de cuscús seco*
- *sal*
- *el agua*
- *SMEN*
- *guarnición de cuscús*
- *3 cucharaditas de aceite de oliva*
- *2-3 pechugas de pollo o 1 libra de cualquier otro corte de pollo*
- *1 boniato pelado y cortado en gajos*
- *1/2 libra de guisantes sin cáscara*
- *1/2 libra de zanahorias, peladas y partidas a la mitad*
- *3 calabacines pelados y cortados por la mitad*
- *1 cebolla pelada y cortada en 1/8*

- *(algunas otras verduras que podrían usarse; frijoles frescos, garbanzos, repollo, okra, berenjena, chirivía, rutabega, pimientos)*
- *bouquet garni con 2/3 de perejil italiano a 1/3 de cilantro*
- *3 cucharaditas de comino*
- *1 cucharadita de sal*
- *1 cucharadita de pimienta blanca (1 1/2 cucharadita de pimienta negra)*
- *2 cucharaditas de jengibre*
- *1 1/2 cucharadita de ajo*
- *5 hebras de azafrán*
- *1/2 cucharadita de cúrcuma*
- *el agua*

----------------------Pasos de realización --------------------

Para preparar el cuscus

1. *En un tazón grande, vierta el cuscús y cubra con agua, haciendo rodar el cuscús con la mano para separar los granos. Agregue un poco de sal al agua (menos de 1/2 cucharadita, solo para sazonar el agua). Deje en remojo mientras prepara el relleno para el plato de fondo.*

Para preparar el relleno

2. *Pelar y cortar todas las verduras. Separar las verduras por tiempo de cocción. (es decir, las batatas tardarán más en cocinarse que los guisantes verdes).*
3. *En el fondo de la couscoussière, agregue el pollo y las verduras que tardarán más en cocinarse, las batatas, las zanahorias y las cebollas.*
4. *Agregue de 4 a 5 tazas de agua, suficiente para cubrir las verduras. Añadir todas las especias y el bouquet garni.*
5. *Enciende el fuego a medio-alto.*
6. *Coloque la parte superior de la couscoussière encima de la olla y cubra. Dejar cocer durante 20-25 minutos.*

7. Después de 20 minutos, revise el cuscús, todo el exceso de agua debe cocinarse y los granos deben comenzar a sentirse suaves.
8. Retire la tapa de la sartén y vierta en un tazón grande. En otro tazón, combine el agua y la sal para hacer un rocío de agua salada. Con la mano, rocíe el cuscús con el agua salada.
9. *el cuscús estará muy caliente pero hay que separar los granos*
10. Use su mano y enrolle suavemente el cuscús para separar los granos tanto como sea posible. Puedes continuar cocinando el cuscús al vapor durante este proceso.
11. Una vez hecho, vuélvelo a poner encima de la cuscussière y vuelve a ponerlo al fuego, tapa y deja que se cocine al vapor durante otros 20 minutos.
12. Después de la segunda cocción al vapor, agregue las verduras de cocción más rápida al fondo de la cuscúsera (guisantes, calabacín, etc.). Revise el agua y agregue más si los niveles son bajos.
13. Debe quedar algo de salsa al final.
14. Cueza al vapor el cuscús de nuevo después de la segunda cocción al vapor, esta vez agregue el SMEN, separando los granos. (Si no tiene SMEN, puede usar aceite de oliva o mantequilla normal o no necesita agregar nada). Cocine al vapor el cuscús durante los últimos 20 minutos.
15. En una fuente grande para servir, vierta el cuscús y haga un hueco en el centro del cuscús.
16. Con una cuchara ranurada, retire la carne de la cuscús y colóquela en el pozo de cuscús.
17. Luego retire las verduras y colóquelas alrededor del cuscús.
18. Retire y deseche el bouquet garni.
19. Una vez retiradas todas las verduras, verter la mitad de la salsa restante sobre la carne y el cuscús y la otra mitad en un plato para acompañar la comida.

-----------------------------*Observó* ----------------------------

- Las verduras que elijas usar dependen totalmente de ti. Es una buena idea utilizar una mezcla de verduras más duras y más blandas.

Cuscús Marroquí de Cordero y Verduras

🕐 *Origen: marroquí / dificultad: ★★★ /5*
🕐 *Tiempo total de preparación: 1 hora*
🕐 *Calorías: 436 Kcal por ración*
🕐 *Número de porciones: 5 porciones*

------------------Componente de la receta ------------------

- 1 caja de arroz cuscús
- 1 patata
- 1 camote
- 1 lata de garbanzos
- 1/2 calabaza
- 1 cebolla mediana finamente picada
- 2 cucharaditas de comino
- 1 cucharadita de sal
- 1 cucharadita de pimienta
- 1 cucharadita de jengibre (fresco si lo tienes)

- 1 1/2 cucharadita de ajo
- manojo pequeño de perejil de hoja plana, envuelto en una cuerda
- agua o caldo de verduras
- agua salada (mucha)
- 1/2 - 1 libra de cordero - cualquier corte sirve
- 1 calabacín
- 2 zanahorias
- 2 chirivías
- 1 tomate
- 1 chile

----------------------Pasos de realización ----------------------

1. Yo uso una couscoussière para hacer este plato. Se escribirán instrucciones para este método de cocción.
2. Pela y corta en cuartos todas tus verduras. Puede dejar la piel en el calabacín y la calabaza si lo desea.
3. En el fondo de la couscoussière, añadir el cordero, la patata, el boniato, la zanahoria, la chirivía, el tomate, el pimiento, la calabaza y la cebolla.
4. Agregue suficiente líquido (agua o caldo) para cubrir las verduras.
5. Mezclar todas las especias y añadir el manojo de perejil.
6. Enciende la estufa a fuego medio-alto hasta que hierva, luego reduce el fuego a medio-bajo.
7. Antes de cocinar el cuscús al vapor por primera vez, extienda los granos en un tazón grande y agregue 1/4 a 1/2 taza de agua con sal. Separe los granos con los dedos tanto como sea posible. Es posible que deba agregar más agua, realmente deberían estar bastante húmedos pero no goteando líquido.
8. Transfiera el cuscús a la parte superior de la couscoussière y ajuste la temperatura de la estufa a alta. Cubra la parte superior de la cacerola con una tapa y deje reposar durante unos 20 minutos.
9. Después de 20 minutos, verifique los granos. Si están secos, retírelos y viértalos nuevamente en el tazón que usó originalmente. Agrega más agua salada y continúa el proceso de la misma manera que lo hiciste la primera vez, cuidando de separar los granos lo más posible.
10. Al igual que el cuscús tradicional, vaporizará y mojará los granos 3 veces.

11. *Antes de la tercera cocción al vapor, agregue el calabacín y los garbanzos al fondo. En este momento, verifique los niveles de líquido y agregue más si baja.*
12. *Cuando termine la última cocción al vapor, retire la parte superior de la cuscús y vierta los granos en un plato grande para servir. Separe los granos tanto como sea posible.*
13. *Con una espumadera grande, retire la carne y las verduras y colóquelas sobre el cuscús.*
14. *Vierta la mitad del líquido restante sobre la parte superior del plato.*
15. *Coloque el líquido restante en tazones más pequeños para que los que comen puedan agregar líquido adicional al gusto.*
16. *¡Sirve con cucharas grandes para comer!*

Cuscús de la mañana

- Origen: marroquí / dificultad: ★ /5
- Tiempo total de preparación: 20 minutos
- Calorías: 270 Kcal por ración
- Número de porciones: 2 porciones

-------------------Componente de la receta -------------------

- 100 g de cuscús de cocción rápida
- 3-4 dátiles picados
- arándanos u otras frutas de temporada
- almendras picadas
- 1/2 taza de crema espesa
- 20 cl de leche (la que tengas)
- 1 cucharadita de azúcar moreno

----------------------Pasos de realización ----------------------

1. Cocine el cuscús según las instrucciones del paquete. Una vez cocido, añadimos la nata y la leche poco a poco, dejando el fuego bajo.
2. Asegúrese de revolver mientras agrega la leche para separar los granos de cuscús.
3. Una vez que se combine toda la leche, agregue el azúcar moreno, los dátiles, las almendras y los arándanos.
4. Sin duda, puede agregar más o menos de cualquiera de los elementos según sus gustos y deseos. Se come mejor caliente.

BA RKOUKECH

🕐 Origen: marroquí / dificultad: ★★ /5

🕐 Tiempo total de preparación: 1 hora y 45 minutos

🕐 Calorías: 367 Kcal por ración (basado en 6 raciones)

------------------Componente de la receta-------------------

Para 4 a 6 personas

- 1 cucharada de aceite de oliva
- 1 cebolla, rallada
- 200 g de ternera o cordero estofado, deshuesado, desgrasado y cortado en trozos de 3 cm (es decir, paletilla, lomo de cuello, pierna de ternera, etc.)
- 2 tomates medianos, rallados
- 2 cucharadas de cilantro picado, y más para decorar
- 1 cucharadita de pasta de tomate
- ½ cucharadita de jengibre molido
- Una pizca generosa de azafrán

- 1 ½ cucharadita de sal o más al gusto
- ¼ de pimienta negra molida
- 200 g de zanahorias picadas
- 100 g de apio picado
- 100 g de garbanzos enlatados, escurridos o 50 g de garbanzos secos, remojados durante la noche y escurridos
- 200 g de calabacín, cortado en trozos
- 150 gr de cuscús gigante (también llamado BERKOUKECH o MHAMSA)

----------------------Pasos de realización----------------------

1. En una olla grande, caliente el aceite de oliva a fuego medio y agregue las cebollas, la carne, los tomates, el cilantro, el puré de tomate, las especias, la sal y la pimienta. Dejar de 5 a 10 minutos para dorar ligeramente la carne y sofreír las cebollas. Revuelva ocasionalmente.
2. Transfiera el apio y las zanahorias a la cacerola. Agregue 1 litro de agua, hierva y reduzca el fuego a bajo. Cubra con una tapa y cocine a fuego lento durante 60 minutos o hasta que la carne esté casi cocida.
3. Agregue el calabacín y los garbanzos, luego cocine por 20 minutos más, o hasta que la carne, el calabacín y los garbanzos estén cocidos.
4. Cuando esté listo para servir, transfiera el cuscús gigante a la cacerola y déjelo reposar de 7 a 9 minutos o hasta que el cuscús esté cocido. Dependiendo de su tipo de cuscús gigante, el tiempo de cocción variará. Adorne con cilantro picado y sirva de inmediato.

----------------------------Observó----------------------------

❖ Si la sopa BERKOUKECH no se sirve inmediatamente, los granos de cuscús seguirán absorbiendo agua y la sopa perderá una cantidad importante de su líquido. Por eso, recomiendo añadir el cuscús jumbo a la cazuela unos minutos antes de servir la sopa y servirla inmediatamente una vez cocinada.

Cuscús de pescado MCHERMEL

🕐 *Origen: marroquí / dificultad: ★★★ /5*
🕐 *Tiempo total de preparación: 45 minutos*
🕐 *Calorías: 510 Kcal por porción (basado en 2 porciones)*

-----------------Componente de la receta -----------------

Para 2

- *½ taza de CHARMOULA "ya citada en parte Tajine"*
- *2 cucharadas de aceite de oliva*
- *sal para sazonar*
- *4 limones confitados pequeños (o 1 limón confitado grande), picados en trozos grandes*

- *Cilantro para decorar*
- *2 calabacines en rodajas finas*
- *2 pimientos, en rodajas finas o sin hojas (cualquier color)*
- *2 filetes de pescado de dorada o lubina*
- *80 g de cuscús*

----------------------Pasos de realización ----------------------

1. *Precalentar el horno a 180 C (350 F). Hacer la CHARMOULA y cubrir los filetes de pescado con la mitad de la CHARMOULA y reservar en el frigorífico hasta su uso.*
2. *Coloque las verduras en rodajas en una fuente para horno mediana y cubra completamente las verduras con la CHARMOULA restante. Transfiera al horno y hornee durante unos 12 minutos hasta que las verduras estén medio cocidas y comiencen a ablandarse.*
3. *Adorne las verduras con los filetes de pescado y regrese la fuente para hornear al horno durante 8 a 10 minutos, dependiendo del grosor de su pescado.*
4. *Mientras tanto, prepara cuscús para acompañar tu pescado. ¡Puede seguir las instrucciones del fabricante para su cuscús instantáneo o seguir mi técnica! Yo suelo sazonar mi cuscús con aceite de oliva y sal, luego lo cubro con agua hirviendo hasta que haya aproximadamente 1 cm de agua por encima del cuscús y finalmente cubro con una tapa (o film transparente) durante 7 minutos. agregar mucha agua a su cuscús instantáneo ayudará a lograr un buen resultado. Además, esponjar el cuscús cocido con una cuchara ayudará a separar los granos de cuscús.*
5. *Sirva los filetes de pescado y las verduras calientes sobre un cuscús esponjoso y decore con limones confitados picados y cilantro.*

-------------------------Observó -------------------------

- *Si no tienes limón confitado, no te desanimes, usa rodajas finas de limón en su lugar.*
- *La CHARMOULA se puede preparar hasta con 5 días de antelación. Almacenar en un recipiente hermético en el refrigerador.*

Mini cuscús marroquí

- Origen: marroquí / dificultad: ★★ /5
- Tiempo total de preparación: 35 minutos
- Calorías: 247 Kcal por ración (6 raciones)
- Número de porciones: 6

------------------Componente de la receta ------------------

- 2 calabacines, cortados por la mitad a lo largo y cortados en trozos de 3/4 de pulgada
- ½ taza de pasas doradas
- 1 cucharadita de sal kosher
- ralladura de una naranja
- 1 lata (14.5 onzas) de garbanzos bajos en sodio, enjuagados y escurridos
- 1 ½ tazas de caldo de pollo
- ½ taza de jugo de naranja
- 1 ½ taza de cuscús
- 3 cucharadas de menta fresca picada
- 1 ¼ cucharaditas de comino molido
- ½ cucharadita de jengibre molido
- ¼ de cucharadita de clavo molido
- ⅛ cucharadita de pimienta de cayena molida
- ½ cucharadita de cardamomo molido
- ¼ de cucharadita de cilantro molido
- ¼ de cucharadita de pimienta de Jamaica molida
- 1 cucharada de aceite de oliva
- 1 cebolla roja, cortada por la mitad y en rodajas finas
- 1 pimiento morrón rojo, verde o amarillo, cortado en 1 pedazo

--------------------Pasos de realización --------------------

1. Coloque una cacerola grande de fondo grueso a fuego medio. Agrega el comino, el jengibre, los clavos, la pimienta de cayena, el cardamomo, el cilantro y la pimienta de Jamaica; asa a la parrilla suavemente hasta que esté fragante, alrededor de 2 a 3 minutos.
2. Agregue el aceite y la cebolla, cocine hasta que se ablanden. Agregue el pimiento y el calabacín; cocinar 5 minutos. Agregue las pasas, la sal, la ralladura y los garbanzos.
3. Vierta el caldo de pollo y el jugo de naranja; aumentar el fuego y llevar a ebullición. Cuando la mezcla hierva, agregue el cuscús y retire del fuego; tapar y dejar reposar 5 minutos. Remueve con un tenedor e incorpora la menta picada.

Cuscús israelí

🕐 *Origen: Israel / dificultad: ★★★ /5*
🕐 *Tiempo total de preparación: 30 minutos*
🕐 *Calorías: 240 Kcals por ración (4 raciones)*
🕐 *Número de porciones: 4*

El componente ------------------Receta ------------------

- **Cuscús israelí o cualquier grano de cuscús**
- **Ralladura + jugo de limón.**
- **Mostaza de Dijon**

- **pimentón ahumado**
- **Rúcula Pepino + Tomates cherry. Queso Feta + Menta**

----------------------Pasos de realización ----------------------

1. Cocine el cuscús (se tarda unos 20 minutos en cocinar un cuscús israelí). Ventilar y reservar. No es necesario enjuagar el cuscús israelí después de cocinarlo.
2. Batir los componentes de la receta de vinagreta, luego mezclar la mezcla con el cuscús. Refrigere de 5 a 10 minutos.
3. Agregue la rúcula, el pepino, los tomates, el queso feta y la menta.

Consejos de almacenamiento

- **Para almacenar** Guarde la ensalada de cuscús israelí sobrante en un recipiente hermético en el refrigerador hasta por 5 días.

- **Congelar.** Aunque no recomiendo congelar esta ensalada porque las verduras se ablandarán, puede congelar el cuscús cocido en un recipiente hermético seguro para el congelador hasta por 3 meses. Dejar descongelar durante la noche en el frigorífico.

Cuscús Marroquí Vegetal

🕐 *Origen: marroquí / dificultad: ★★★ /5*
🕐 *Tiempo total de preparación: 70 minutos*
🕐 *Calorías: 366 Kcal por ración (6 raciones)*
🕐 *Número de porciones: 6*

------------------------Componente de la receta ------------------

Estofado de vegetales:

- *6 tazas de caldo de verduras*
- *1 (14.5 onzas) tomates cortados en cubitos*
- *½ libra de calabaza, cortada en trozos*
- *1 batata pequeña, cortada en trozos*
- *2 tallos de apio, en rodajas*
- *1 zanahoria, cortada en trozos*
- *1 nabo, cortado en trozos*
- *3 ½ onzas de judías verdes frescas, cortadas en trozos de 1/2 pulgada*
- *sal y pimienta negra recién molida al gusto*
- *1 calabacín, cortado en trozos*
- *3 cucharadas de aceite de oliva virgen extra*
- *2 cebollas grandes, picadas*
- *4 dientes de ajo, picados, divididos*
- *4 cucharaditas de comino molido*
- *1 pizca de canela molida*

- *1 cucharadita de chile en polvo*
- *½ cucharadita de canela molida*
- *½ cucharadita de cúrcuma molida*
- *½ cucharadita de clavo molido*
- *½ cucharadita de cilantro molido*
- *½ cucharadita de jengibre molido*
- *1 (14 onzas) de garbanzos, escurridos*

Cuscús:

- *10 ½ onzas de cuscús*
- *1 taza de pasas*
- *1 taza de agua hirviendo*

Salsa picante:

- *2 cucharadas de cilantro fresco picado*
- *1 cucharada de jugo de limón*
- *1 cucharadita de comino molido*
- *2 cucharaditas de salsa de chile picante*
- *1 cucharada de agua de azahar, o más al gusto*

----------------------Pasos de realización ---------------------

1. *Caliente el aceite de oliva en una olla grande a fuego medio. Agregue las cebollas y la mitad del ajo y cocine hasta que se ablanden un poco, aproximadamente 5 minutos. Agregue el comino, el chile en polvo, la canela, la cúrcuma, los clavos, el cilantro y el jengibre y cocine por unos segundos. Agrega el caldo de verduras, los tomates con su jugo, la calabaza, el boniato, el apio, la zanahoria, el nabo y las judías verdes. Condimentar con sal y pimienta. Lleve a ebullición, reduzca el fuego y cocine a fuego lento hasta que las verduras estén tiernas, de 15 a 20 minutos.*
2. *Agregue el ajo restante, el calabacín y los garbanzos. Cocine hasta que las verduras estén muy tiernas, unos 15 minutos.*

3. *Mientras tanto, combine el cuscús y las pasas en un tazón grande y cubra con agua hirviendo. Mezclar bien para humedecer el cuscús. Dejar en remojo durante 5 minutos.*

4. *Vierta 2 tazas de líquido de cocción de guiso de verduras sobre la mezcla de cuscús. Cubrir y dejar en remojo durante 10 minutos. Cubra el guiso para mantenerlo caliente.*

5. *Vierta 1 1/4 tazas de líquido caliente para cocinar vegetales en un tazón. Agregue el cilantro, el jugo de limón y el comino. Agregue la salsa de chile.*

6. *Vuelva a calentar el guiso si es necesario. Esponje el cuscús con un tenedor y colóquelo en una fuente o tazón grande. Espolvorear con agua de azahar y canela. Verter un poco de la menestra de verduras sobre el cuscús y servir el resto aparte. Sirva con la mezcla de salsa de chile a un lado.*

------------------------*Nota del cocinero:* --------------------

- *Tradicionalmente, las verduras para el cuscús se cocinan hasta que se desmoronan, pero para obtener un resultado más fresco, cocine solo hasta que las verduras estén tiernas y comiencen a ablandarse, pero no blandas.*

Cuscús marroquí con brochetas

○ Origen: marroquí / dificultad: ★★★ /5
○ Tiempo total de preparación: 2 horas y 40 minutos
○ Calorías: 821 Calorías
○ Número de porciones: 4

-------------------Componente de la receta ------------------

- 2 tazas de caldo de verduras
- 1 cucharada de raíz de jengibre fresco rallado
- 1 cucharadita de comino molido
- sal al gusto
- 1 taza de cuscús seco
- ¾ taza de pasas
- ¾ taza de garbanzos enlatados escurridos (garbanzos)
- 1 limón
- 1 paquete (8 onzas) de tempeh, cortado en cuadrados de 1/2 pulgada
- 16 champiñones blancos frescos
- 1 berenjena mediana, cortada en cubos de 1 pulgada
- 1 pimiento rojo grande, cortado en trozos de 1 pulgada
- 16 tomates cherry
- 8 cucharadas de aceite de oliva
- 4 cucharadas de salsa de soya
- 4 cucharadas de salsa teriyaki
- 3 cucharadas de miel
- 1 cucharada de raíz de jengibre fresco rallado
- 1 cucharada de ajo fresco picado
- sal y pimienta para probar

---------------------Pasos de realización --------------------

1. Coloque el tempeh, los champiñones, la berenjena, el pimiento rojo y los tomates cherry en una bolsa de plástico grande con cierre. En un tazón, mezcle el aceite de oliva, la salsa de soya, la salsa TERIYAKI y la miel; sazone con 1 cucharada de jengibre, 1 cucharada de ajo y sal y pimienta al gusto. Vierta la mezcla sobre el tempeh y las verduras, selle y agite para cubrir. Refrigera por 2 horas.
2. Precaliente la parrilla a temperatura media-alta. Ensarte el tempeh y las verduras en las brochetas. Reserve la marinada restante.
3. Asa las brochetas a la parrilla, volteándolas con frecuencia para asegurarte de que todo se cocine de manera uniforme. Estos también se pueden hacer a la parrilla.
4. Mientras se cocinan las brochetas, mezcle el caldo de verduras, 1 cucharada de jengibre rallado, el comino y la sal. Llevar a ebullición ligera. Agregue el cuscús, las pasas y los garbanzos; Cubrir y retirar del fuego. Deje reposar durante cinco minutos o hasta que esté espumoso. Justo antes de servir, exprima el limón sobre el cuscús y revuelva. Sirve las brochetas con la marinada reservada.

- 2- Receta de Cuscús (Gourmet)

Cuscús al azafrán TALIOUINE

◐ *Origen: marroquí / dificultad: ★★ /5*
◐ *Tiempo total de preparación: 45 minutos*
◐ *Calorías: 265 Calorías*
◐ *Número de porciones: 4*

------------------Componente de la receta ------------------

- ¼ **taza de grosellas secas**
- **2 cucharadas de aceite de oliva virgen extra**
- **1 cucharada de jugo de limón**
- **1 cucharadita de HARISSA, o al gusto**
- ½ **cucharadita de comino molido**
- **sal marina al gusto**
- **2 cucharadas de agua tibia**

- **5 hebras de azafrán, o más al gusto** *"Pueblo de TALIOUNE en el sur de Marruecos cerca de AGADIR conocido mundialmente por la producción de azafrán que es una planta medicinal y sabrosa por excelencia"*
- **1 taza de cuscús**
- **1 taza de caldo de verduras**
- **1 tallo de apio, cortado en cubitos**

----------------------Pasos de realización ----------------------

1. **Mezcle agua tibia y azafrán en un tazón.**
2. **Combine el cuscús y el caldo de verduras en una cacerola; llevar a ebullición. Retire la sartén del fuego, cubra la sartén y deje reposar durante 5 minutos. Esponje el cuscús con un tenedor y transfiéralo a un bol.**
3. **Revuelva la mezcla de azafrán, apio, grosellas, aceite de oliva, jugo de limón, HARISSA, comino y sal marina en el cuscús. Refrigere hasta que se enfríe, por lo menos 30 minutos.**

----------------------Nota del cocinero ----------------------

Sirve 4 como guarnición o 2 como ensalada de plato principal.
Si lo desea, puede sustituir el caldo de pollo o de res por caldo de verduras.
En lugar de HARISSA se puede utilizar pimiento rojo molido o hojuelas de pimiento rojo.

cuscús rápido

🕐 Origen: marroquí / dificultad: ★★★★★ /5
🕐 Tiempo total de preparación: 35 minutos
🕐 Calorías: 425 Calorías
🕐 Número de porciones: 4

------------------Componente de la receta------------------

- 1 taza de cuscús
- 1 taza de agua hirviendo
- 3 cucharadas de aceite de oliva
- 1 diente de ajo picado
- ¼ taza de pimiento rojo cortado en cubitos
- 4 cebollas verdes, en rodajas

- 1 taza de tomates cherry
- 1 taza de hojas de albahaca fresca
- 1 pizca de sal
- 1 pizca de pimienta negra molida
- 1 chorrito de vinagre balsámico
- ¼ taza de queso parmesano rallado

---------------------Pasos de realización---------------------

1. Precaliente el horno a 350 grados F (175 grados C).
2. Revuelva el cuscús en el agua hirviendo y vuelva a hervir el agua. Cubra y retire la sartén del fuego. Dejar reposar durante 5 minutos, luego remover con un tenedor.
3. Mientras se cocina el cuscús, caliente el aceite en una sartén grande a fuego medio. Agregue el ajo, las cebollas verdes y los pimientos; saltear brevemente. Agregue los tomates, la albahaca, el cuscús cocido, la sal y la pimienta. Mezcle y transfiera a una cacerola de 1 1/2 cuartos. Vierta un poco de vinagre balsámico encima.
4. Hornee en horno precalentado a 350 grados F (175 grados C) durante 20 minutos. Espolvorear con queso parmesano mientras aún está caliente.

Desayuno caliente con cuscús griego

- *Origen: Griego / dificultad: ★ /5*
- *Tiempo total de preparación: 35 minutos*
- *Calorías: 425 Calorías*
- *Número de porciones: 4*

------------------Componente de la receta ------------------

- **2 tazas de leche desnatada**
- **2 cucharadas de miel**
- **1 cucharada de canela molida**
- **2 tazas de cuscús seco**
- **½ taza de almendras fileteadas**
- **⅓ taza de albaricoques secos picados**
- **⅓ taza de pasas**

-------------------Pasos de realización -------------------

1. **Combine la leche, la miel y la canela en una cacerola a fuego medio. Tan pronto como hierva, agregue el cuscús. Apaga el fuego.**
2. **Cubra y deje reposar 5 minutos. Agregue las almendras, los albaricoques y las pasas.**

Cuscús marroquí con cerezas

🕐 *Origen: marroquí / dificultad: ★ /5*
🕐 *Tiempo total de preparación: 35 minutos*
🕐 *Calorías: 243 Calorías*
🕐 *Número de porciones: 4*

----------------------*Componente de la receta* --------------------

- *1 taza de caldo de pollo*
- *¼ taza de agua*
- *¼ taza de guindas secas*
- *1 cucharada de mantequilla*
- *1 pizca de sal*
- *pimienta negra molida al gusto*
- *1 taza de cuscús crudo*

----------------------*Pasos de realización* ---------------------

1. *En una cacerola de 2 cuartos, combine el caldo de pollo, el agua, las cerezas secas, la mantequilla, la sal y la pimienta. Cocine a fuego alto hasta que hierva.*
2. *Agregue el cuscús, cubra y retire del fuego. Deje reposar 5 minutos. Esponje con un tenedor y sirva inmediatamente.*

cuscús con pollo y queso feta

○ *Origen: marroquí / dificultad:* ★★★ /5
○ *porciones: 4*
○ *Tempe preparación 40 minutos para preparar.*
○ *Calorías: 646 Kcal.*

---------------------*Componente de la receta* --------------------

- 2 tazas de caldo de pollo
- 1 lata (10 onzas) de cuscús
- ¾ taza de aceite de oliva
- ¼ taza de jugo de limón fresco
- 2 cucharadas de vinagre balsámico blanco
- ¼ taza de hojas de romero frescas picadas
- sal y pimienta negra molida al gusto

- 2 mitades grandes de pechuga de pollo cocidas, deshuesadas y sin piel, cortadas en trozos pequeños
- 1 taza de pepino inglés picado
- ½ taza de tomates secados al sol picados
- ½ taza de aceitunas KALAMATA sin hueso, picadas
- ½ taza de queso feta desmenuzado
- ⅓ taza de perejil italiano fresco picado
- sal y pimienta negra molida al gusto

----------------------*Pasos de realización* --------------------

1. Poner el caldo de pollo en una cacerola y llevar a ebullición a fuego medio-alto. Agregue el cuscús. Retire la cacerola del fuego; tapar y dejar reposar 5 minutos. Esponje el cuscús con un tenedor. Enfriar por 10 minutos.

2. Mientras tanto, prepara el aderezo combinando el aceite de oliva, el jugo de limón y el vinagre en el vaso de una licuadora o procesador de alimentos; revuelva a fuego lento hasta que la mezcla espese. Agregue el romero. Sazone al gusto con sal y pimienta.

3. Combine el pollo, el pepino, los tomates secados al sol y las aceitunas en un tazón grande. Agregue el cuscús, el queso feta y el perejil. Sazone al gusto con sal y pimienta. Mezcle la ensalada con la mitad del aderezo. Pruebe y agregue más aderezo si lo desea, o si prepara la ensalada con anticipación, agregue aderezo adicional justo antes de servir.

cuscús argelino

🕐 *Origen: Argelia / dificultad: ★★★★★ /5*
🕐 *4 porciones*
🕐 *1 hora para preparar.*
🕐 *Cada porción contiene aproximadamente 500 calorías.*

------------------Componente de la receta ------------------

- ¼ *taza de aceite de oliva, o más según sea necesario, dividido*
- *8 chuletas de cordero, recortadas*
- *2 cucharadas de cilantro molido*
- *3 papas, cortadas en trozos*
- *3 nabos, cortados en trozos*
- *3 zanahorias, rebanadas a lo largo y cortadas en trozos*
- *1 lata (6 onzas) de pasta de tomate*
- *2 cucharadas de (RASS EL HANOUT)*
- *1 lata (7 onzas) de garbanzos, escurridos*
- *2 calabacitas, rebanadas a lo largo y cortadas en trozos*

- *5 ramitas de cilantro, picadas*
- *4 muslos de pollo*
- *1 pizca de sal y pimienta negra molida al gusto*
- *3 cebollas, en cuartos*
- *Agua para cubrir*
- *2 cucharadas de cúrcuma molida*
- *2 cucharadas de comino molido*

Cuscús:

- *3 tazas de agua*
- *2 tazas de cuscús*
- *1 cucharada de mantequilla*
- *3 cucharadas de HARISA*

------------------Pasos de realización ------------------

1. *Caliente 3 cucharadas de aceite de oliva en una cacerola grande a fuego medio-alto. Sazone las chuletas de cordero y los muslos de pollo con sal y pimienta; cocine en lotes con cebollas en aceite caliente hasta que estén doradas, aproximadamente 2 minutos por lado. Transferir a un plato grande.*

2. *Raspe el fondo de la sartén con una cuchara de madera para liberar los trozos dorados. Regrese las chuletas de cordero y el pollo a la sartén. Vierta suficiente agua para cubrir; agregue la cúrcuma, el comino y el cilantro. Cubra y deje hervir. Reduce el fuego a medio; cocine a fuego lento durante 20 minutos.*

3. *Revuelva las papas, los nabos y las zanahorias en la sartén. Cocine a fuego lento, tapado, hasta que las verduras comiencen a ablandarse, aproximadamente 10 minutos. Agregue la pasta de tomate y el (RASS EL HANOUT); cocinar 10 minutos. Agrega los garbanzos, el calabacín y el cilantro; continúe cocinando, tapado, hasta que el calabacín esté tierno, unos 5 minutos.*

4. *Pon a hervir 3 tazas de agua en una cacerola; Retire del fuego y agregue el cuscús y la mantequilla. Cubra la cacerola y deje reposar hasta que el agua se absorba por completo, de 5 a 10 minutos. Revuelva el cuscús con un tenedor y agregue 1 cucharada de aceite de oliva. Transferir a un plato de servir.*

5. *Vierta 2 cucharadas de jugos de cocción en un tazón; agregue HARISSA hasta que quede suave.*

6. *Coloque las verduras en un plato de servir. Ponga el cordero y el pollo en un plato aparte. Servir con cuscús, salsa HARISSA y el resto del líquido de cocción en la sartén.*

---------------------*Notas del cocinero* ----------------------

❖ **Para el casero (RASS EL HANOUT), mezclar: 1 cucharadita de comino molido, 1 cucharadita de jengibre molido, 1 cucharadita de cúrcuma molida, 3/4 cucharadita de canela molida, 3/4 cucharadita de pimienta negra recién molida, 1/2 cucharadita de pimienta blanca molida, 1/2 cucharadita de cilantro molido, 1/2 cucharadita de pimienta de cayena molida, 1/2 cucharadita de nuez moscada molida y 1/4 cucharadita de clavo molido (opcional).**

❖ **HARISSA se suele encontrar en carnicerías o carnicerías mediterráneas.**

Cuscús de pollo con lima y chile dulce con cilantro

◷ *Origen: marroquí / dificultad: ★★★ /5*
◷ *Tiempo total de preparación: 50 minutos*
◷ *Calorías: 390 Calorías*
◷ *Número de porciones: 4*

-------------------Componente de la receta -----------------

- *1 cucharada de aceite de oliva*
- *1 libra de mitades de pechuga de pollo deshuesadas y sin piel, en cubos*
- *1 pizca de glutamato monosódico al gusto*
- *6 cucharadas de salsa de soya*
- *6 cucharadas de azúcar moreno*
- *½ cucharadita de hojuelas de pimiento rojo, o más al gusto*
- *1 lima, jugo y ralladura*
- *2 tazas de caldo de verduras*
- *1 taza de cuscús*
- *⅓ taza de cilantro picado*
- *4 gajos de lima para decorar*

--------------------Pasos de realización ------------------

1. *Caliente el aceite de oliva en una sartén grande a fuego medio; cocine y revuelva los cubos de pechuga de pollo en aceite caliente hasta que los jugos salgan claros y el pollo ya no esté rosado por dentro, de 5 a 6 minutos. Espolvorea el pollo con glutamato monosódico durante la cocción. Retire el pollo de la sartén.*

2. *Combine la salsa de soya, el azúcar moreno, las hojuelas de pimiento rojo, el jugo de limón y la ralladura de limón en un tazón, revolviendo para disolver el azúcar. Vierta la salsa en una sartén caliente, hierva y reduzca el fuego a bajo. Cocine a fuego lento, revolviendo ocasionalmente, hasta que la salsa comience a reducirse ligeramente, de 3 a 4 minutos. Agregue el pollo cocido a la salsa y cocine hasta que la salsa forme un glaseado sobre los trozos de pollo, unos 2 a 3 minutos más, revolviendo con frecuencia.*

3. *Llevar el caldo de verduras a ebullición en una cacerola. Agregue el cuscús al caldo de verduras, apague el fuego y deje reposar el cuscús hasta que se absorba el caldo, aproximadamente 5 minutos. Revuelva el cilantro en el cuscús.*

4. *Coloque el cuscús en una fuente para servir, cubra con el pollo y la salsa y sirva con rodajas de lima. Exprima las rodajas de lima sobre el cuscús y el pollo antes de servir.*

Cuscús de pollo y calabacín

- ⏱ *Origen: marroquí / dificultad: ★★★ /5*
- ⏱ *Tiempo total de preparación: 30 minutos*
- ⏱ *Calorías: 400 Calorías*
- ⏱ *Número de porciones: 4*

---------------------Componente de la receta ------------------

- *3 ¼ tazas de caldo de pollo bajo en sodio, cantidad dividida*
- *1 calabacín, cortado en cubitos*
- *3 cebollas verdes, en rodajas finas*
- *1 ½ cucharaditas de raíz de jengibre fresco rallado*
- *1 ½ cucharaditas de curry en polvo*
- *1 cucharadita de maicena*
- *½ cucharadita de semillas de cilantro molidas*
- *1 taza de cuscús de cocción rápida*
- *2 cucharadas de aceite de oliva, dividido*
- *4 mitades de pechuga de pollo deshuesadas y sin piel, en cubos*
- *sal y pimienta negra molida al gusto*
- *1 zanahoria, en rodajas finas*
- *½ taza de chiles jalapeños finamente picados*

----------------------Pasos de realización -------------------

1. **Pon a hervir 2 tazas de caldo en una cacerola mediana. Agregue el cuscús y 1 1/2 cucharaditas de aceite de oliva. Apague el fuego, cubra y deje reposar durante 10 minutos.**
2. **Mientras tanto, caliente 1 cucharada de aceite de oliva en una sartén mediana a fuego medio. Agrega el pollo; Condimentar con sal y pimienta. Cocine y revuelva hasta que el pollo ya no esté rosado en el centro y los jugos salgan claros. Retire el pollo de la sartén y reserve.**
3. **Caliente las 1 1/2 cucharaditas restantes de aceite de oliva en la misma sartén a fuego medio. Agregue las zanahorias y los chiles jalapeños; dorar durante unos 2 minutos. Agregue el calabacín, las cebollas verdes, 1/4 taza de caldo de pollo y el jengibre. Cocine y revuelva hasta que las verduras estén tiernas, aproximadamente 5 minutos.**

4. **Mezcle la taza restante de caldo de pollo, el curry en polvo, la maicena y el cilantro en un tazón pequeño hasta que se mezclen. Vierta sobre las verduras en la sartén. Regrese el pollo a la sartén. Continúe cocinando hasta que el pollo esté cubierto y la salsa espese, aproximadamente 2 minutos. Servir sobre cuscús.**

Cuscús de pollo griego en un tazón

- Origen: Griego / dificultad: ★★ /5
- Tiempo total de preparación: 37 minutos
- Calorías: 450 Calorías
- Número de porciones: 4

----------------------Componente de la receta -------------------

Pollo:

- ½ cucharadita de romero seco
- ½ cucharadita de pimienta negra molida
- ½ cucharadita de sal
- ½ cucharadita de orégano seco
- ½ cucharadita de ajo en polvo
- ½ cucharadita de cebolla en polvo
- ⅛ cucharadita de cardamomo molido
- ¼ de cucharadita de cilantro molido
- 2 pechugas de pollo deshuesadas y sin piel
- 2 cucharadas de aceite vegetal
- ½ limón, jugo

Cuscús:

- 1 ½ tazas de agua
- 1 taza de cuscús seco

Salsa tzatziki:

- ½ pepino, pelado y rallado
- ½ taza de crema agria
- ½ taza de yogur griego
- ½ limón, jugo
- 1 cucharada de aceite de oliva
- 1 diente de ajo, picado
- 1 cucharadita de menta fresca picada
- 1 cucharadita de eneldo fresco picado
- ½ cucharadita de sal
- ½ cucharadita de pimienta negra

Coberturas :

- 1 corona de brócoli, cortada en floretes
- 1 cebolla roja mediana, cortada en cubitos
- ½ pepino, pelado y cortado en cubitos
- 2 tomates roma, cortados en cubitos
- ½ taza de aceitunas Kalamata picadas, o al gusto
- ½ taza de perejil fresco picado
- 1 paquete (4 onzas) de queso feta desmenuzado, o al gusto

----------------------Pasos de realización -------------------

1. Combine el romero, la pimienta negra, la sal, el orégano, el ajo en polvo, la cebolla en polvo, el cardamomo y el cilantro en un tazón pequeño. Coloque el pollo en un plato y sazone con la mezcla de especias. Caliente el aceite vegetal en una cacerola a fuego medio hasta que comience a brillar, de 2 a 3 minutos. Agregue el pollo sazonado a la sartén y cocine, tapado, de 4 a 5 minutos. Voltee el pollo y cocine, sin tapar, hasta que esté dorado por fuera y ya no esté rosado por dentro, de 5 a 6 minutos más. Un termómetro de lectura instantánea insertado en el centro debe indicar al menos 165 grados F (74 grados C). Exprime el jugo de limón sobre el pollo y deja enfriar por 5 minutos. Cortar en tiras.
2. Mientras se cocina el pollo, ponga agua a hervir en una cacerola y sal al gusto. Agregue el cuscús, revuelva una vez y cubra. Retire la sartén del fuego y deje que el cuscús se cocine al vapor durante 5 minutos. Pelusa con un tenedor.

3. Combine el pepino, la crema agria, el yogur, el jugo de limón, el aceite de oliva, el ajo, la menta, el eneldo, la sal y la pimienta negra en un tazón hasta que la salsa *TZATZIKI* se mezcle.
4. Divide el cuscús cocido en 4 tazones. Cubra con pollo cocido, salsa *TZATZIKI*, brócoli, cebolla, pepino, tomates, aceitunas, perejil y queso feta. Sirva inmediatamente o almacene en recipientes herméticos para recalentar más tarde.

Cuscús de pollo picante marroquí

- Origen: marroquí / dificultad: ★★★ /5
- Tiempo total de preparación: 30 minutos
- Calorías: 399 Calorías
- Número de porciones: 4

------------------Componente de la receta ------------------

- 1 cucharada de especias marroquíes
- 1 libra de filetes de pollo
- 2 cucharadas de aceite de oliva
- 1 cucharada de mantequilla
- ½ cebolla roja pequeña, picada
- 1 zanahoria, cortada

- 2 dientes de ajo, picados
- 1 taza de cuscús perlado
- ¾ taza de caldo de pollo
- ½ taza de garbanzos, enjuagados y escurridos
- 2 cucharadas de almendras tostadas

--------------------Pasos de realización --------------------

1. Cubre el pollo con 1 cucharada de aceite de oliva y el condimento marroquí en un plato hondo.
2. Encienda una olla a presión multifuncional y seleccione la función Saltear. Agregue 1 cucharada de aceite de oliva y la mantequilla una vez que la sartén esté caliente. Cocine el pollo hasta que se dore, de 3 a 5 minutos por lado. Retirar el pollo y mantener caliente. Agregue la cebolla, la zanahoria y el ajo y cocine hasta que se ablanden, aproximadamente 5 minutos. Agregue el cuscús perlado, el caldo y los garbanzos; revuelve para combinar. Cancelar la función Saltar. Regrese el pollo a la sartén.
3. Cierre y bloquee la tapa. Seleccione la alta presión de acuerdo con las instrucciones del fabricante; ajuste el temporizador a 5 minutos. Espere de 10 a 15 minutos para que aumente la presión.
4. Libere cuidadosamente la presión utilizando el método de liberación rápida de acuerdo con las instrucciones del fabricante, aproximadamente 5 minutos. Desbloquee y retire la cubierta. Sirve el pollo con las almendras espolvoreadas por encima.

-------------------------- Nota del cocinero ------------------

Si lo desea, puede sustituir las tiras de pollo por pechugas de pollo deshuesadas y sin piel en rodajas.

Cuscús de hierbas y pepino

- ◷ *Origen: marroquí / dificultad: ★★★ /5*
- ◷ *Tiempo total de preparación: 35 minutos*
- ◷ *Calorías: 870 Calorías*
- ◷ *Número de porciones: 4*

------ - -----------Componente de receta ------------------

- 2 tazas de caldo de pollo
- 4 (4 onzas) de pechugas de pollo deshuesadas y sin piel, en rodajas finas
- 1 pizca de sal marina y pimienta negra recién molida al gusto
- 1 cucharada de aceite de oliva virgen extra
- 1 cucharadita de azúcar blanca
- 2 tomates grandes maduros en rama
- 1 pepino inglés, picado
- ¼ de cebolla roja, finamente picada
- ½ taza de queso feta desmenuzado
- ⅓ taza de aceitunas Kalamata picadas sin hueso
- ¼ taza de perejil italiano picado
- 1 cucharadita de sal marina, dividida
- 1 lata (10 onzas) de cuscús
- ½ taza de aceite de oliva virgen extra
- 2 limones, jugo
- 1 cucharada de hojas de romero fresco picadas
- 1 cucharadita de orégano seco

----------------------Pasos de realización ------------------

1. Ponga a hervir el caldo de pollo y 1/2 cucharadita de sal en una cacerola. Agregue el cuscús. Retire del fuego; cubra y deje reposar hasta que se absorba el caldo, aproximadamente 5 minutos. Destape y revuelva con un tenedor.
2. Bate 1/2 cucharadita de sal, 1/2 taza de aceite de oliva, jugo de limón, romero y orégano en un tazón para hacer el aderezo.
3. Coloque las pechugas de pollo en un plato poco profundo. Rocíe 1/4 taza de aderezo por encima. Sazone ambos lados con sal y pimienta.
4. Caliente 1 cucharada de aceite de oliva en una sartén grande a fuego medio-alto. Agrega las pechugas de pollo; cocina hasta que estén doradas, aproximadamente 3 minutos por lado. Transferir a un plato grande. Un termómetro de lectura instantánea insertado en el centro debe indicar al menos 165 grados F (74 grados C).
5. Coloca 3 cucharadas de aderezo en un tazón grande; agregue el azúcar. Agrega los tomates, el pepino y la cebolla morada; mezclar para combinar. Condimentar con sal y pimienta. Agregue el queso feta y mezcle nuevamente.
6. Rocíe la vinagreta restante sobre el cuscús y agregue las aceitunas. Divide el cuscús en 4 platos. Cortar las pechugas de pollo y colocarlas encima. Sirve la ensalada de tomate a un lado. Espolvorear perejil en cada plato.

Sopa de cuscús con pollo

🕐 *Origen: marroquí / dificultad: ★★★ /5*
🕐 *Tiempo total de preparación: 30 minutos*
🕐 *Calorías: 231Kcal*
🕐 *Número de porciones: 4*

------------------*Componente de la receta* ------------------

- **3 cucharadas de aceite de oliva**
- **½ cucharadita de hojuelas de pimiento rojo**
- **1 taza de cuscús (perla grande)**
- **1 cucharadita de sal**
- **pimienta negra molida al gusto**
- **½ paquete (4 onzas) de queso feta desmenuzado**
- **⅓ taza de cebollín fresco picado**
- **1 cebolla dulce, en cuartos y cortada en tiras finas**
- **8 dientes de ajo picados**
- **10 tazas de caldo de pollo**
- **2 pechugas de pollo deshuesadas y sin piel**
- **1 limón, ralladura**

--------------------*Pasos de realización* --------------------

1. **Coloque el aceite de oliva en una cacerola grande a fuego medio-bajo. Saltee la cebolla y el ajo en aceite caliente hasta que se ablanden, de 3 a 4 minutos.**
2. **Agregue el caldo de pollo, las pechugas de pollo, la ralladura de limón y las hojuelas de pimiento rojo a la olla. Aumente el fuego a alto, cubra y deje hervir. Reduzca el fuego a medio y cocine a fuego lento durante 5 minutos. Agregue el cuscús perlado, la sal y la pimienta. Cocine a fuego lento 5 minutos más. Retire del fuego.**
3. **Retire las pechugas de pollo de la sartén con unas pinzas. Use un tenedor y pinzas para desmenuzar el pollo. Vuelve a la olla. Agregue el queso feta y las cebolletas a la sopa. Pruebe y sazone según sea necesario. Servir caliente.**

Cuscús Marroquí con Verduras BLED

◷ *Origen: marroquí / dificultad:* ★★★★★ */5*
◷ *Tiempo total de preparación: 1 hora 30 minutos*
◷ *Calorías:381 Calorías*
◷ *Número de porciones: 7*

------------------Componente de la receta -----------------

Mezcla de especias:

- *1 cucharada de cúrcuma molida*
- *1 cucharadita de sal*
- *1 cucharadita de comino molido*
- *1 cucharadita de jengibre molido*
- *¾ cucharadita de pimienta negra recién molida*
- *½ cucharadita de canela molida*
- *¼ de cucharadita de clavo molido*
- *1 pollo entero (2 1/2 libras) (opcional)*
- *1 cucharada de aceite de oliva*

- *6 tazas de caldo de pollo*
- *3 cucharadas de mantequilla*
- *3 zanahorias grandes, partidas a la mitad*
- *1 repollo verde pequeño, cortado en 6 segmentos, corazón intacto*
- *2 calabacines medianos, en cuartos*
- *1 ½ tazas de agua*
- *1 taza de cuscús*

---------------------Pasos de realización -----------------

1. *Precaliente el horno a 400 grados F (200 grados C).*
2. *Combine la cúrcuma, la sal, el comino, el jengibre, la pimienta, la canela y el clavo en un tazón pequeño. Coloque el pollo en un horno holandés. Espolvorea 1 cucharadita de la mezcla de especias sobre el pollo y rocía con aceite de oliva.*
3. *Cubra el pollo y hornee en horno precalentado hasta que ya no esté rosado en el hueso y los jugos salgan claros, aproximadamente 50 minutos. Destape y continúe cocinando hasta que un termómetro de lectura instantánea insertado en la parte más gruesa del muslo, cerca del hueso, registre 165 grados F (74 grados C), aproximadamente 20 minutos. Deje reposar, sin tapar, durante 15 minutos.*
4. *Combine el caldo, la mantequilla y la mezcla de especias restante en una olla grande a fuego medio-alto. Llevar a ebullición y agregar las zanahorias. Reduzca el fuego y cocine a fuego lento hasta que comience a ablandarse, aproximadamente 10 minutos. Agregue el repollo y el calabacín. Agregue el jugo de la olla de caldo de pollo. Cocine hasta que las verduras estén tiernas, unos 15 minutos.*
5. *Haga hervir el agua en una cacerola; Retire del fuego y agregue el cuscús. Tape la olla y deje reposar hasta que el agua se absorba por completo, unos 10 minutos. Esponje el cuscús con un tenedor y transfiéralo a un tazón grande y poco profundo. Coloque el pollo en el medio y coloque las verduras alrededor del pollo. Vierta de 4 a 5 cucharones de caldo sobre todo el plato.*

------------------------Notas del cocinero ----------------------

El pollo se puede cocinar a fuego lento si se desea.

Asegúrese de reservar el líquido restante para recalentar las sobras.

El cuscús generalmente se hace con carne, pero se puede hacer vegetariano fácilmente. Si está haciendo una versión vegetariana o simplemente quiere agregar algo extra, agregue una lata de garbanzos escurridos al caldo y revuelva con el cuscús.

Cuscús de rúcula, pollo y nueces

🕐 *Origen: marroquí / dificultad: ★★★★ /5*
🕐 *Tiempo total de preparación: 30 minutos*
🕐 *Calorías: 351 Kcal por ración*
🕐 *Número de porciones: 4*

------------------Componente de la receta -------------------

- 1 cucharadita de aceite de oliva
- ¼ taza de nueces picadas
- 1 cucharadita de aceite de oliva
- ½ libra de hongos shiitake, en rodajas
- 1 cucharadita de aceite de oliva
- ½ libra de mitades de pechuga de pollo deshuesadas y sin piel, en cubos

- 3 dientes de ajo, en rodajas finas
- 1 ¼ taza de caldo de pollo sin grasa
- 3 tazas (ligeramente empaquetadas) de rúcula tierna, picada muy gruesa
- 1 paquete (5.9 onzas) de cuscús con sabor a parmesano
- ¼ taza de albahaca fresca picada

--------------------Pasos de realización -------------------

1. Coloque una cacerola a fuego medio durante aproximadamente 1 minuto y vierta el aceite de oliva en la sartén caliente. Cocine y revuelva las nueces en aceite caliente hasta que estén ligeramente doradas y fragantes, de 2 a 3 minutos. Retire del fuego y transfiera las nueces a un tazón.

2. Caliente 1 cucharadita de aceite de oliva en la misma sartén; cocine y revuelva los hongos shiitake hasta que se ablanden, aproximadamente 5 minutos. Retire los champiñones de la sartén. Agregue otra cucharadita de aceite de oliva a la sartén; cocine y revuelva el pollo y el ajo hasta que el pollo esté dorado y la carne ya no esté rosada por dentro, aproximadamente 10 minutos.

3. Vierta el caldo de pollo en la mezcla de pollo, agregue la rúcula y revuelva el contenido del paquete de condimento de cuscús en la mezcla; llevar a ebullición y cocine a fuego lento durante 1 minuto. Incorporar el cuscús a la mezcla, tapar la cacerola y retirar del fuego. Deje reposar hasta que se absorba el líquido y el cuscús esté tierno, unos 5 minutos. Agregue nueces y albahaca, mezcle el cuscús ligeramente con un tenedor para combinar y servir.

--------------------Nota del cocinero -------------------

Es una receta muy versátil. La espinaca (o cualquier verdura) es un sustituto fácil de la rúcula; o se puede omitir el pollo y usar el caldo de verduras para mantenerlo vegetariano. Probablemente agregaría más champiñones (tal vez incluso portobellos) en este caso, para agregar un poco más de volumen. Se pueden usar nueces pecanas o piñones en lugar de nueces encima. Si no tiene cuscús con parmesano, puede usar cuscús regular, pero cubra con 1/4 taza de queso parmesano recién rallado justo antes de servir.

Cuscús de pollo picante 2

○ *Origen: marroquí / dificultad: ★★★ /5*
○ *Tiempo total de preparación: 3 horas y 30 minutos (incluyendo 30 minutos de preparación)*
○ *Calorías: 422 Kcal por ración*
○ *Número de porciones: 8*

Componente de la receta

- *8 muslos de pollo deshuesados y sin piel*
- *2 cebollas grandes, en rodajas finas*
- *4 zanahorias grandes, en rodajas finas*
- *½ taza de pasas*
- *½ taza de albaricoques secos, picados*
- *2 tazas de caldo de pollo*
- *2 cucharadas de pasta de tomate*
- *2 cucharadas de jugo de limón*
- *2 cucharadas de harina para todo uso*

- *2 cucharaditas de sal de ajo*
- *2 cucharaditas de comino molido*
- *1 ½ cucharaditas de jengibre molido*
- *1 cucharadita de canela molida*
- *1 cucharadita de pimentón húngaro*
- *1 cucharadita de pimienta negra molida*
- *3 tazas de agua*
- *2 tazas de cuscús*
- *1 cucharada de mantequilla*

Pasos de realización

1. *Extienda los muslos de pollo, las cebollas, las zanahorias, las pasas y los albaricoques en una olla de cocción lenta.*
2. *Batir el caldo de pollo, la pasta de tomate, el jugo de limón, la harina, la sal de ajo, el comino, el jengibre, la canela, el pimentón y la pimienta en un bol. Vierta sobre el pollo y las verduras.*
3. *Cocine a temperatura alta durante 4 1/2 horas o a temperatura baja durante 7 1/2 horas. Triture ligeramente el pollo con 2 tenedores. Continúe cocinando durante 30 minutos.*
4. *Pon a hervir 3 tazas de agua en una cacerola; Retire del fuego y agregue el cuscús y la mantequilla. Cubra la cacerola y deje reposar hasta que el agua se absorba por completo, de 5 a 10 minutos. Esponje el cuscús con un tenedor. Sirva el tagine de pollo sobre el cuscús.*

Notas del cocinero

Puedes reemplazar los 8 muslos de pollo por 5 o 6 pechugas de pollo cortadas por la mitad.
Si tiene especias (RASS EL HANOUT) a la mano, agregue una cucharadita a la mezcla de caldo para darle más sabor.

Ensalada de cuscús con frijoles negros y maíz

🕐 *Origen: marroquí / dificultad:* ★★ */5*
🕐 *Tiempo total de preparación: 55 minutos*
🕐 *Calorías:372 Calorías*
🕐 *Número de porciones: 4*

----------------------*Componente de la receta* ------------------

- 2 ½ tazas de agua
- sal y pimienta negra molida al gusto
- 1 lata (16 onzas) de frijoles negros, enjuagados y escurridos
- 1 lata (16 onzas) de maíz en grano entero, escurrido
- 1 ½ taza de pollo asado cocido y en cubos
- ½ pimiento rojo picado
- 3 cucharadas de aceite de oliva, dividido
- 2 tazas de cuscús perlado
- ¼ taza de vinagre balsámico
- 1 cucharadita de azúcar blanca

----------------------*Pasos de realización* ------------------

1. Pon a hervir el agua y 1 cucharada de aceite de oliva en una cacerola mediana a fuego alto. Agrega el cuscús; Reduzca rápidamente el fuego y cocine a fuego lento hasta que se absorba el agua, de 7 a 8 minutos.
2. Batir el vinagre balsámico, 2 cucharadas de aceite de oliva, el azúcar, la sal y la pimienta en un tazón pequeño hasta que el aderezo esté suave.
3. Esponje el cuscús con un tenedor y colóquelo en un tazón grande y poco profundo. Agregue frijoles negros, maíz, pollo y pimiento rojo. Doble la ensalada y rocíe con el aderezo en 3 adiciones, revolviendo bien después de cada adición. Refrigere hasta que se enfríe, unos 30 minutos.

Cuscús con pollo y dátiles

🕐 *Origen: marroquí / dificultad:* ★★★ */5*
🕐 *Tiempo total de preparación: 45 minutos*
🕐 *Calorías: 619 Calorías*
🕐 *Número de porciones: 2*

-------------------*Componente de la receta* -------------------

- *1 mitad de pechuga de pollo deshuesada y sin piel*
- *3 dátiles, sin hueso y picados*
- *¼ taza de queso mascarpone*
- *¼ taza de crema espesa*
- *1 pizca de sal y pimienta negra molida al gusto*
- *1 dátil, sin hueso y picado*
- *¼ de pepino, cortado en cubitos*
- *½ tomate, cortado en cubitos*
- *1 cucharadita de jugo de limón (opcional)*
- *½ taza de cuscús*
- *½ taza de agua*
- *1 cucharada de mantequilla sin sal*
- *1 pizca de sal*
- *1 cucharada de mantequilla salada*
- *¼ taza de alcaparras, escurridas*

---------------------*Pasos de realización* ---------------------

1. *Precaliente una parrilla al aire libre a fuego medio y engrase ligeramente la parrilla.*
2. *Asa la pechuga de pollo hasta que la carne ya no esté rosada por dentro y tenga marcas de parrilla bien definidas, de 5 a 8 minutos por lado. Cortar la pechuga de pollo por la mitad y reservar.*
3. *Pon a hervir el agua, la mantequilla sin sal y una pizca de sal en una cacerola a fuego alto. Retire del fuego y agregue el cuscús. Tape y deje reposar 10 minutos, luego revuelva con un tenedor.*
4. *Derrita la mantequilla con sal en una sartén a fuego medio y agregue suavemente las alcaparras y los 3 dátiles. Revuelva varias veces para calentar las alcaparras y los dátiles, luego agregue el queso mascarpone y la crema, revolviendo hasta que el queso y la crema se hayan derretido. Cocine a fuego lento la mezcla durante unos 3 minutos para reducir ligeramente, luego sazone al gusto con sal y pimienta.*
5. *Coloque el cuscús en un plato para servir y espolvoree con un dátil picado. Disponer las 2 piezas de pechuga de pollo sobre el cuscús y bañar con salsa mascarpone. Espolvoree el plato con pepino y tomate cortados en cubitos y rocíe con jugo de limón para servir.*

Cuscús de ralladura y almendras

○ *Origen: marroquí / dificultad: ★★ /5*
○ *Tiempo total de preparación: 30 minutos*
○ *Calorías: 255Kcals*
○ *Número de porciones: 2*

-------------------*Componente de la receta* -------------------

- 1 taza de agua
- 1 cucharadita de ajedrea seca
- 1 cucharadita de perejil seco
- 1 pizca de hojuelas de pimiento rojo triturado
- 1 cucharada de caldo de pollo granulado
- ½ taza de cuscús perlado

- 1 limón, ralladura
- ½ taza de almendras fileteadas tostadas
- ½ taza de apio picado
- ⅓ taza de cebolla picada
- ½ tomate, sin semillas y picado
- 1 cucharada de aceite de oliva
- sal y pimienta negra al gusto

---------------------*Pasos de realización* ---------------------

1. Hierva el agua en una cacerola, reduzca el fuego a medio-bajo y agregue la ajedrea, el perejil, las hojuelas de pimiento rojo y los gránulos de caldo de pollo hasta que los gránulos se disuelvan. Vierta el cuscús, revuelva para combinar y cocine a fuego lento hasta que estén tiernos, aproximadamente 10 minutos. Cubrir y retirar del fuego. Dejar enfriar. Escurra cualquier exceso de líquido restante.

2. Coloque el cuscús enfriado en una ensaladera y mezcle ligeramente con la ralladura de limón, las almendras, el apio, la cebolla, el tomate y el aceite de oliva. Sazone al gusto con sal y pimienta negra antes de refrigerar hasta que esté frío, al menos 1 hora.

Cuscús De Salmón Y Limón

- Origen: Italiano / dificultad: ★★ /5
- Tiempo total de preparación: unos 25 minutos
- Calorías: unas 499 Kcal por ración
- Número de porciones: 4

-------------------Componente de la receta -------------------

2 cucharadas de mantequilla
- 2 cucharadas de aceite de oliva
- 4 filetes de salmón (4 onzas)
- 1 cucharadita de ajo picado
- 1 cucharada de pimienta de limón
- 1 cucharadita de sal

- ¼ taza de agua
- 1 taza de tomates frescos picados
- 1 taza de cilantro fresco picado
- 2 tazas de agua hirviendo
- 1 taza de cuscús crudo

-------------------Pasos de realización -------------------

1. Caliente la mantequilla y el aceite de oliva en una sartén grande a fuego medio. Coloque el salmón en la sartén y sazone con el ajo, la pimienta de limón y la sal. Vierta 1/4 taza de agua alrededor del salmón. Coloque los tomates y el cilantro en la sartén. Tape y cocine por 15 minutos o hasta que el pescado se desmenuce fácilmente con un tenedor.

2. Pon a hervir 2 tazas de agua en una cacerola. Retire del fuego y agregue el cuscús. Cubra y deje reposar 5 minutos. Sirva el salmón cocido sobre el cuscús y rocíe con la salsa de la sartén.

-3-ensalada de cuscus

Ensalada con cuscús y menta

○ *Origen: Mediterráneo / dificultad: ★★ /5*
○ *Tiempo total de preparación: 25 minutos*
○ *Calorías: 387 Calorías*
○ *Número de porciones: 4*

------------------*Componente de la receta* ------------------

- 1 ½ taza de cuscús
- ½ taza de tomates cortados en cubitos
- ¼ taza de pimiento rojo cortado en cubitos
- ¼ taza de pimiento verde cortado en cubitos
- ¼ taza de judías verdes enlatadas, cortadas en cubitos
- ½ taza de garbanzos cocidos
- ½ taza de pepinos persas cortados en cubitos
- ¼ taza de aceitunas verdes, sin hueso y en cuartos
- ¼ taza de maní tostado

- ¼ taza de jugo de limón
- 2 cucharadas de aceite de oliva
- 3 cucharadas de pasta de tahini
- ¼ taza de hojas de menta fresca picadas
- ½ cucharadita de ASAFOETIDA en polvo
- ¼ taza de perejil fresco picado
- sal y pimienta para probar
- 1 ½ tazas de agua
- 1 cucharadita de sal
- 2 cucharadas de aceite de oliva

----------------------*Pasos de realización* ----------------------

1. Prepare una vinagreta batiendo el jugo de limón, 2 cucharadas de aceite de oliva, pasta de TAHINI, menta, polvo de ASAFOETIDA y perejil; Condimentar con sal y pimienta. Poner a un lado.
2. Mezcla el agua con 1 cucharadita de sal y 2 cucharadas de aceite de oliva en una cacerola; Llevar a ebullición a temperatura media. Retire del fuego y revuelva el cuscús en el agua; cubrir durante 10 minutos.
3. Coloque el cuscús en un tazón grande. Mezcle el tomate picado, el pimiento rojo, el pimiento verde, las judías verdes, los garbanzos, el pepino, las aceitunas y los cacahuetes en el cuscús. Mientras revuelve, vierta lentamente el aderezo en la mezcla. Servir inmediatamente.

<u>Nota:</u> 'ASAFOETIDA: es la resina de un tipo de hinojo gigante nativo de Asia Central.

Ensalada de cuscús con albaricoques

☉ *Origen: marroquí / dificultad: ★ /5*
☉ *Tiempo total de preparación: 15 minutos*
☉ *Calorías: 220 Kcal por ración (4 raciones)*
☉ *Número de porciones:*

---------------------*Componente de la receta* -------------------

- 1 ⅓ taza de cuscús seco
- 2 tazas de agua hirviendo
- ⅔ taza de arándanos secos endulzados
- ⅔ taza de almendras fileteadas
- ½ taza de albaricoques secos envasados, picados
- 3 cebollas verdes medianas, en rodajas finas con verduras
- 1 cucharadita de comino
- sal y pimienta negra molida al gusto

---------------------*Pasos de realización* --------------------

1. Coloque el cuscús en un recipiente y vierta agua hirviendo sobre él. Revuelva suavemente, luego cubra y deje reposar durante 5 minutos.
2. Mientras tanto, coloque los arándanos en una medida de líquido de vidrio y agregue agua hasta cubrir. Microondas a alta potencia durante 1 minuto; drenar.
3. Agregue los arándanos al cuscús, junto con las almendras, los albaricoques, las cebollas verdes, el comino, la sal y la pimienta. Mezcle bien para combinar. Servir a temperatura ambiente o frío.

Ensalada de cuscús con espárragos

◷ *Origen: marroquí / dificultad: ★★ /5*
◷ *Tiempo total de preparación: 30 minutos*
◷ *Calorías: 480 Calorías*
◷ *Número de porciones: 3*

-------------------*Componente de la receta* -------------------

- **2 tazas de cuscús**
- **1 manojo de espárragos frescos, recortados y cortados en trozos de 2 pulgadas**
- **8 onzas de tomates con pasas, cortados a la mitad**
- **6 onzas de queso feta, desmenuzado**
- **3 cucharadas de vinagre balsámico**
- **2 cucharadas de aceite de oliva virgen extra**
- **Pimienta negra, al gusto**

---------------------*Pasos de realización* ---------------------

1. **Cocine el cuscús según las instrucciones del paquete. Ponga a un lado y deje enfriar un poco.**
2. **Mientras tanto, coloque los espárragos en una vaporera sobre 1 pulgada de agua hirviendo y cubra. Cocine hasta que estén tiernos pero aún firmes, de 2 a 6 minutos. Escurrir y enfriar.**
3. **Mezcle los espárragos, los tomates y el queso feta con el cuscús. Agregue aceite de oliva, vinagre balsámico y pimienta negra y mezcle para incorporar.**

Ensalada De Cuscús Con Pepino

- ☉ *Origen: Español / dificultad: ★★ /5*
- ☉ *Tiempo total de preparación: 30 minutos*
- ☉ *Calorías: 155 Kcal por ración (6 raciones)*
- ☉ *Número de porciones: 6*

-----------------*Componente de la receta* -----------------

- 10 onzas de cuscús crudo
- 2 cucharadas de aceite de oliva
- ½ taza de jugo de limón
- ¾ cucharadita de sal
- ¼ de cucharadita de pimienta negra molida
- 1 pepino, sin semillas y picado

- ½ taza de cebollas verdes finamente picadas
- ½ taza de perejil fresco, picado
- ¼ taza de albahaca fresca, picada
- 6 hojas de lechuga
- 6 rodajas de limón

-----------------*Pasos de realización* -----------------

1. En una cacerola mediana, hierva 1 3/4 tazas de agua. Agregue el cuscús; frazada. Retire del fuego; deje reposar, tapado, 5 minutos. Enfriar a temperatura ambiente.
2. Mientras tanto, en un tazón mediano, combine el aceite, el jugo de limón, la sal y la pimienta. Agregue el pepino, la cebolla verde, el perejil, la albahaca y el cuscús. Mezcle bien y refrigere por al menos 1 hora.
3. Cubra un plato con hojas de lechuga. Vierta la mezcla de cuscús sobre las hojas y adorne con rodajas de limón.

Ensalada De Ajo Y Cuscús

🕐 *Origen: marroquí / dificultad: ★★ /5*
🕐 *Tiempo total de preparación: 20 minutos*
🕐 *Calorías: 157 Kcal por ración (6 raciones)*
🕐 *Número de porciones: 6*

--------------------Componente de la receta--------------------

- 3 paquetes (6 onzas) de mezcla de ajo y cuscús de hierbas (o cualquier sabor que prefiera)
- 1 pinta de tomates cherry, cortados a la mitad
- 1 frasco (5 onzas) de aceitunas KALAMATA sin hueso, cortadas por la mitad

- 1 taza de pimientos morrones mixtos (verde, rojo, amarillo, naranja), cortados en cubitos
- 1 pepino, rebanado y luego cortado por la mitad
- ½ taza de perejil, finamente picado
- 1 paquete (8 onzas) de queso feta desmenuzado
- ½ taza de aderezo griego

--------------------Pasos de realización--------------------

1. Cocine el cuscús según las instrucciones del paquete. Transfiera a un tazón grande para servir para que se enfríe. Revuelva para romper los racimos de cuscús.
2. Cuando el cuscús se haya enfriado a temperatura ambiente, agregue los tomates, las aceitunas, los pimientos, el pepino, el perejil y el queso feta. Revuelva gradualmente el aderezo en el cuscús hasta lograr la humedad deseada.

Ensalada de cuscús con queso feta

- ◯ *Origen: marroquí / dificultad: ★★/5*
- ◯ *Tiempo total de preparación: 40 minutos*
- ◯ *Calorías: 252Kcals por porción*
- ◯ *Número de porciones: 4*

------------------Componente de la receta------------------

- 2 tazas de caldo de verduras
- 1 cucharada de tomillo fresco picado
- ½ taza de aceitunas verdes sin hueso
- 4 tomates reliquia, cortados en cuartos
- 15 tomates cherry, en cuartos
- 1 pepino inglés, en cubos
- ½ cebolla roja pequeña, en rodajas finas
- 1 taza de queso feta desmenuzado
- ¼ taza de vinagre balsámico blanco
- ½ taza de aceite de oliva virgen extra

- 1 limón, jugo
- 1 cucharada de aceite de oliva virgen extra
- 1 taza de cuscús perlado (israeli)
- ½ taza de hojas de albahaca fresca empaquetadas
- ¼ taza de hojas de perejil de hoja plana
- 1 diente de ajo, machacado
- 1 cucharada de orégano fresco picado

------------------Pasos de realización------------------

1. Pon a hervir el caldo de verduras en una cacerola a fuego medio. Caliente 1 cucharada de aceite de oliva en una sartén a fuego medio. Agregue el cuscús y cocine y revuelva hasta que estén doradas, aproximadamente 10 minutos. Revuelva el cuscús a la parrilla en el caldo de verduras caliente y vuelva a hervir a fuego lento. Tape y cocine hasta que el caldo haya sido absorbido por el cuscús, unos 15 minutos. Verter en un bol, mezclar con un tenedor y dejar enfriar a temperatura ambiente.

2. Coloca la albahaca, el perejil, el ajo, el orégano, el tomillo y las aceitunas en un procesador de alimentos; Pulse hasta que las hierbas estén picadas en trozos grandes. Agregue la mezcla de hierbas al cuscús junto con los tomates reliquia, los tomates cherry, el pepino, la cebolla roja y el queso feta. Rocíe con vinagre, 1/2 taza de aceite de oliva y jugo de limón. Revuelva hasta que se mezclen.

Ensalada de cuscús con cebollas verdes

🕐 *Origen: israelí / dificultad: ★ /5*
🕐 *Tiempo total de preparación: 1 hora*
🕐 *Calorías: 341 Kcal por ración*
🕐 *Número de porciones: 4*

------------------------Componente de la receta -------------------

Ensalada :

- *1 taza de tomates uva, cortados a la mitad*
- *1 taza de aceitunas negras en cuartos*
- *¼ taza de cebollas verdes rebanadas*
- *¼ taza de perejil italiano fresco picado*
- *¼ taza de hojas de menta fresca*
- *¼ taza de hojas de albahaca fresca*
- *1 cucharadita de aceite de oliva virgen extra*
- *1 chalota mediana, cortada en cubitos*

- *2 dientes de ajo, picados*
- *1 taza de cuscús israelí, sin cocer*
- *1 ¼ taza de caldo de pollo*
- *2 pepinos persas medianos, en rodajas*
- *1 taza de espinacas frescas picadas*

Vendaje:

- *1 limón mediano, rallado y exprimido*
- *3 cucharadas de aceite de oliva virgen extra*
- *½ cucharada de mostaza Dijon*
- *sal y pimienta negra molida al gusto*

------------------------Pasos de realización -------------------

1. *Empezar la ensalada: Calentar el aceite en una cacerola a fuego medio. Agrega la chalota y el ajo; cocine hasta que estén tiernos y fragantes, de 2 a 3 minutos. Agregue el cuscús y saltee hasta que esté ligeramente tostado, de 2 a 3 minutos. Vierta el caldo de pollo, aumente el fuego a alto y deje hervir. Reduzca el fuego a bajo, cubra y cocine hasta que el cuscús esté tierno y se haya absorbido todo el líquido, aproximadamente 15 minutos. Retire del fuego y deje enfriar durante unos 45 minutos.*
2. *Mientras se enfría el cuscús, prepare la vinagreta: en un tazón pequeño, mezcle la ralladura y el jugo de limón, el aceite, la mostaza Dijon, la sal y la pimienta.*
3. *Termine la ensalada: transfiera el cuscús enfriado a un tazón para servir. Agregue pepinos, espinacas, tomates, aceitunas, cebollas verdes, perejil, menta y albahaca. Vierta el aderezo por encima y revuelva hasta que todos los componentes de la receta estén cubiertos.*

ensalada de cuscús con semillas de girasol

- ⏲ *Origen: marroquí / dificultad: ★/5*
- ⏲ *Tiempo total de preparación: 15 minutos*
- ⏲ *Calorías (por ración): unas 186 Kcals*
- ⏲ *Número de porciones: 2*

---------------------*Componente de la receta* -------------------

- 2 hojas de col rizada
- 1 cucharadita de aceite de oliva, o según sea necesario
- ½ pinta de tomates cherry, cortados en cubitos
- sal kosher al gusto
- ⅛ de libra de queso feta desmenuzado
- ⅓ taza de arándanos secos
- ½ taza de cuscús cocido
- ¼ taza de semillas de calabaza tostadas
- ¼ taza de semillas de girasol
- ½ limón, jugo

---------------------*Pasos de realización* -------------------

1. Retire las hojas de col rizada de los tallos; Picar finamente las hojas y masajear con aceite en un tazón grande hasta que estén de color verde oscuro y fragantes, aproximadamente 30 segundos. Agregue los tomates cherry y espolvoree con sal kosher. Agregue queso feta, arándanos, cuscús, semillas de calabaza y semillas de girasol.

2. Exprima el jugo de limón sobre los componentes de la receta y revuelva hasta que se mezclen.

Tabulé de cuscús integral

○ *Origen: marroquí / dificultad: ★ /5*
○ *Tiempo total de preparación: 15 minutos*
○ *Calorías (por ración): unas 180 Kcals*
○ *Número de porciones: 4*

-------------------Componente de la receta -------------------

- 1 taza de agua
- ¾ taza de cuscús integral
- ½ cucharadita de sal
- 2 tazas de tomates pasas a la mitad
- 1 ¾ taza de pepino pelado picado
- 1 taza de cebolla roja picada

- ½ taza de perejil de hoja plana fresco picado
- ½ taza de menta fresca picada
- ¼ taza de jugo de limón fresco
- 2 cucharadas de aceite de oliva virgen extra
- ¼ de cucharadita de pimienta negra recién molida

---------------------Pasos de realización --------------------

1. Haga hervir el agua en una cacerola; agregue el cuscús y la sal. Retirar del fuego, tapar la olla y dejar reposar hasta que se absorba el agua, unos 5 minutos. Pasar el cuscús a un bol y remover con un tenedor.

2. Mezcle los tomates, el pepino, la cebolla, el perejil, la menta, el jugo de limón, el aceite de oliva y la pimienta negra en el cuscús. Sirva inmediatamente o refrigere por 1 hora para mezclar sabores.

Ensalada de cuscús con higos

○ *Origen: marroquí / dificultad: ★★ /5*
○ *Tiempo total de preparación: 25 minutos*
○ *Calorías (por ración): unas 600 Kcals*
○ *Número de porciones: 4*

------------------Componente de la receta -------------------

- 1 ½ tazas de agua
- 1 taza de cuscús perlado (israelí)
- 2 cucharadas de aceite de oliva
- ½ taza de cebolla picada
- 3 dientes de ajo picados
- 7 onzas de higos secos, sin tallos y finamente picados
- ⅓ taza de vinagre balsámico añejo
- 1 cucharada de miel
- sal y pimienta negra recién molida al gusto
- 4 onzas de queso Gorgonzola desmenuzado
- ¾ taza de nueces tostadas picadas
- 4 tazas de espinacas tiernas frescas, enjuagadas y secas

------------------------Pasos de realización -------------------------

1. Vierta agua en una cacerola y deje hervir a fuego medio-alto. Agregue el cuscús, cubra, reduzca el fuego a bajo y cocine a fuego lento hasta que el cuscús esté cocido y el agua se haya absorbido por completo, de 8 a 10 minutos. Transfiera el cuscús a un tazón grande y reserve.

2. Mientras tanto, caliente el aceite de oliva en una cacerola a fuego medio. Agregue la cebolla y cocine hasta que esté ligeramente caramelizada, de 8 a 10 minutos. Agregue el ajo y cocine hasta que esté fragante, aproximadamente 1 minuto. Agregue los higos secos y cocine hasta que estén ligeramente suaves, aproximadamente 5 minutos. Combine el vinagre balsámico, la miel, la sal y la pimienta negra y cocine hasta que espese un poco, de 4 a 5 minutos. Vierta la mezcla de higos sobre el cuscús cocido y revuelva para combinar. Añadir sal y pimienta al gusto. Añadir 2 cucharadas de Gorgonzola desmenuzado y las nueces tostadas al cuscús; mezclar para combinar.

3. Divide las espinacas en cuatro platos para servir. Cubra cada uno con una cantidad igual de mezcla de higos y cuscús. Adorne cada ensalada con migas de gorgonzola adicionales, si lo desea. Servir inmediatamente.

Ensalada de cuscús con pollo y romero

○ *Origen: marroquí / dificultad:* ★★★★★ */5*
○ *Tiempo total de preparación: 25 minutos*
○ *Calorías (por ración): unas 650 Kcals*
○ *Número de porciones: 4*

------------------Componente de la receta ------------------

- *2 tazas de caldo de pollo*
- *1 lata (10 onzas) de cuscús*
- *¾ taza de aceite de oliva*
- *¼ taza de jugo de limón fresco*
- *2 cucharadas de vinagre balsámico blanco*
- *¼ taza de hojas de romero frescas picadas*
- *sal y pimienta negra molida al gusto*

- *2 mitades grandes de pechuga de pollo cocidas, deshuesadas y sin piel, cortadas en trozos pequeños*
- *1 taza de pepino inglés picado*
- *½ taza de tomates secados al sol picados*
- *½ taza de aceitunas KALAMATA sin hueso, picadas*
- *½ taza de queso feta desmenuzado*
- *⅓ taza de perejil italiano fresco picado*
- *sal y pimienta negra molida al gusto*

--------------------Pasos de realización --------------------

1. *Poner el caldo de pollo en una cacerola y llevar a ebullición a fuego medio-alto. Agregue el cuscús. Retire la cacerola del fuego; tapar y dejar reposar 5 minutos. Esponje el cuscús con un tenedor. Enfriar por 10 minutos.*

2. *Mientras tanto, prepara el aderezo combinando el aceite de oliva, el jugo de limón y el vinagre en el vaso de una licuadora o procesador de alimentos; revuelva a fuego lento hasta que la mezcla espese. Agregue el romero. Sazone al gusto con sal y pimienta.*

3. *Combine el pollo, el pepino, los tomates secados al sol y las aceitunas en un tazón grande. Agregue el cuscús, el queso feta y el perejil. Sazone al gusto con sal y pimienta. Mezcle la ensalada con la mitad del aderezo. Pruebe y agregue más aderezo si lo desea, o si prepara la ensalada con anticipación, agregue aderezo adicional justo antes de servir.*

Ensalada de cuscús con arándanos secos

- ◯ *Origen: marroquí / dificultad: ★★/5*
- ◯ *Tiempo total de preparación: 40 minutos*
- ◯ *Calorías: 552 Calorías*
- ◯ *Número de porciones: 6*

------------------*Componente de la receta*------------------

- 5 cucharadas de aceite de oliva, dividido
- ½ taza de arándanos secos
- ½ taza de pasas doradas
- ⅓ taza de cebolla roja picada
- ¼ taza de rodajas de 1/2 pulgada de cebollín fresco (opcional)
- 2 cucharadas de perejil de hoja plana picado, o más al gusto
- 1 cebolla verde, en rodajas finas
- 1 cucharadita de zumaque molido (opcional)
- 2 tazas de cuscús perlado (israelí)

- 2 ½ tazas de agua
- ½ taza de lentejas francesas
- Agua para cubrir
- 2 tomates Roma, cortados en cubitos
- 1 pepino pequeño, sin semillas y cortado en cubitos
- 1 pimiento rojo, cortado en cubitos

<u>Vendaje:</u>
- ¼ taza de aceite de oliva
- 2 limones, jugo
- 2 cucharadas de miel, o más al gusto
- sal y pimienta negra molida al gusto

------------------*Pasos de realización*------------------

1. Caliente 1 cucharada de aceite de oliva en una sartén a fuego medio. Cocine y revuelva el cuscús en aceite caliente hasta que esté tostado y fragante, de 3 a 4 minutos. Añadir 2 1/2 tazas de agua al cuscús y llevar a ebullición; cubra la sartén y cocine hasta que el cuscús esté tierno, aproximadamente 10 minutos. Enjuague el cuscús en un colador con agua fría y transfiéralo a un bol. Mezcle 1/4 taza de aceite de oliva en el cuscús y revuelva para cubrir.
2. Coloque las lentejas en una cacerola pequeña y cubra con agua; llevar a ebullición. Reduzca el fuego a medio-bajo y cocine a fuego lento hasta que las lentejas estén tiernas, de 15 a 20 minutos. Escurra y enjuague las lentejas con agua corriente fría en un colador; añadir al cuscús.
3. Mezcle los tomates, el pepino, el pimiento rojo, los arándanos, las pasas, la cebolla roja, el cebollino, el perejil, la cebolla verde y el zumaque en la mezcla de cuscús y lentejas.
4. Bate 1/4 taza de aceite de oliva, jugo de limón, miel, sal y pimienta en un tazón; vierta sobre la mezcla de cuscús y lentejas y revuelva hasta que esté bien cubierto. Refrigere la ensalada para mezclar los sabores, de 8 horas a toda la noche.

Ensalada De Cuscús Con Frutas

○ *Origen: marroquí / dificultad: ★★ /5*
○ *Tiempo total de preparación: 35 minutos*
○ *Calorías: 240 Calorías*
○ *Número de porciones: 4*

---------------------*Componente de la receta* --------------------

- *1 cucharadita de cilantro fresco picado, o más al gusto*
- *1 mango, pelado y picado*
- *1 cucharadita de aceite de oliva, o según sea necesario*
- *5 cebollas verdes, solo las partes blancas, picadas o más al gusto*
- *4 dientes de ajo machacados*

- *2 ¼ tazas de agua*
- *6 dátiles, sin hueso y picados*
- *½ paquete (6 onzas) de arándanos secos endulzados*
- *½ taza de pasas doradas*
- *¼ taza de maní sin cáscara*
- *1 ½ taza de cuscús perlado*

---------------------*Pasos de realización* --------------------

1. *Caliente el aceite de oliva en una sartén a fuego medio; saltee la cebolla y el ajo hasta que estén fragantes, 1-2 minutos. Agregue el agua a la mezcla de cebolla y deje hervir.*
2. *Agregue los dátiles, los arándanos, las pasas y los cacahuates a la mezcla de cebolla y vuelva a hervir. Agrega el cuscús y el cilantro a la mezcla de frutos secos y cebolla; llevar a ebullición. Reduzca el fuego a bajo, cubra la sartén y cocine a fuego lento hasta que el agua casi se absorba, de 10 a 15 minutos.*
3. *Agregue el mango a la mezcla de cuscús, vuelva a tapar y cocine a fuego lento hasta que se absorba toda el agua y el cuscús esté tierno, unos 5 minutos más.*

Ensalada de cuscús con tocino y verduras

- ○ *Origen: marroquí / dificultad: ★★★ /5*
- ○ *Tiempo total de preparación: 40 minutos*
- ○ *Calorías: 220 Calorías*
- ○ *Número de porciones: 4*

------------------Componente de la receta ------------------

- *4 rebanadas de tocino*
- *1 cebolla, picada*
- *1 ½ tazas de agua*
- *1 taza de cuscús crudo*
- *¾ taza de zanahorias picadas*
- *¾ taza de pepino cortado en cubitos*
- *½ pimiento rojo, cortado en cubitos*
- *½ (15 onzas) de frijoles, escurridos y enjuagados*

- *¼ taza de aceite de oliva*
- *2 cucharadas de vinagre balsámico blanco*
- *1 cucharada de salsa de soya*
- *1 cucharada de azúcar blanca*
- *2 cucharaditas de curry en polvo*
- *sal y pimienta para probar*

----------------------Pasos de realización ----------------------

1. *Coloque el tocino en una sartén grande y profunda y cocine a fuego medio-alto, volteándolo ocasionalmente, hasta que se dore uniformemente, aproximadamente 10 minutos. Escurra las rebanadas de tocino en un plato cubierto con una toalla de papel. Una vez enfriado, desmenuce las rebanadas de tocino y reserve.*
2. *Escurra todos menos 1 cucharada de los jugos de tocino de la sartén, y cocine y revuelva la cebolla en la sartén hasta que los bordes de la cebolla comiencen a dorarse. Reserva la cebolla.*
3. *Poner agua a hervir en una cacerola y espolvorear con cuscús. Retire la cacerola del fuego, deje reposar 5 minutos para que absorba el agua, luego esponje el cuscús con un tenedor. Deja que el cuscús se enfríe.*
4. *Coloque la cebolla, el cuscús enfriado, la zanahoria, el pepino, el pimiento rojo y los garbanzos en una ensaladera y mezcle ligeramente para combinar.*
5. *En un bol, mezcle el aceite de oliva, el vinagre balsámico blanco, la salsa de soya, el azúcar, el curry en polvo, la sal y la pimienta hasta que se disuelva el azúcar. Vierta la vinagreta sobre la ensalada, revuelva ligeramente y espolvoree con trocitos de tocino.*

----------------------Nota del cocinero----------------------

Puedes utilizar cualquier verdura que tengas en la nevera. Si tiene poco tiempo, puede omitir el tocino y las cebollas (aunque todo sabe mejor con tocino) y usar cebollas verdes en su lugar.

Ensalada de cuscús con queso feta y mariscos

🕐 *Origen: marroquí / dificultad:* ★★ */5*
🕐 *Tiempo total de preparación: 30 minutos*
🕐 *Calorías: 510 Calorías*
🕐 *Número de porciones: 4*

-------------------Componente de la receta -----------------

- *1 pimiento amarillo, picado*
- *1 ½ libras de camarones cocidos, pelados y desvenados*
- *2 tomates medianos, picados*
- *1 taza de perejil fresco picado*
- *1 taza de queso feta desmenuzado*
- *2 tazas de cuscús*
- *2 tazas de agua*
- *¾ taza de aceite de oliva*
- *¼ taza de vinagre de sidra de manzana*
- *1 cucharadita de mostaza Dijon*

- *1 cucharadita de comino molido*
- *1 diente de ajo, machacado*
- *sal y pimienta para probar*
- *1 pimiento rojo picado*
- *1 pimiento amarillo, picado*
- *1 ½ libras de camarones cocidos, pelados y desvenados*
- *2 tomates medianos, picados*
- *1 taza de perejil fresco picado*
- *1 taza de queso feta desmenuzado*

---------------------Pasos de realización ----------------

1. *Verter agua en una cacerola y llevar a ebullición. Agregue el cuscús, cubra y retire del fuego. Deje reposar durante 5 minutos, luego esponje inmediatamente con un tenedor. (de lo contrario, se pegará). Dejar enfriar.*
2. *En un tazón pequeño, mezcle el aceite de oliva, el vinagre de sidra, la mostaza Dijon, el ajo, la sal y la pimienta. Poner a un lado.*
3. *En una ensaladera grande, combine los camarones, el cuscús enfriado, los pimientos rojos y amarillos, los tomates, el perejil y el queso feta. Bate el aderezo para combinarlo bien, luego vierte aproximadamente la mitad sobre el cuscús. Mezcle para cubrir y agregue más aderezo para cubrir uniformemente sin remojar. Refrigere por lo menos 2 horas antes de servir.*

Ensalada vegana de cuscús

○ *Origen: marroquí / dificultad: ★ /5*
○ *Tiempo total de preparación: 20 minutos*
○ *Calorías: 145 Calorías*
○ *Número de porciones: 4*

-----------------Componente de la receta -----------------

- 1 taza de cuscús
- 1 cucharada de pasta de tomate
- 1 cucharada de caldo de verduras
- 1 ½ tazas de agua hirviendo
- 2 tomates, cortados en cubitos
- ½ pepino, finamente picado
- 1 pimiento amarillo, finamente picado
- 3 cebollas verdes, picadas

- ¼ taza de perejil fresco finamente picado
- ¼ taza de albahaca fresca finamente picada
- 3 cucharadas de aceite de oliva virgen extra
- 2 cucharadas de vinagre balsámico blanco
- 1 pizca de sal y pimienta negra recién molida al gusto

-----------------Pasos de realización -----------------

1. Vierta el cuscús en una ensaladera grande. Combina la pasta de tomate y el caldo de verduras en la taza que usaste para medir el cuscús. Llene la taza medidora con agua hirviendo y vierta sobre el cuscús. Agregue otra 1/2 taza de agua hirviendo y revuelva. Cubra el recipiente con un plato grande y deje que el cuscús se cocine al vapor durante 5 minutos. Pelusa con un tenedor.

2. Agregue los tomates, el pepino, el pimiento, las cebollas verdes, el perejil y la albahaca. Combine el aceite de oliva, el vinagre balsámico blanco, la sal y la pimienta en una taza. Verter sobre la ensalada de cuscús y mezclar bien.

Cuscús con JALAPENO

- ⏱ *Origen: marroquí / dificultad: ★★ /5*
- ⏱ *Tiempo total de preparación: 20 minutos*
- ⏱ *Calorías: 222Kcals*
- ⏱ *Número de porciones: 4*

-------------------Componente de la receta -------------------

- 3 tazas de agua
- ½ taza de cebolla verde picada
- 3 cucharadas de menta fresca picada
- 3 cucharadas de albahaca fresca picada
- 3 cucharadas de cilantro fresco picado
- 1 cucharada de perejil fresco picado
- 2 cucharaditas de comino molido

- 2 cucharaditas de pimienta de cayena
- 1 limón, jugo
- 2 tazas de cuscús
- ½ taza de queso feta desmenuzado
- 1 chile JALAPENO fresco, picado
- ½ pepino, cortado en cubitos
- 1 diente de ajo, picado

----------------------Pasos de realización ----------------------

1. Llevar el agua a ebullición en una cacerola. Retire del fuego y agregue el cuscús. Cubra y deje reposar hasta que el cuscús absorba completamente el agua, aproximadamente 10 minutos; revolver con un tenedor.

2. Mientras se remoja el cuscús, combine el queso feta, el chile JALAPENO, el pepino, el ajo, la cebolla verde, la menta, la albahaca, el cilantro, el perejil, el comino, la pimienta de cayena y el jugo de limón en un tazón grande. Agregue el cuscús preparado y mezcle bien.

Ensalada de cuscús de maíz

🕐 *Origen: marroquí / dificultad: ★★ /5*
🕐 *Tiempo total de preparación: 30 minutos*
🕐 *Calorías: 254 Calorías*
🕐 *Número de porciones: 6*

-----------------*Componente de la receta* -----------------

- *1 taza de cuscús crudo*
- *1 ¼ taza de caldo de pollo*
- *3 cucharadas de aceite de oliva virgen extra*
- *2 cucharadas de jugo de limón fresco*
- *1 cucharadita de vinagre de vino tinto*
- *½ cucharadita de comino molido*
- *8 cebollas verdes, picadas*
- *1 pimiento rojo, sin semillas y picado*
- *¼ taza de cilantro fresco picado*
- *1 taza de granos de maíz congelados, descongelados*
- *2 latas (15 onzas) de frijoles negros, escurridos*
- *sal y pimienta para probar*

-----------------*Pasos de realización* -----------------

1. *Lleve a ebullición el caldo de pollo en una cacerola de 2 cuartos o más grande y agregue el cuscús. Tapar la cacerola y retirar del fuego. Deje reposar 5 minutos.*
2. *En un tazón grande, mezcle el aceite de oliva, el jugo de lima, el vinagre y el comino. Agregue las cebollas verdes, el pimiento rojo, el cilantro, el maíz y los frijoles y revuelva para cubrir.*
3. *Revuelva bien el cuscús, rompiendo los pedazos. Añadir al bol con las verduras y mezclar bien. Sazone con sal y pimienta al gusto y sirva inmediatamente o refrigere hasta que esté listo para servir.*

Cuscús marroquí con aceitunas negras

○ *Origen: marroquí / dificultad:* ★★ */5*
○ *Tiempo total de preparación: unos 30 minutos*
○ *Calorías: alrededor de 529 calorías por porción*
○ *Número de porciones: 4*

----------------------*Componente de la receta* --------------------

- 🥄 **1 ¼ taza de caldo de verduras**
- 🥄 **1 ¼ taza de agua / 1 pizca de sal**
- 🥄 **2 tazas de cuscús perlado**
- 🥄 **1 pizca de pimienta negra molida**
- 🥄 **5 cucharadas de aceite de oliva, dividido**
- 🥄 **4 dientes de ajo picados /½ taza de piñones /1 chalote picado**
- 🥄 **½ taza de aceitunas negras rebanadas**
- 🥄 **⅓ taza de tomates secados al sol en aceite, escurridos y picados**
- 🥄 **1 taza de caldo de verduras**
- 🥄 **¼ taza de perejil de hoja plana fresco picado**

---------------------*Pasos de realización* ---------------------

1. **Hierva 1 1/4 tazas de caldo de verduras y agua en una cacerola, agregue el cuscús y mezcle la sal y la pimienta negra. Reduzca el fuego a bajo y cocine a fuego lento hasta que se absorba el líquido, aproximadamente 8 minutos.**

2. **Caliente 3 cucharadas de aceite de oliva en una sartén a fuego medio-alto; agregue los piñones y cocine, revolviendo con frecuencia, hasta que los piñones huelan tostados y estén dorados, aproximadamente 1 minuto. Retire del fuego.**

3. **Caliente las 2 cucharadas restantes de aceite de oliva en una cacerola; cocine y revuelva el ajo y la chalota en aceite caliente hasta que se ablanden, aproximadamente 2 minutos. Revuelva las aceitunas negras y los tomates secados al sol en la mezcla de ajo y cocine hasta que se caliente, de 2 a 3 minutos, revolviendo con frecuencia. Vierta lentamente 1 taza de caldo de verduras y hierva la mezcla. Reduzca el fuego a bajo y cocine a fuego lento hasta que la salsa se haya reducido, de 8 a 10 minutos.**

4. **Transfiera el cuscús a un tazón grande para servir, mezcle con la salsa y sirva adornado con perejil y piñones.**

ensalada de cuscús con nectarinas

○ *Origen: marroquí / dificultad: ★★ /5*
○ *Tiempo total de preparación: 25 minutos*
○ *Calorías: 365 Calorías*
○ *Número de porciones: 4*

--------------------*Componente de la receta* --------------------

Vendaje:

- 3 cucharadas de jugo de limón fresco
- 2 cucharadas de miel
- 1 ½ cucharadas de aceite de oliva
- ½ cucharadita de cilantro molido
- ½ cucharadita de comino molido
- ½ cucharadita de sal
- ¼ de cucharadita de pimienta negra molida
- 1 ½ tazas de nectarina picada
- 1 taza de agua

- 2 cucharadas de agua
- 1 taza de cuscús de trigo integral crudo
- ½ lata (15 onzas) de garbanzos, enjuagados y escurridos
- ½ taza de pimiento morrón rojo finamente picado
- ½ taza de cebollas verdes en rodajas finas

----------------------*Pasos de realización* ----------------------

1. Pon a hervir 1 taza y 2 cucharadas de agua en una cacerola pequeña. Agregue gradualmente el cuscús hasta que se humedezca uniformemente. Retire del fuego; revolver con un tenedor.
2. Vierta el cuscús en una ensaladera. Deje enfriar, de 5 a 10 minutos. Agregue los garbanzos, el pimiento rojo y las cebollas verdes.
3. Bate el jugo de lima, la miel, el aceite de oliva, el cilantro, el comino, la sal y la pimienta en un tazón pequeño para hacer el aderezo. Vierta el aderezo sobre la mezcla de cuscús; revuelva suavemente hasta que se mezcle. Disponer la nectarina sobre la ensalada.

---------------------------- *Nota del cocinero* --------------------
----

❖ Si lo prepara con anticipación, reserve la mitad del aderezo para agregar antes de servir.

Ensalada de cuscús con rutabaga

⏱ *Origen: marroquí / dificultad: ★ /5*
⏱ *Tiempo total de preparación: 25 minutos*
⏱ *Calorías: 329 Calorías*
⏱ *Número de porciones: 4*

------------------Componente de la receta ------------------

- *1 ½ taza de cuscús*
- *½ taza de levadura nutricional*
- *¼ taza de aceite vegetal*
- *¼ taza de vinagre de sidra de manzana*
- *1 ½ cucharaditas de miel*
- *1 cucharadita de condimento italiano*
- *1 cucharadita de orégano seco*
- *1 cucharadita de eneldo seco*
- *½ cucharadita de pimienta negra molida*
- *¼ de cucharadita de pimienta de cayena*
- *1 pizca de sal al gusto (opcional)*
- *1 colinabo, pelado y cortado en trozos de 1/4 de pulgada*
- *2 tazas de agua*
- *1 cucharada de aceite vegetal*

---------------------Pasos de realización ---------------------

1. *Coloque una canasta de vapor en una cacerola y llénela con agua justo debajo del fondo de la vaporera; llevar a ebullición. Agregue el colinabo y cocine al vapor hasta que esté tierno, aproximadamente 10 minutos.*

2. *Pon a hervir 2 tazas de agua y 1 cucharada de aceite vegetal en una cacerola. Retire del fuego y agregue el cuscús. Cubra y deje reposar hasta que se absorba el agua, unos 14 minutos; revolver con un tenedor.*

3. *Batir la levadura nutricional, 1/4 taza de aceite vegetal, vinagre de sidra de manzana, miel, condimento italiano, orégano, eneldo, pimienta negra y pimienta de cayena en un tazón grande.*

4. *Revuelva el cuscús y colinabo en el aderezo de levadura nutricional. Sazonar con sal.*

CAPÍTULO III

Pastelería marroquí:

- 1- varios productos de pastelería y panadería

KHOUBZ - pan marroquí básico

- ○ Origen: marroquí / dificultad: ★★★ /5
- ○ TIEMPO DE PREPARACIÓN: 20 minutos / TIEMPO DE COCCIÓN: 20 minutos /
- ○ TIEMPO DE DESCANSO: 1 hora 25 minutos
- ○ TIEMPO TOTAL: 2 horas 5 minutos
- ○ PARA 6
- ○ CALORÍAS: 88 Kcal por ración

------------------------Componente de la receta -------------------

- 450 g de harina de pan blanca
- 10 g de sal
- 10g de azúcar
- 7 g de levadura de panadería seca
- 30 ml de aceite de oliva o aceite vegetal
- 310 ml de agua tibia
- Aceite o harina de maíz para la sartén

----------------------Pasos de realización -------------------

1. Precaliente el horno a 225°C y cubra una bandeja para hornear grande con papel pergamino.
2. En un tazón grande, combine la harina, la sal y el azúcar. Hacer un hueco en el centro y añadir la levadura seca de panadería.
3. Agregue un poco de agua tibia al pozo y revuelva ligeramente con los dedos para disolver la levadura. Agregue el agua restante y el aceite y revuelva para combinar todos los ingredientes.
4. Amasar la masa sobre una superficie de trabajo enharinada durante 10 a 15 minutos, hasta que quede suave y elástica. Agregue un poco de harina o agua si es necesario para ajustar la textura de la masa.
5. Divide la masa en dos bolas y colócalas en la bandeja para hornear preparada. Cúbralos con un paño de cocina y déjelos reposar de 10 a 15 minutos.
6. Forme las bolas de masa en panes planos y redondos de aproximadamente 0,6 cm de grosor. Cubra nuevamente con un paño de cocina y deje crecer durante aproximadamente una hora, hasta que la masa salte hacia atrás cuando se presiona ligeramente.
7. Marca ligeramente la parte superior del pan con un cuchillo afilado o pínchalo en varios lugares con un tenedor.
8. Hornee los panes en el horno precalentado durante unos 20 minutos, hasta que estén dorados. Los panes deben sonar huecos al golpearlos.
9. Transfiera los panes a una rejilla o canasta de alambre forrado con una toalla para que se enfríen.

----------------------------Nota --------------------- ---------

-

Si no estás seguro de si tu levadura está activa, compruébalo antes de usarla disolviéndola en un poco de agua tibia con una pizca de azúcar. La mezcla debe volverse espumosa en 10 minutos, si no, deséchela y use levadura fresca.

Puede agregar semillas de sésamo para decorar el pan antes de hornear, o presionarlas en la masa durante la fase de formación. Cepille la masa con agua para ayudar a que las semillas se adhieran.

MAKROUT de OUJDA

🕐 *Origen: marroquí / dificultad: ★★★★★ /5*

🕐 *Tiempo total de preparación: 60 minutos*

🕐 *Calorías: 777Kcals*

🕐 *Número de porciones: 8-10*

--------------------*Componente de la receta* --------------------

🏠 **600 g de pasta de dátiles (de venta en algunos supermercados o tiendas orientales)**

🏠 **1 cucharada de mantequilla ablandada**

🏠 **1 cucharadita de canela**

🏠 **1 poco de agua de azahar.**

🏠 **900 g de sémola de trigo mediana**

🏠 **250 g de mantequilla derretida (posible hacer una mezcla de mantequilla y aceite)**

🏠 **½ cucharadita de canela**

🏠 **½ cucharadita de sal**

🏠 **400 ml de mezcla de agua y agua de azahar**

🏠 **Para Decorar:**

🏠 **Aceite para freír**

🏠 **Miel**

--------------------*Pasos de realización* --------------------

- *En un recipiente mezclo la sémola con la sal, la canela y la mantequilla derretida.*
- *Lijar bien la sémola para que quede bien empapada en mantequilla.*
- *Deja reposar la sémola toda la noche.*
- *Pasta de dátiles: Mezcla los ingredientes y trabaja bien y forma salchichas que mantienes filmadas en los lados.*
- *Preparación de MAKROUTS: Tomar una porción de sémola y agregar agua y agua de azahar.*
- *Siempre tome parte de la sémola para mezclar y no toda la cantidad, de lo contrario absorberá el agua y tendrá que agregar más, lo que hace que los MAKROUTS se endurezcan después de la cocción.*
- *Estira la sémola como una salchicha y haz un hueco hasta el final.*
- *Colocar una salchicha de pasta de dátiles en el hueco y cerrar.*
- *Aplane y use una almohadilla especial MAKROUT (a la venta en los mercados o en Internet).*
- *El sello te permite tener bonitos diseños en la parte superior y MAKROUTS del mismo tamaño.*
- *Continuar así con toda la cantidad de sémola.*
- *Freír en aceite caliente hasta que tome un bonito color dorado.*
- *Retire del aceite y coloque en miel (miel tibia mezclada con agua de azahar).*
- *Dejar en la miel durante diez minutos.*
- *Retirar de la miel y colocar en un colador para escurrir.*
- *Dejar enfriar antes de guardar en caja o degustar.*

MHENCHA a base de almendras

🕐 *Origen: marroquí / dificultad:* ★★★★★ */5*

🕐 *Tiempo total de preparación: unos 45 minutos*

🕐 *Calorías: 400 calorías.*

🕐 *Número de porciones: Esta receta hace 8 mini MHENCHA.*

------------------------*Componente de la receta* ------------------

Hace 8 mini MHENCHA
Pasta de almendras

🏠 *250 g de almendras blanqueadas*

🏠 *120 g de azúcar en polvo*

🏠 *pizca de canela*

🏠 *Pizca de sal*

🏠 *3 cucharadas de agua de azahar*

🏠 *10 g de mantequilla sin sal, blanda*

Envuelve la masa

🏠 *8 hojas de masa FILO, 20 x 30 cm (200 g)*

🏠 *50 g de mantequilla sin sal, derretida*

🏠 *300 g de miel*

🏠 *Cacahuetes y bayas liofilizados para decorar (opcional)*

---------------------*Pasos de realización* ------------------

1. *Precalentar el horno a 180 C (350 F)*
2. *Comienza con el mazapán, lo usarás para adornar la MHENCHA. Transfiera las almendras y el azúcar a un molinillo de nueces o procesador de alimentos y pulse hasta que se convierta en una pasta húmeda. Tomará un poco de tiempo, unos 5 minutos.*
3. *Añade el azahar y la mantequilla y vuelve a remover unos segundos. Retire la masa y divídala en 8 partes iguales.*
4. *Forme cada parte en tubos largos (unos 30 cm) y cúbralos con film transparente.*
5. *Coloque una hoja de FILO sobre una superficie de trabajo y úntela con mantequilla derretida (mantenga las otras cubiertas con un paño de cocina para evitar que se sequen). Tome un tubo de mazapán, colóquelo en el lado largo de una masa FILO y enrolle la lámina sin apretar.*
6. *No caiga en la tentación de apretar demasiado la masa cuando la enrolle, ya que se romperá durante la cocción. Cubra el mazapán enrollado con más mantequilla derretida y enróllelo para formar una bobina ajustada.*
7. *Coloque la MHENCHA en una bandeja para hornear forrada con papel pergamino y repita hasta que haya usado todas las hojas de mazapán y FILO. Transfiera al horno caliente hasta que esté bien cocido y ligeramente dorado, aproximadamente 15 minutos.*
8. *Mientras tanto, caliente la miel en una cacerola pequeña a fuego medio. Evita quemar la miel controlando el calor, una vez que esté espumosa necesitas reducir el fuego.*
9. *Una vez que los pasteles estén cocidos, transfiéralos inmediatamente a la miel hirviendo a fuego lento y déjelos en remojo durante 2 minutos. Tendrás que hacer esto en lotes porque no todos los pasteles caben en el molde.*
10. *Retire a un plato plano para que se enfríe antes de servir. Decore con maní y/o bayas liofilizadas si lo desea.*

GRANOLA Cúrcuma, Miel y Naranja

- Origen: marroquí / dificultad: ★★★ /5
- Tiempo de preparación: alrededor de 1 hora
- Calorías: alrededor de 120 calorías por porción
- Número de porciones: unas 20 galletas

---------------------Componente de la receta --------------------

Para unos 700 gr de granola

- 350 g de copos de avena
- 100 g de almendras fileteadas
- 3 cucharadas de semillas de girasol
- 3 cucharadas de semillas de calabaza
- 200 g de miel
- 150 ml de jugo de naranja

- 1 cucharada de cúrcuma molida
- 1 cucharadita de extracto de vainilla
- 1 cucharadita de canela molida
- ½ cucharadita de sal
- 50 g de cerezas secas, picadas
- 50 g de albaricoques secos picados

---------------------Pasos de realización --------------------

1. Precaliente el horno a 170 C (370 F) En un tazón grande, combine los copos de avena, las almendras picadas y las semillas.

2. En una cacerola pequeña calienta la miel, el jugo de naranja, la cúrcuma, el extracto de vainilla, la canela y la sal. Vierta el líquido sobre la mezcla de avena y revuelva, asegurándose de que todos los ingredientes estén bien combinados. Toda la avena ahora debería verse amarillenta.

3. Extienda la mezcla en una bandeja para hornear forrada con papel pergamino y hornee durante 20 a 25 minutos, hasta que la avena esté crujiente y dorada. Revuelve la avena ocasionalmente durante el proceso de cocción para asegurarte de que no se queme.

4. Saca la mezcla de avena cocida del horno y deja que se enfríe. Coloque la mezcla de avena en un recipiente hermético y agregue la fruta seca.

5. ¡Para disfrutar con yogur griego o leche y fruta fresca!

BAGHRIR con sémola

🕐 Origen: marroquí / dificultad: ★★★ /5

🕐 Tiempo total de preparación: unos 40 minutos (30 minutos de descanso + 10 minutos de preparación Calorías: 100-150 calorías.

🕐 Número de porciones: la receta hace alrededor de 12

------------------Componente de la receta ------------------

- 125 g de sémola fina
- 20 g de harina común
- 1 cucharada de azúcar en polvo
- ½ cucharadita colmada de levadura seca activa

- ¼ cucharadita de sal
- 250 ml de agua tibia
- 1 cucharadita de polvo de hornear

--------------------Pasos de realización --------------------

1. En una licuadora, ponga la sémola, la harina, el azúcar, la levadura y la sal. Agregue agua tibia y mezcle hasta que no queden grumos y la masa esté suave. Si no tiene una batidora, coloque todos los componentes de la receta en un tazón grande y use una batidora eléctrica en lugar de una batidora.

2. Agregue el polvo de hornear y mezcle nuevamente por unos segundos. Deje reposar la masa durante 30 minutos para permitir que la levadura suba y vuelva a mezclar durante unos segundos.

3. Engrasa una sartén antiadherente y ponla a fuego medio-alto. Espere hasta que la sartén esté muy caliente para comenzar a cocinar los panqueques, de lo contrario no tendrá muchos agujeros en sus panqueques.

4. Coloque una pequeña cantidad de masa (como lo haría con cualquier panqueque) y deje el panqueque hasta que se seque. Tan pronto como coloque la masa en la sartén, la masa debe comenzar a burbujear y secarse. Una vez que el baghrir ya no esté húmedo (esto demora alrededor de un minuto), significará que está cocido. Los baghrir solo se cocinan por un lado. Nunca les des la vuelta durante la cocción porque perderás los agujeros. Repite hasta que hayas usado toda la masa.

5. No apile los panqueques marroquíes mientras aún estén calientes, ya que se pegarán. Si quieres apilarlos cuando estén calientes, sepáralos con un pañuelo.

--------------------Observó --------------------

• En esta receta, agua tibia significa agua que está más caliente que la temperatura ambiente pero no hirviendo. Si no comienzan a aparecer burbujas al hornear los panqueques, lo más probable es que la masa sea demasiado espesa y/o no haya funcionado lo suficiente. En este caso, agregue unas cucharadas de agua tibia y deje que la masa suba durante otros 15 minutos.

Pasteles de manzana con mantequilla especiada

○ *Origen: marroquí / dificultad:* ★★ /5
○ *Tiempo de preparación: 30 minutos*
○ *Porción: 4*

------------------*Componente de la receta* ------------------

- **4 manzanas para cocinar, sin corazón y cortadas en cubitos**
- **2 cucharaditas de canela molida**
- **1 cucharadita de jengibre molido**
- **Unos ralladores de nuez moscada**
- **Pizca de sal**

- **80g de mantequilla**
- **4 cucharadas de azúcar moreno**
- **100 ml de miel clara**
- **Pistachos triturados y crema agria para servir, si lo desea**

---------------------*Pasos de realización* --------------------

• *Hacer la mantequilla de avellanas; derrita la mantequilla en una cacerola pequeña a fuego medio. Vigile la mantequilla y revuelva ocasionalmente, la mantequilla comenzará a formar espuma y se dorará, este proceso debería tomar alrededor de 3-5 minutos.*

• *Inmediatamente agregue la miel y el azúcar y revuelva hasta que el azúcar se haya derretido por completo. Luego agregue las manzanas y revuelva ocasionalmente hasta que las manzanas estén blandas y el almíbar se espese, esto debería tomar alrededor de 8-10 minutos.*

• *Sirva caliente encima con panqueques de pistacho triturados y crema agria si lo desea.*

Pan De Calabaza Con Chispas De Chocolate

🕐 *Origen: marroquí / dificultad: ★★★ /5*
🕐 *Tiempo total de preparación: aproximadamente 1 hora y 10 minutos*
🕐 *Calorías: unas 280 Kcal por ración*
🕐 *Número de porciones: alrededor de 10 porciones*

------------------Componente de la receta --------------------

- **260 g de harina normal**
- **1 1/2 cucharadita de polvo de hornear**
- **1/2 cucharadita de bicarbonato de sodio**
- **2 cucharaditas de (RASS EL HANOUT)**
- **1 cucharadita de sal**
- **180 g de azúcar moreno**
- **2 huevos grandes**
- **120g de mantequilla derretida y más para enmantequillar el molde**

- **60 ml de té negro (bolsita de té negro remojada en agua caliente)**
- **2 cucharaditas de extracto de vainilla**
- **320 g de puré de calabaza**
- **140 g de nuggets o pepitas de chocolate negro**

Azúcar (RASS EL HANOUT) (opcional)
- **3 cucharadas de azúcar en polvo**
- **1 cucharadita de (RASS EL HANOUT)**

---------------------Pasos de realización --------------------

1. *Precalentar el horno a 180C (350F). En un tazón grande, mezcle la harina, el polvo de hornear, el bicarbonato de sodio (RASS EL HANOUT) y la sal hasta que estén bien mezclados.*
2. *En otro tazón, bata los huevos y el azúcar moreno hasta que estén bien mezclados. Agregue la mantequilla derretida, el té negro y el extracto de vainilla y mezcle hasta que se combinen. Agregue la calabaza y vuelva a batir hasta que se mezclen.*
3. *Vierta los componentes de la receta secos en los componentes de la receta húmedos y mezcle suavemente con una espátula. No mezcle demasiado la masa ya que esto hará que el pan se vuelva gomoso (está bien si aún puede ver algunos granos de harina en la masa). Agregue suavemente las chispas de chocolate.*
4. *Unte con mantequilla un molde para pan (21,5 x 11,5 x 7 cm / 8,5" x 4,5" x 3") y vierta la masa en el molde. Use una espátula para esparcir suavemente la mezcla para pastel de manera uniforme sobre el molde. Espolvoree el azúcar por todo el pan. , asegurándose de poner un poco en las esquinas también.Hornee durante 50 a 60 minutos o hasta que un palillo insertado en el centro salga limpio con algunas migas pequeñas húmedas.*
5. *Dejar enfriar completamente sobre una rejilla antes de desmoldar*

HARCHA Con sémola

◔ *Origen: marroquí / dificultad:* ★★ */5*

◔ *Hace 16 harchas pequeñas de 5 cm*

◔ *Tiempo total de preparación: unos 35 minutos*

◔ *Calorías: alrededor de 150-200 calorías en promedio*

----------------------*Componente de la receta* ---------------------

🏠 **250 g de sémola**

🏠 **3 cucharadas de azúcar en polvo**

🏠 **1 cucharadita de polvo de hornear**

🏠 **¼ cucharadita de sal**

🏠 **75 g de mantequilla sin sal a temperatura ambiente (ablandada)**

🏠 **100 ml de leche, cualquier tipo**

--------------------------*Pasos de realización* -------------------

1. **En un tazón mediano, combine el componente -------------------Receta ----------------- seco ; sémola, azúcar, polvo de hornear y sal.**
2. **Agregue la mantequilla blanda a la mezcla seca y, con las manos, mezcle asegurándose de que la mezcla seca ahora esté húmeda.**
3. **Agregue la mitad de la leche y mezcle nuevamente. Sigue agregando leche hasta obtener una consistencia de pasta. Dependiendo del tipo de sémola que uses, la cantidad de leche variará. Dejar reposar la masa HARCHA durante 20 minutos para que la harina de sémola absorba la leche.**
4. **Divida la masa en bolas del mismo tamaño y aplástelas en discos de 1 cm de grosor o de cualquier otra forma.**
5. **Cubrir los discos HARCHA con más sémola por cada lado para obtener una textura crujiente al cocerlos.**
6. **Para cocinarlos, colóquelos en una sartén caliente a fuego medio-bajo y cocine por cada lado durante 5 minutos o más hasta que estén dorados por cada lado.**
7. **¡Sirve caliente con lo que quieras!**

---------------------------*Observó* ---------------------

- **El relleno tradicional de la harcha en Marruecos es miel derretida y sirope de mantequilla. Para hacer el almíbar, caliente porciones iguales de miel y mantequilla hasta que se derrita. También puedes añadir unas gotas de agua de azahar al almíbar.**

Tartas de queso y agua de rosas

- ⏱ *Origen: marroquí / dificultad: ★★ /5*
- ⏱ *Tiempo de preparación: 50 minutos*
- ⏱ *Calorías: 419 Kcal por ración*
- ⏱ *Número de porciones: 6 mini cheesecakes.*

-------------------Componente de la receta --------------------

Rinde 6 mini pasteles de queso
- 🏠 *90 g de galletas digestivas (unas 10 galletas)*
- 🏠 *50 g de mantequilla sin sal*
- 🏠 *pizca de canela*
- 🏠 *pizca de sal*
- 🏠 *200 g de queso crema entero*
- 🏠 *150 g de mascarpone*
- 🏠 *110 g (1/2 taza) de azúcar en polvo*
- 🏠 *1 cucharada de jugo de limón*

- 🏠 *1 ½ cucharadita de extracto de vainilla*
- 🏠 *2 cucharaditas de gelatina en polvo*
- 🏠 *Fresas picadas para decorar*
- 🏠 *Pétalos de rosa secos para decorar*

Coulis de fresa y agua de rosas
- 🏠 *200 g de fresas sin cáscara*
- 🏠 *3 cucharadas de azúcar en polvo*
- 🏠 *1 cucharada de jugo de limón recién exprimido*
- 🏠 *2 cucharaditas de agua de rosas*

----------------------Pasos de realización --------------------

1. *Coloque las galletas en un procesador de alimentos y mezcle hasta que se formen migas finas.*
2. *Derretir la mantequilla y mezclarla con las galletas con una pizca de canela y sal.*
3. *Necesitarás un mini molde para pastel de queso/muffins. Puedes usar una sartén de silicona o una sartén con fondo removible. Divida las migas de galleta y colóquelas en la base de los agujeros en la sartén con los dedos o una cuchara para aplanar las migas. Llevar a la heladera hasta su uso.*
4. *En un tazón grande, transfiera el queso crema, el mascarpone, el azúcar, el jugo de limón y el extracto de vainilla. Use una cuchara grande para mezclar y revuelva vigorosamente hasta que quede suave. Alternativamente, también puedes usar una batidora eléctrica.*
5. *Disuelve la gelatina en polvo con 2 cucharadas de agua caliente. Deje reposar 2 minutos para permitir que la gelatina se enfríe. No lo dejes más de 2 minutos o la gelatina se solidificará y no podrás mezclarla con el relleno de queso crema. Agregue gradualmente la gelatina a la mezcla de queso crema y revuelva vigorosamente.*
6. *Rellenar los huecos del molde con el relleno de queso crema y llevar a la heladera por 4 horas o toda la noche para que se endurezca.*
7. *Mientras tanto, preparar el coulis de fresas y agua de rosas. Coloque las fresas en un procesador de alimentos y mezcle hasta que se hagan puré. Pasar el puré de fresas por un colador para quitar las pepitas.*
8. *En una sartén profunda, transfiera el puré de fresas, el azúcar y el jugo de limón a fuego medio durante 10 a 12 minutos, revolviendo frecuentemente, hasta que el coulis espese y se reduzca a la mitad. Una vez listo, agregue el agua de rosas y deje que se enfríe.*

9. *Cuando las tartas de queso estén listas, retíralas con cuidado de la sartén. Adorne con fresas picadas, 2 cucharadas de coulis de fresa y rosa y una pizca de pétalos de rosa secos.*

Pasteles de chocolate y RASS EL HANOUT

🕐 *Origen: marroquí / dificultad: ★★★ /5*

🕐 *Tiempo de preparación: 55 minutos*

🕐 *Calorías: 436 Kcal por ración*

🕐 *Número de raciones: Para 8 a 10 personas*

-----------------Componente de la receta -----------------

- Mantequilla sin sal, para engrasar
- 85 g (¾ de taza) de cacao en polvo
- 180 ml (¾ de taza) de agua
- 120 g de chocolate picado
- 320 g de harina normal
- 1½ cucharadita de bicarbonato de sodio
- ¼ cucharadita de sal
- 400 g (2 tazas) de azúcar
- 180 g de mantequilla sin sal, blanda
- 5 huevos grandes
- 240 ml de leche entera, dividida

Crema de mantequilla

- 450 g de mantequilla sin sal blanda
- 400 g (2 tazas) de azúcar en polvo
- 2 a 3 cucharaditas de (RASS EL HANOUT), al gusto
- 1 cucharadita de extracto de vainilla
- Pizca de sal

Ganache de chocolate

- 100 g de chocolate negro finamente picado
- 100ml crema doble

Asamblea

- peras escalfadas
- Espolvorear si se desea

--------------------Pasos de realización --------------------

1. Precalentar el horno a 180 C (350 F). Engrase dos moldes para pasteles de 20 cm (8 pulgadas) y cubra el fondo con papel pergamino.

2. En un tazón pequeño, mezcle el cacao en polvo con el agua para hacer una pasta y reserve. Para derretir chocolate. Coloque el chocolate y unas gotas de agua en un recipiente apto para microondas, detenga y revuelva en intervalos de 15 segundos hasta que quede suave y cremoso. Poner a un lado.

3. En un tazón grande, combine la harina tamizada, el bicarbonato de sodio y la sal y reserve. En otro tazón grande, use una batidora eléctrica (o una batidora de pie) para batir la mantequilla y el azúcar a velocidad media hasta que quede suave. Raspe los lados del tazón con una espátula y agregue los huevos, uno a la vez, hasta que se mezclen. A velocidad baja, agregue la masa de cacao reservada y el chocolate derretido y mezcle hasta que esté bien mezclado. Todavía a baja velocidad, agregue gradualmente la harina y la leche hasta que quede suave.

4. Divida la mezcla del pastel en partes iguales en los moldes para pasteles engrasados (puede usar una balanza para obtener un resultado preciso) y hornee durante 30-35 minutos hasta que el pastel esté esponjoso hasta la punta de los dedos y cuando esté insertado en el medio del pastel. , un pincho viene una limpieza.

5. *Retirar con cuidado cada bizcocho del molde y dejar enfriar sobre una rejilla. Dejar los pasteles en su molde hará que se horneen por más tiempo, así que asegúrate de no dejarlos en su molde por mucho tiempo.*

Crema de mantequilla

1. *En un tazón grande, con una batidora eléctrica (o una batidora de pie equipada con un accesorio de paleta), bata lentamente la mantequilla y agregue gradualmente el azúcar, el extracto de vainilla y (RASS EL HANOUT) hasta que quede suave y espumoso.*
2. *Si su (RASS EL HANOUT) contiene cosas como pétalos de rosa enteros y semillas, asegúrese de tamizarlo antes de mezclarlo con la mantequilla.*

ganache

1) *Prepara la ganache una vez que los bizcochos se hayan enfriado a temperatura ambiente y estés a punto de empezar a montar.*
2) *Coloque el chocolate y la crema doble en un recipiente apto para microondas, detenga y revuelva a intervalos de 15 segundos hasta que quede suave y cremoso. Deje reposar durante 2 minutos y no más antes de verter sobre el pastel, de lo contrario, el ganache se volverá demasiado difícil de cubrir en el pastel.*

Asamblea

1. *Una vez que los pasteles se hayan enfriado por completo, puede comenzar a armar.*
2. *Coloque un pastel en una tabla para pasteles y extienda una capa gruesa de crema de mantequilla sobre él. Apila otro pastel encima del primero y extiende el resto de la crema de mantequilla encima y por todo el pastel. Use una espátula compensada para igualar la crema de mantequilla en todo el pastel.*
3. *Vierta ¾ del ganache en el centro del pastel y use una espátula en ángulo para rociar el ganache por los lados. Agregue más ganache si es necesario. Cubra el pastel con peras escalfadas y espolvoree si lo desea.*

-------------------------------*Observó* ------------------------- -----

- *Mis fideos son una mezcla de pétalos de rosa triturados, semillas de cilantro trituradas, semillas de comino trituradas, azúcar restante y sal gruesa.*
- *Disfruta el pastel a temperatura ambiente.*

BASBOUSA marroquí

- Origen: marroquí / dificultad: ★★★ /5
- Tiempo de preparación: 20 minutos
- Tiempo de cocción: 35 minutos
- Tiempo total de preparación: alrededor de 1 hora
- Calorías: alrededor de 350 calorías por porción (si son 12 porciones)
- Número de porciones: 12 porciones

---------------------Componente de la receta -------------------

- 400 g de harina de sémola
- 150 g de harina de almendras
- 50 g de azúcar en polvo
- pizca de sal
- 100 g de mantequilla derretida sin sal
- 250 ml (1 taza) de suero de leche
- 2 cucharaditas de bicarbonato de sodio

Jarabe
- 2 tazas de agua
- 4 tazas de azúcar en polvo

- 1 taza de jugo de naranja
- ralladura de 1 naranja
- 2 cucharaditas de cardamomo molido (o 1 ½ cucharaditas de cardamomo recién molido)
- 2 cucharadas de jugo de limón (aproximadamente medio limón)

Guarnación
- Frutos secos, frutos secos, semillas, etc., a tu elección.

---------------------Pasos de realización -------------------

1. Precalentar el horno a 200 C (390 F).
2. En un tazón grande, transfiera la harina de sémola, la harina de almendras, el azúcar en polvo y la sal. Mezcla los componentes de la receta y agrega la mantequilla derretida. Mezcla nuevamente asegurándote de que todos los componentes de la receta estén bien combinados.
3. Agregue suero de leche y bicarbonato de sodio. Use su mano para mezclar la masa, asegurándose de que todos los componentes de la receta estén bien combinados. Notarás que la masa está bastante dura, así debe ser, no debe correrse.
4. Transfiera la masa a una fuente para hornear engrasada (20 cm x 30 cm / 9 pulgadas x 13 pulgadas) y aplánela con las manos o con una cuchara grande. Asegúrate de que la masa esté nivelada dentro del plato.
5. Con un cuchillo para mantequilla, corte previamente con cuidado su BASBOUSSA con el patrón deseado (cuadrado o diamante).
6. Ponga el plato en el horno durante 30 a 35 minutos o hasta que esté dorado.
7. Mientras se cocina la BASBOUSSA, preparar el almíbar. Coloque los componentes de la receta del jarabe en una sartén profunda y hierva. Reduzca el fuego a medio-bajo y cocine a fuego lento durante 20 minutos.
8. Retire el jarabe del fuego y deje enfriar hasta que esté listo para usar.

9. *Utilice el relleno deseado encima de cada cuadrado o pastilla de basbousa. La guarnición tradicional de la BASBOUSSA es una almendra blanqueada que se coloca sobre cada cuadrado/pastilla antes de la cocción.*
10. *Cuando la BASBOUSSA esté cocida y dorada, sacar del horno y verter el almíbar directamente sobre la tarta.*
11. *Espere hasta que el jarabe se absorba por completo antes de servir.*

Tarta fresca de membrillo con nueces

- Origen: Europeo / dificultad: ★★ /5
- Tiempo total de preparación: 1 hora y 40 minutos
- Calorías: aproximadamente 422 Kcal por ración (16 raciones)
- Número de porciones: 16

-----------------Componente de la receta -----------------

- 3 membrillos medianos, pelados, sin corazón y picados
- 1/4 taza de azúcar
- 1 cucharada de canela molida
- 2 3/4 tazas de harina para todo uso
- 1 cucharadita de sal kosher
- 1 cucharada de levadura en polvo

- 1 taza de aceite vegetal
- 1 taza de azúcar granulada
- 1/2 taza de azúcar moreno claro
- 4 huevos grandes
- 1/4 taza de jugo de uva
- 1/2 taza de nueces picadas

----------------------Pasos de realización -----------------------

1. Caliente el horno a 350°F. Cubrir generosamente un molde bundt con mantequilla y harina. Poner a un lado.
2. Combine 1 cucharada de canela molida y 1/4 taza de azúcar en un tazón pequeño para combinar. Pele y quite las semillas de los membrillos y córtelos en trozos de 1 a 2 pulgadas. Mezclar los trozos de membrillo con la mezcla de azúcar y canela.
3. Coloque la mezcla de membrillo en una cacerola y agregue suficiente agua para cubrir el membrillo por aproximadamente la mitad. Reduzca el fuego a medio y hierva hasta que los membrillos estén tiernos.
4. Deberá vigilar y agregar más agua si hierve demasiado. No querrás que el membrillo se queme mientras preparas el almíbar.
5. Cuando los membrillos estén tiernos, retirarlos. Reduzca aún más el líquido restante (si es necesario) hasta obtener un jarabe espeso.
6. Batir la harina, la sal y el polvo de hornear en un tazón grande. Poner a un lado.
7. En otro tazón, mezcle el aceite, 1 taza de azúcar granulada, 1/2 taza de azúcar morena, los huevos, la vainilla y el jugo de uva hasta que estén bien combinados.
8. Vierta los ingredientes húmedos en los secos y revuelva hasta que se incorporen por completo en una masa. Mezclar la mitad de las nueces.
9. Verter la mitad de la masa en un molde tubular, decorar con la mitad de la mezcla de membrillo. Vierta la segunda capa de masa sobre los membrillos, luego cubra con el resto de los membrillos y las nueces.
10. Cubra con papel aluminio y hornee por 45 minutos. Retire el papel aluminio y hornee por 45 minutos más. El pastel está listo cuando un cuchillo sale limpio.

Crujiente de membrillo y manzana

○ *Origen: marroquí / dificultad: ★★★ /5*
○ *Tiempo total de preparación: 35 minutos*
○ *Calorías: aproximadamente 212 Kcal por ración (8 raciones)*
○ *Número de porciones: 8*

------------------Componente de la receta ------------------

🏠 **2 membrillos firmes**

🏠 **2 tazas de agua**

🏠 **4 manzanas**

🏠 **2 cucharadas de jugo de limón**

🏠 **1 cucharadita de agua de rosas**

🏠 **½ cucharadita de cardamomo molido**

🏠 **¼ de cucharadita de canela molida**

🏠 **¼ taza de azúcar granulada**

🏠 **⅓ taza más 2 cucharadas de harina para todo uso**

🏠 **⅓ taza de azúcar morena, clara u oscura**

🏠 **⅓ taza de copos de avena a la antigua**

🏠 **⅛ cucharadita de sal**

🏠 **4 cucharadas de mantequilla fría sin sal, cortada en trozos pequeños**

🏠 **¼ taza de almendras rebanadas**

🏠 **½ cucharadita de pétalos de rosa secos triturados (opcional)**

------------------Pasos de realización ------------------

1. **Precaliente el horno a 350ºF.**
2. **Pele y descorazone los membrillos, córtelos en trozos pequeños y colóquelos en una cacerola pequeña.**
3. **Cubrir el membrillo con agua, llevar a ebullición, cocinar durante 5 minutos, escurrir y reservar.**
4. **Pelar y descorazonar las manzanas, cortar las manzanas en trozos grandes y colocarlas en un bol grande con el membrillo picado.**
5. **Mezclar con el jugo de limón de las frutas, el agua de rosas, el azúcar glass, 2 cucharadas de harina y las especias.**
6. **Vierta la mezcla de frutas en una fuente para hornear de 9" x 9".**
7. **En otro tazón, combine ⅓ taza de harina para todo uso, azúcar morena, copos de avena, sal y mantequilla.**
8. **Mezcle con las manos, presionando la mantequilla en la mezcla hasta que parezca migas gruesas.**
9. **Agregue las rodajas de almendra.**
10. **Espolvorea la mezcla de avena uniformemente sobre la fruta, cubriéndola por completo.**
11. **Coloque la fuente para hornear en una bandeja para hornear forrada con papel pergamino y hornee durante 45 minutos a 1 hora, hasta que la parte superior esté dorada y la fruta esté burbujeante.**
12. **Deje que el crujiente se enfríe durante 10 minutos antes de servir.**
13. **Adorne la parte superior del crujiente con pétalos de rosa secos (opcional).**

14. Servir tibio o a temperatura ambiente.

Galette Afrutado De Azafrán

- ○ *Origen: marroquí / dificultad: ★★★ /5*
- ○ *Tiempo de preparación: 30 minutos*
- ○ *Tiempo de cocción: 40 minutos*
- ○ *Tiempo total de preparación: aproximadamente 1 hora y 30 minutos*
- ○ *Calorías: alrededor de 350 calorías por porción (si son 6 porciones)*
- ○ *Número de porciones: 6 porciones*

--------------------Componente de la receta --------------------

Para 4 a 6 personas

- *300 gr de masa quebrada, comprada o casera*
- *2 cucharadas de miel*
- *1 cucharada de jugo de limón*
- *1 buena pizca de azafrán*
- *1 cucharadita de mantequilla*
- *6 a 7 melocotones maduros, pelados y cortados en cuartos (450 g de melocotón en cuartos cortados y pelados)*

- *60 a 80gr de azúcar moreno claro tipo MUSCAVADO*
- *2 cucharadas de harina de maíz (fécula de maíz)*
- *1 cucharadita de canela (opcional)*
- *Pizca de sal*
- *1 huevo batido (para decorar)*
- *2 cucharadas de almendras fileteadas (para decorar)*
- *1 cucharada de azúcar glass (para decorar)*

--------------------Pasos de realización --------------------

1. *Precalentar el horno a 200 C (390 F)*
2. *Prepara el glaseado. Caliente el jugo de limón en una cacerola pequeña en el horno a fuego medio hasta que el jugo se reduzca a la mitad. Baje el fuego a bajo y agregue la miel, el azafrán y la mantequilla. Dejar cocer a fuego lento durante 3 a 5 minutos para permitir que se desarrollen los aromas del azafrán y reservar en el frigorífico (el glaseado se espesará a medida que se enfríe).*
3. *Combine los gajos de durazno, el azúcar moreno claro, la canela, la harina de maíz y la sal en un tazón grande. Pruebe para ajustar la dulzura, cuanto más madura esté su fruta y menos azúcar necesitará agregar.*
4. *Cubra una bandeja para hornear con papel pergamino y extienda la masa de pastel.*
5. *Coloque los gajos de durazno en el pastel y deje un borde de 3 a 5 cm (1 a 2 pulgadas) alrededor del borde de la masa, dependiendo de la forma de su masa (redonda o cuadrada).*
6. *Rocíe o cepille el glaseado sobre los segmentos de durazno.*
7. *Dobla los bordes de la masa hacia el centro y sobre los duraznos. Presione suavemente la esquina del pastel para sellar.*
8. *Pintar los bordes de la tarta con un huevo batido. Espolvorea los bordes con azúcar y almendras fileteadas, presiona ligeramente las almendras fileteadas para sellarlas en la masa.*

9. Transfiera al horno hasta que la corteza esté dorada, aproximadamente de 25 a 30 minutos.
10. Deje enfriar durante 10 minutos antes de retirar la galette de la bandeja para hornear para evitar dañarla. Servir tibio o a temperatura ambiente con helado de vainilla.

**** nota: el azúcar MUSCOVADO es azúcar de caña pura, sin refinar, con un alto contenido de melaza, procedente principalmente de Mauricio y Filipinas.

MSEMEN

- Origen: marroquí / dificultad: ★★★ /5
- Tiempo total de preparación: 1 hora y 30 minutos aproximadamente.
- Número de porciones: 9 piezas de 10 x 10 cm.
- Calorías por porción: aproximadamente 310 a 380 calorías.

-----------------Componente de la receta -----------------

Da 9 espermatozoides de 10 x 10 cm

- 150 g de harina común y más para amasar
- 150 gr de harina de sémola y más para enharinar
- ½ cucharadita de sal

- 120 a 170 ml de agua tibia
- 4 cucharadas de aceite vegetal, dividido
- 20 g de mantequilla derretida

-----------------Pasos de realización -----------------

1. En un tazón grande, combine todas las harinas, la sal, 120 ml de agua tibia y 2 cucharadas de aceite vegetal para formar una pasta. Si la mezcla está demasiado seca y no puede formar una masa, agregue unas cucharadas de agua poco a poco. Asegúrate de no agregar demasiada agua a la masa, ya que la hará muy pegajosa y no podrás amasarla. Si esto sucede, agregue un poco de harina. Cuando tu masa esté bien cocida, enharina ligeramente una superficie de trabajo y amasa durante 15 minutos hasta que esté liviana y flexible.
2. Una vez que tu masa esté lista, divide la masa en bolitas (para una semilla de 10x10 cm haz bolitas de 5 cm de diámetro), colócalas en una bandeja, rocía ligeramente las bolitas con aceite vegetal, cubre con film transparente y deja reposar 30 minutos en un lugar cálido.
3. Después de 30 minutos, mezcle la mantequilla derretida y 2 cucharadas de aceite vegetal en un tazón pequeño.
4. Transfiera una bola de masa a una superficie de trabajo, aplánela ligeramente y vierta sobre ella aproximadamente ½ cucharadita de la mezcla de mantequilla derretida y aceite vegetal.
5. Con las manos, aplana la masa lo más finamente posible para formar un círculo o un cuadrado sin dañarla. Deberá ser rápido con este proceso, de lo contrario, la masa se secará y corre el riesgo de estropearse.
6. Dobla cada lado de la masa verticalmente y luego horizontalmente hacia el centro para formar un cuadrado. Coloque el MSEMEN doblado sobre una superficie engrasada y cúbralo con un paño o una película adhesiva. Repite el mismo proceso hasta que hayas doblado todas las bolas de masa.
7. Engrase ligeramente y precaliente una sartén antiadherente a fuego medio-alto.
8. Transfiera un MSEMEN doblado a una superficie de trabajo, vierta otra ½ cucharadita de la mezcla de mantequilla y aceite vegetal sobre él y aplánelo con las manos hasta que tenga un grosor de aproximadamente 0,5 cm.
9. Coloque con cuidado el MSEMEN aplanado en una sartén caliente y cocine por cada lado, volteándolo varias veces, hasta que esté dorado.
10. ¡Sirva caliente oa temperatura ambiente, con todos sus deseos, dulces o salados!

BRIOUATES con nueces

○ *Origen: marroquí / dificultad: ★★★★★ /5*
○ *Tiempo total de preparación: 1 hora y 30 minutos aproximadamente.*
○ *Número de raciones: 25 BRIOUATES pequeños.*
○ *Calorías por porción: aproximadamente 150 a 200 calorías.*

---------------------*Componente de la receta* -----------------

Rinde 25 BRIOUATES pequeños

🏠 *150 g de avellanas blanqueadas*

🏠 *150 g de pistachos sin sal sin cáscara*

🏠 *80 g de azúcar en polvo*

🏠 *3 cucharadas de agua de azahar, divididas*

🏠 *½ cucharadita de canela molida*

🏠 *½ cucharadita de jengibre seco molido*

🏠 *1 cucharadita de sal*

🏠 *30 g de mantequilla sin sal, blanda*

🏠 *20 g de mantequilla sin sal derretida*

🏠 *200 g de masa FILO*

🏠 *300 g de miel*

🏠 *Nueces molidas o frutas secas picadas para decorar*

----------------------*Pasos de realización* -----------------

1. *Precalentar el horno a 180 C (350 F).*
2. *Coloque las avellanas blanqueadas en una fuente para horno y hornee hasta que estén ligeramente doradas, aproximadamente de 10 a 15 minutos (parrilla central). Remueve bien las avellanas a mitad de la cocción.*
3. *En un molinillo de frutos secos o procesador de alimentos, pasar las avellanas tostadas, los pistachos, el azúcar glass, 2 cucharadas de agua de azahar, la canela, el jengibre y la sal. Mezcle hasta que esté finamente molido o hasta que las nueces comiencen a verse como una pasta áspera.*
4. *Transfiera la mezcla de nueces a un tazón y agregue la mantequilla. Mezclar hasta que se integren los ingredientes y amasar hasta obtener una masa sólida.*
5. *Desenrollar la masa FILO y cortar la masa a lo largo en rectángulos de 6 cm de ancho y 30 cm de largo. Use un cuchillo afilado para cortar la masa y mantenga los rectángulos FILO cubiertos con una toalla húmeda hasta que esté listo para usar para evitar que se sequen.*
6. *Sobre una superficie de trabajo, coloca un rectángulo de FILO y úntalo con mantequilla derretida. Decorar la esquina del rectángulo con una cucharada de pasta de pistachos y avellanas y doblar para formar un triángulo, arriba a la derecha y a la izquierda, hasta formar una BRIOUA (singular de BRIOUATE).*
7. *Repita hasta que haya usado toda la pasta de nuez.*
8. *Unte el BRIOUATE pequeño con mantequilla derretida y póngalo en el horno para cocinar durante 10 a 12 minutos hasta que se dore.*
9. *Mientras tanto calentar la miel con 1 cucharada de agua de azahar. Evita que se queme controlando el calor (una vez que la miel esté espumosa, debes reducir el calor).*

10. Una vez que los BRIOUATES estén cocidos y dorados, transfiéralos inmediatamente a la miel hirviendo a fuego lento y deje los hojaldres en remojo durante 2 a 3 minutos (gire el BRIOUATE si es necesario).
11. Transfiera a un plato para que se enfríe antes de servir. Decorar con nueces molidas y/o frutos secos troceados.

-------------------------------*Observó* --------------------- ----

- Si desea que esta receta sea vegana (sin lácteos), use la misma cantidad de aceite de coco en lugar de mantequilla.
- Debería poder cerrar la masa con la mantequilla derretida cepillada sobre la masa FILO, sin embargo, si tiene problemas para hacerlo, use una yema de huevo.

Galleta marroquí con membrillos y manzanas

- ○ *Origen: marroquí / dificultad:* ★★★ */5*
- ○ *Tiempo total de preparación: 35 minutos*
- ○ *Calorías: 189 Kcal por ración (para 4 raciones)*
- ○ *Número de porciones: 4*

-------------------------*Componente de la receta* -------------------

- *2 manzanas BRAMLEY medianas aprox. 350-400g cada uno*
- *1 membrillo mediano*

Para la esponja

- *75 g de margarina (⅓ taza)*
- *55 g de azúcar en polvo (¼ de taza)*
- *1 huevo*
- *55 g de harina leudante (½ taza)*

- *Unas cucharadas de leche*

Para el desmoronamiento

- *25 g de harina común (2 cucharadas)*
- *10 g de copos de avena (2 cucharadas)*
- *25 g de azúcar en polvo (2 cucharadas)*
- *25 g de margarina (2 cucharadas)*
- *½ cucharadita de especias mixtas*

----------------------*Pasos de realización* -------------------

1. *Pelar las manzanas y el membrillo y cortarlos en trocitos pequeños. Coloque en un recipiente no metálico, cubra y cocine en el microondas durante unos 5-6 minutos, revolviendo a la mitad, hasta que esté bien cocido.*
2. *Vierta la fruta cocida en un plato de cerámica poco profundo y reserve. Precalentar el horno a 180C.*
3. *Para hacer el bizcocho, batir la margarina y el azúcar hasta que quede suave y esponjoso. Agregue el huevo, luego doble suavemente la harina. Agregue suficiente leche para dar la consistencia de una gota.*
4. *Verter la mezcla de bizcocho sobre la manzana y el membrillo.*
5. *Para hacer el crumble, combine la harina, los copos de avena, el azúcar, la margarina y las especias hasta obtener una mezcla esponjosa y quebradiza. Distribuir sobre la esponja.*
6. *Hornear el budín de manzana y membrillo a 180°C durante unos 45 minutos hasta que esté cocido y dorado. Servir caliente, tibio o frío.*

SFENJ – Rosquillas Marroquíes

- ◔ *Origen: marroquí / dificultad:* ★★★ */5*
- ◔ *Tiempo total de preparación: unas 4h20 (10 minutos para preparar la masa, 4 horas para dejar reposar la masa, luego unos 10-15 minutos para dar forma y freír cada dona)*
- ◔ *Calorías: alrededor de 200 calorías por dona,*
- ◔ *Número de raciones: Depende del tamaño de los donuts, pero por lo general con esta cantidad de masa deberían rendir entre 12 y 20 donuts, dependiendo del tamaño de los mismos.*

------------------*Componente de la receta* ------------------

Da 14 sfenj

 1 cucharada de levadura seca activa

 ¼ de cucharadita de azúcar glas para activar la levadura

 500 g de harina común

1 cucharadita de sal

 240 ml de agua tibia

 aceite vegetal, para freír

 250 g de azúcar glas, tamizada para el glaseado (el glaseado es opcional)

2 cucharadas de leche para el glaseado (el glaseado es opcional)

------------------*Pasos de realización* ------------------

1. *Active la levadura seca agregando ¼ de cucharadita de azúcar y 1 cucharada de agua tibia en un tazón pequeño. Revuelva con un tenedor y deje reposar de 5 a 10 minutos hasta que esté espumoso.*

2. *En un tazón grande, vierta la harina, la sal y el agua y mezcle todos los componentes de la receta. Debes obtener una masa muy pegajosa. Si la masa no queda pegajosa (casi con la consistencia de una masa pero más espesa), agrega unas cucharadas de agua hasta obtener la consistencia adecuada.*

3. *Enharina una superficie de trabajo y amasa la masa durante 10 minutos hasta que quede muy elástica. Será un poco difícil al principio porque la masa es muy pegajosa, pero será más fácil después de unos minutos.*

4. *Regresar la masa al bol y tapar con film transparente y dejar reposar la masa durante 4 horas en un lugar tibio, hasta que la masa triplique su volumen.*

5. *Cuando esté listo para freír las donas, caliente 6 cm (2,5 pulgadas) de aceite para freír en una sartén profunda a fuego medio-alto hasta que alcance los 180 C (350 F).*

6. *Sumerge tus manos en agua (para que sea más fácil manipular la masa) y saca un trozo de masa del tamaño de una ciruela. Haz un agujero en el centro de la masa y estírala para formar un círculo grande. Transfiera rápida y cuidadosamente el anillo de masa al aceite para freír caliente.*

7. *Freír por ambos lados, volteando ocasionalmente, hasta que estén crujientes y doradas.*

8. *Una vez que esté listo, use una cuchara ranurada para transferir la rosquilla a una rejilla forrada con una toalla de papel.*

9. Continúa friendo las donas hasta que hayas usado toda la masa. Disfrute bien caliente con cualquier cosa deliciosa como azúcar, miel o glaseado de azúcar glas.

10. Para hacer el glaseado de azúcar glas, transfiera el azúcar glas y la leche tamizados a un tazón mediano y revuelva lentamente hasta que quede suave.

-----------------------------*Observó* -----------------------------

• Los SFENJ generalmente se comen calientes, no dude en recalentarlos si se han enfriado antes de servirlos.

Pastel marroquí: trufas de chocolate con infusión de té de menta

- Origen: marroquí / dificultad: ★★★★ /5
- tiempo total de preparación: alrededor de 1h30 (30 minutos para infundir la crema, 5 minutos para preparar el ganache, 1 hora para endurecer el ganache en el refrigerador, luego unos 15-20 minutos para dar forma y cubrir las trufas)
- Calorías: unas 180 calorías por trufa
- Número de raciones: unas 20 trufas

---------------------Componente de la receta --------------------

Para unas 20 trufas

- 250 ml de nata fresca
- 20 g de mantequilla
- 3 cucharaditas de té verde de hojas sueltas
- Un puñado de hojas de menta fresca

- 200g chocolate negro (70%), troceado
- 3 cucharadas de miel
- ½ cucharadita de extracto de vainilla
- 1 taza de cacao en polvo para cubrir las trufas

----------------------Pasos de realización --------------------

1. En una sartén profunda transfiera la crema y la mantequilla y deje hervir. Retire del fuego y agregue el té verde y las hojas de menta. Dejar en infusión durante 30 min.
2. Colar la crema y devolverla a la sartén profunda. Calienta a fuego medio y agrega el chocolate, la miel y la vainilla. Revuelva hasta que esté suave y el chocolate se derrita, aproximadamente 5 minutos.
3. Una vez que la mezcla se haya derretido, transfiérala a un tazón y colóquela en el refrigerador hasta que el ganache se haya endurecido, aproximadamente 1 hora.
4. Deje caer cucharaditas de ganache y enrolle en bolas.
5. Transfiera el cacao a un tazón y coloque varias bolas a la vez y voltee para cubrir con el cacao.
6. Disfrútalo frío o a temperatura ambiente.

----------------------Observó --------------------

- Conservar en un recipiente hermético hasta por 1 semana

Almendra GHORIYBA

🕐 *Origen: marroquí / dificultad:* ★★★★ /5
🕐 *Tiempo total de preparación: unos 30 minutos*
(Incluye 2 horas o noche de reposo en nevera)
🕐 *Calorías: alrededor de 160 calorías por GHRIBA*
🕐 *Número de porciones: 21 GHRIBAS*

---------------------------*Componente de la receta* -----------------

Rinde 21 Chocolate GHORIYBA

🏠 *Tiempo total de preparación:*
alrededor de 30 minutos (2 horas o
refrigeración durante la noche
incluida)

🏠 *Calorías: alrededor de 150 calorías*
por GHRIBA

🏠 *Número de porciones: 21 GHRIBAS*

🏠 *200g de chocolate 70% cacao*

🏠 *50 g de mantequilla sin sal, blanda*

🏠 *100 g de azúcar en polvo*

🏠 *2 huevos*

🏠 *1 cucharadita de extracto de*
vainilla

----------------------*Pasos de realización* --------------------

1. *Coloque el chocolate y la mantequilla en un recipiente apto para microondas, detenga y revuelva a intervalos de 15 segundos hasta que se derrita y quede suave. Agrega el azúcar, los huevos y el extracto de vainilla y almendras. Mezcle todos los componentes de la receta hasta que quede suave y cremoso. Agregue la harina de almendras, la harina normal, el polvo de hornear y la sal y mezcle todos los componentes de la receta hasta que estén bien mezclados. Cubra con film transparente y coloque en el refrigerador durante 2 horas o toda la noche.*
2. *Precalentar el horno a 180 C (350 F).*
3. *Deje caer cucharadas de masa y enrolle en una bola. Enrolle cada bola de masa en azúcar glas hasta que esté completamente cubierta. (Puede desechar el azúcar glas restante, si lo hay, o guardarlo para otra receta).*
4. *Transfiera las galletas a una bandeja para hornear forrada con papel pergamino y presione ligeramente hacia abajo cada galleta (no aplaste las galletas por completo).*
5. *Coloque en el horno y hornee, de 10 a 13 minutos, hasta que las galletas estén agrietadas y firmes por fuera.*
6. *Espere 15 minutos para que las galletas se enfríen y se endurezcan antes de transferirlas a una rejilla para que se enfríen por completo o corre el riesgo de dañarlas.*

-------------------------*Observó* ---------------------

• *Guarde las galletas en un recipiente hermético para evitar que se sequen hasta por 10 días.*

KRACHEL: Brioches con Anís y Semillas de Sésamo

○ **Origen:** marroquí / **dificultad:** ★★★★★/5
○ **Tiempo total de preparación:** alrededor de 1h30 (1 hora de leudado de la masa incluida)
○ **Calorías:** alrededor de 250 calorías por rollo
○ **Número de porciones:** 8 rollos

-----------------*Componente de la receta* -----------------

Hace 8 rollos

- 2 cucharaditas de levadura seca activa
- 60 g de azúcar en polvo
- 300 g de harina
- 2 cucharadas de semillas de sésamo tostadas y más para decorar
- 1 cucharadita de anís

- 1/2 cucharadita de sal
- 1 huevo
- 80 a 120 ml de leche tibia
- 50 g de mantequilla sin sal, derretida
- 1 cucharada de agua de azahar
- 1 yema de huevo para pincelar

--------------------*Pasos de realización* --------------------

1. Active la levadura seca agregando ¼ de cucharadita de azúcar y 1 cucharada de agua tibia en un tazón pequeño. Revuelva con un tenedor y deje reposar de 5 a 10 minutos hasta que esté espumoso.

2. En un tazón grande, combine todos los componentes de la receta seca: el azúcar restante, la harina, las semillas de sésamo tostadas, el anís y la sal. Luego agregar la levadura espumosa, 80 ml de leche tibia, la mantequilla y el agua de azahar. Mezcle todos los componentes de la receta con la mano o una cuchara grande hasta obtener una masa suave y pegajosa (ver foto). Si su masa está demasiado seca, siga agregando cucharadas de leche gradualmente hasta obtener una masa suave y ligeramente pegajosa.

3. Enharina una superficie de trabajo y amasa la masa durante 10 a 15 minutos hasta que quede suave y elástica.

4. Transfiera la masa a un tazón grande engrasado, cubra con film transparente y deje reposar en un lugar cálido durante 1 hora para permitir que la masa suba.

5. Divida la masa en 8 bolas pequeñas y colóquelas en una bandeja para hornear, dejando al menos 5 cm (2 pulgadas) entre cada rollo.

6. Cubrir con film transparente y dejar reposar la masa durante 20 minutos en un lugar cálido.

7. Precalentar el horno a 180 C (350 F)

8. Al cocinar, cepille la parte superior con yema de huevo y espolvoree con semillas de sésamo. Transfiera al horno durante 22-25 minutos hasta que esté bien cocido y dorado.

9. Servir tibio o a temperatura ambiente. ¡Disfruta con todo!

-----------------------*Observó* -----------------------

- *Instrucciones para tostar las semillas de sésamo: Caliente una sartén pequeña a fuego medio-alto y transfiera las semillas de sésamo. Revuelva ocasionalmente hasta que estén doradas, aproximadamente 3 minutos.*

KRACHEL a RAS EL HANOUT

○ *Origen: marroquí / dificultad: ★★★★★ /5*
○ *Tiempo total de preparación: unos 15 minutos*
○ *Calorías por porción (1 tostada francesa): alrededor de 251 calorías*
○ *Número de porciones: 8*

-----------------*Componente de la receta* -----------------

▣ *120 ml de leche entera*

▣ *3 huevos grandes*

▣ *4 cucharadas de azúcar en polvo*

▣ *1 cucharadita de extracto de vainilla*

▣ *½ cucharadita de canela molida*

▣ *½ cucharadita de (RASS EL HANOUT)*

▣ *Pizca de sal*

▣ *8 KRAQUEL*

▣ *Jarabe de arce para servir*

▣ *Fresas y duraznos en rodajas, para servir*

-----------------*Pasos de realización* -----------------

• *En un plato hondo grande (como un molde para pastel) mezcle la leche, los huevos, el azúcar, el extracto de vainilla, la canela (RASS EL HANOUT) y la sal.*
• *Cortar el KRACHEL por la mitad, sumergir cada mitad en la mezcla de huevo y remojar durante 3 minutos por cada lado.*
• *Derrita la mantequilla en una sartén a fuego medio y saltee las mitades de KRACHEL hasta que estén doradas, unos 3 minutos por cada lado. Sirva con jarabe de arce, fresas en rodajas y duraznos.*

Crumble Marroquí _

- Origen: marroquí / dificultad: ★★★ /5
- Tiempo total de preparación: unos 28 minutos
- Tiempo de cocción: 40-45 minutos
- Calorías por porción: alrededor de 300 calorías
- Número de porciones: 4

-----------------Componente de la receta -----------------

- 500 g de ruibarbo
- 10 g de mantequilla sin sal para engrasar
- 45 g de jengibre de tallo finamente picado
- 3 cucharadas de jarabe para el tarro de jengibre de tallo
- 5 cucharadas de azúcar moreno claro
- 2 cucharaditas de agua de rosas
- 200 g de harina común
- pizca de sal
- ½ cucharadita de jengibre molido
- 130 g de mantequilla fría sin sal
- 70 g de azúcar en polvo
- LEBNAH, yogur griego, natillas o helado para servir, si lo desea
- Pétalos de rosa para decorar, si lo desea

----------------------Pasos de realización -----------------

1. Precalentar el horno a 200 C / 400 F. Engrasar una fuente para horno con mantequilla y reservar (yo usé un molde redondo de 20 cm).
2. Recorta los extremos del ruibarbo y córtalo en trozos de 3 cm. Transfiere el ruibarbo a un tazón grande y agrega el tallo de jengibre, el almíbar, el azúcar moreno claro y el agua de rosas. Mezcle bien para combinar todos los ingredientes y reserve.
3. En otro tazón, agregue la harina, el jengibre molido y la sal. Saca la mantequilla de la nevera y córtala en cubos de 1 cm. Con las yemas de los dedos, frote la harina en la mantequilla hasta que la mezcla se asemeje a migas gruesas y ya no huela la mantequilla. Asegúrese de usar las yemas de los dedos y no las palmas, ya que esto calentará la mantequilla y deberá mantenerla fría para obtener la textura desmenuzable adecuada. Agregue el azúcar y use una cuchara grande (o las yemas de los dedos) para revolver y combinar.
4. Transfiera la mezcla de ruibarbo a la fuente para hornear engrasada y espolvoree la mezcla de migajas sobre el ruibarbo asegurándose de que todo el ruibarbo esté ahora cubierto. No se sienta tentado a presionar la mezcla de crumble sobre el ruibarbo, ya que esto hará que el crumble sea más esponjoso y menos desmenuzable.
5. Hornee durante 40 a 45 minutos o hasta que el ruibarbo esté tierno y el crumble esté dorado. Sirva caliente con LABNAH, yogur griego, natillas o helado, si lo desea. Adorne con pétalos de rosa, si lo desea.

FEKKAS con frutos secos y nueces

⊙ *Origen: marroquí / dificultad: ★★★★★ /5*

⊙ *Tiempo total de preparación: alrededor de 1 hora*

⊙ *Calorías: alrededor de 127 calorías por porción*

⊙ *Número de porciones: alrededor de 25-30 mini FEKKAS*

------------------------*Componente de la receta* ------------------

Pizca de sal

30 ml de aceite vegetal

1 huevo grande

1 cucharada de agua de azahar

Elección y cantidad deseada de frutas secas y nueces como arándanos, pistachos y avellanas

180 g de harina común y más para enharinar

100 g de azúcar en polvo

3 cucharadas de semillas de sésamo tostadas

1 cucharadita de anís

½ cucharadita de levadura en polvo

leche para servir

----------------------*Pasos de realización* -------------------

1. **Precalentar el horno a 180 C (356 F)**

2. **En un tazón grande, combine la harina, el azúcar, las semillas de anís, el polvo de hornear y la sal. En otro tazón, combine el aceite, el huevo y el agua de azahar y transfiera esta mezcla húmeda a los componentes secos de la receta. Mezcle todos los componentes de la receta con la mano o una cuchara grande hasta obtener una masa suave.**

3. **Enharina una superficie de trabajo y amasa la masa durante 5 minutos hasta que quede suave y elástica. Divide la masa en 5 partes iguales. Forme cada parte en tubos largos (de unos 30 cm de largo y 2,5 cm de ancho) y colóquelos en una bandeja para hornear forrada, dejando al menos 3 cm entre ellos. Transfiera al horno y hornee hasta que los tubos comiencen a endurecerse y se doren ligeramente.**

4. **Retire del horno y deje enfriar sobre una rejilla. Una vez que los tubos se hayan enfriado y endurecido, córtalos en diagonal en rodajas de 1 cm de grosor.**

5. **Coloque las mini FEKKAS en una bandeja para hornear forrada con papel de hornear y hornee nuevamente durante 12 a 15 minutos hasta que estén doradas y crujientes.**

6. **Deje que las mini FEKKAS se enfríen antes de servir. Sirva con leche y su elección y cantidad de frutos secos y frutos secos como arándanos, pistachos y avellanas. Guarde FEKKAS en un recipiente hermético para evitar que se sequen.**

mini tarta de manzana

- Origen: marroquí / dificultad: ★★★★★ /5
- Tiempo total de preparación: unos 30 minutos
- Tiempo de cocción: 30 minutos
- Calorías por porción: aproximadamente 189 calorías
- Número de porciones: alrededor de 10-12

-------------------Componente de la receta -------------------

- 1 cucharadita de agua de azahar
- 50 g de almendras molidas
- 2 cucharadas de miel
- 4 manzanas grandes para cocinar

- 50 g de mantequilla sin sal
- 50 g de azúcar moreno
- 3 cucharadas de pasas
- Helado de vainilla para servir

--------------------Pasos de realización --------------------

• Precaliente el horno a 180 C/ 350 F. Descorazone las manzanas con un cuchillo afilado o un descorazonador de manzanas y transfiéralas a una asadera.

• Derrita la mantequilla en una sartén a fuego medio, agregue el azúcar, las pasas y el azahar y revuelva hasta que el azúcar se derrita, aproximadamente 3 minutos. Retire del fuego y agregue las almendras molidas hasta que estén bien mezcladas.

• Rellenar las manzanas con la mezcla de almendras y pasas. Si queda algo de mezcla, esparcirla alrededor de las manzanas. Rocíe miel sobre las manzanas y hornee hasta que las manzanas estén cocidas y tiernas, aproximadamente 20 minutos. Servir inmediatamente con helado de vainilla.

Famosa galleta MÉRANDINA

🕐 Origen: marroquí / dificultad: ★★★★★ /5
🕐 Tiempo total de preparación de la MÉRENDINAA: unas 2h30min
🕐 Calorías por ración: unas 470 Kcals
🕐 Número de porciones: 10

------------------Componente de la receta -----------------

ganache

- 200g 70% chocolate negro
- 200 g de nata fresca
- 50 g de azúcar glas

Esponja

- 140 g de harina normal
- 40 g de maicena
- ½ cucharadita de levadura en polvo
- ½ cucharadita de bicarbonato de sodio
- ¼ cucharadita de sal
- 2 huevos grandes
- 170 g de azúcar en polvo

- 1 cucharadita de extracto de vainilla
- 90 ml de aceite de girasol y más para engrasar
- 120 ml de suero de leche

Jarabe

- 40 g de azúcar en polvo

Revestimiento

- 300 g de chocolate negro 70%, troceado
- 3 cucharadas de aceite de coco
- 40 g de chocolate con leche, picado

--------------------Pasos de realización -----------------

1. **Comienza con la ganache.** En una cacerola mediana, agregue la crema doble, el chocolate y el azúcar glas a fuego medio-bajo y revuelva ocasionalmente hasta que el chocolate se derrita y la mezcla esté bien combinada, aproximadamente 5 minutos. Cubra con film transparente y coloque en el refrigerador hasta que el ganache se pueda untar, aproximadamente 1 hora. Después de 1 hora, sácalo del refrigerador, de lo contrario, el ganache se volverá muy duro y no podrás esparcirlo.

2. Precaliente el horno a 180C/350F/Gas 4. Engrase y cubra una bandeja para hornear de 39,5 X 27 cm con papel pergamino. Poner a un lado. En un tazón grande, combine la harina, la maicena, el polvo de hornear, el bicarbonato de sodio y la sal. Poner a un lado.

3. En otro tazón, agregue los huevos y el azúcar y use una batidora eléctrica para batir los huevos y el azúcar hasta que la mezcla se vuelva espesa, esponjosa y triplique su volumen, aproximadamente 5 minutos. Agregue el extracto de vainilla y el aceite vegetal, y vuelva a batir durante unos segundos hasta que estén bien mezclados. Agregue gradualmente la mezcla de componentes secos de la receta hasta que se incorpore por completo. Finalmente, agregue gradualmente el suero de leche hasta que la mezcla esté bien mezclada.

4. Vierta la masa en la bandeja para hornear preparada y extienda la mezcla para pastel de manera uniforme por todo el molde. Hornea de 17 a 20 minutos o hasta que al insertar un palillo en el centro, éste salga limpio. Enfríe completamente sobre una rejilla antes de armar.

Mientras tanto hacer el almíbar. Ponga a hervir 40 g de agua fría y el azúcar en polvo a fuego alto, reduzca el fuego a bajo y revuelva hasta que todo el azúcar se disuelva, de 3 a 5 minutos. Ponga a un lado y deje enfriar.

5. *Una vez que el bizcocho se haya enfriado por completo, córtalo por la mitad verticalmente y pinta la superficie de los dos bizcochos con almíbar. Deseche el jarabe restante, si lo hay. Extiende la ganache sobre uno de los bizcochos y cúbrelo con la otra mitad. Presione ligeramente los pasteles de sándwich para nivelarlos y use un cuchillo afilado para dividirlo en 10 partes para hacer 10 rectángulos.*

6. *Coloque el chocolate negro y el aceite de coco en un recipiente apto para microondas poco profundo, detenga y revuelva a intervalos de 15 segundos hasta que quede suave y cremoso. Deje que el chocolate se enfríe hasta que alcance la temperatura ambiente, unos 10 minutos.*

7. *Usando dos tenedores (o una pequeña espátula ranurada), sumerja un sándwich en chocolate negro, unos segundos por cada lado para cubrirlo con chocolate. Inmediatamente transfiera el sándwich recubierto a pergamino o papel de silicona. Repita hasta que todos los sándwiches estén cubiertos de chocolate. Transfiere el chocolate con leche y una cucharadita de agua a un recipiente apto para microondas, deteniéndolo y revolviendo en intervalos de 10 segundos hasta que quede suave y cremoso. Use un tenedor para salpicar el chocolate con leche sobre los sándwiches cubiertos. Dejar hasta que el chocolate esté firme, unas 2 horas a temperatura ambiente, 40 minutos en el frigorífico. Servir inmediatamente.*

CHABAKIA de chocolate

- Origen: marroquí / dificultad: ★★★ /5
- Tiempo total de preparación: unos 55 minutos (incluido el enfriamiento de la masa)
- Número de porciones: unas 24 galletas
- Calorías por porción: aproximadamente 330 calorías

---------------------Componente de la receta -------------------

- 4 cucharadas de semillas de sésamo tostadas
- 430 g de harina normal
- 1 ½ cucharaditas de polvo de hornear
- 1 ½ cucharaditas de bicarbonato de sodio
- ½ cucharadita de sal
- ½ cucharadita de canela molida
- ½ cucharadita de anís molido
- ½ cucharadita de cúrcuma molida

- 250 ml de mantequilla sin sal, derretida y ligeramente enfriada
- 200 g de azúcar moreno
- 90gr de azúcar en polvo
- 2 huevos grandes
- 1 cucharadita de extracto de vainilla
- 200gr de chocolate blanco trocitos (trozos o pepitas)
- 4 cucharadas de miel clara
- 2 cucharadas de agua de azahar

---------------------Pasos de realización -------------------

1. Use una maja y un mortero o un molinillo de café (o un procesador de alimentos pequeño) para moler finamente las semillas de sésamo. Tenga cuidado de no molerlos demasiado, de lo contrario podrían convertirse en mantequilla de semillas de sésamo.
2. En un tazón grande, mezcle la harina, las semillas de sésamo molidas, el polvo de hornear, el bicarbonato de sodio, la sal, la canela, el anís y la cúrcuma. Poner a un lado.
3. En un tazón grande separado, agregue la mantequilla derretida, el azúcar moreno y el azúcar blanco y bata con un batidor de mano eléctrico (o usando una batidora de pie equipada con el accesorio de paleta) durante aproximadamente 2 a 3 minutos o hasta que la mezcla esté suave y esponjosa. Agrega los huevos, el extracto de vainilla, el azahar y la miel, vuelve a batir.
4. En un lote, agregue la harina y mezcle a baja velocidad hasta que se combinen; tenga cuidado de no mezclar demasiado, ya que esto hará que las galletas sean bastante duras. Añadir los trozos de chocolate y mezclar por última vez. Cubrir el bol con film transparente y dejar reposar en el frigorífico entre 2 y 24 horas como mínimo.

5. Al cocinar, precaliente el horno a 170 C (350 F). Divida la masa en cucharadas individuales y coloque las galletas en una bandeja para hornear forrada, dejando al menos 5 cm entre cada

una, y hornee durante unos 10-12 minutos hasta que los bordes estén ligeramente dorados y el centro esté un poco blando. Retire del horno y deje reposar las galletas en la bandeja para hornear durante 5 minutos, luego transfiéralas a una rejilla para que se enfríen por completo; si intenta quitarlas antes, corre el riesgo de dañar las galletas.

pera naranja jengibre membrillo

○ *Origen: marroquí / dificultad: ★★★ /5*
○ *Tiempo total de preparación: 15 minutos*
○ *Calorías: 280 Kcal por ración (para 8 raciones)*
○ *Número de porciones: 8*

---------------------*Componente de la receta* --------------------

Para la cobertura crujiente

- 🏠 *1 taza de avena*
- 🏠 *½ taza de harina para todo uso (la harina blanca de trigo integral o la harina sin gluten también funcionan)*
- 🏠 *¼ taza de nueces picadas*
- 🏠 *¼ taza de nueces picadas*
- 🏠 *¼ taza de azúcar de coco (o azúcar moreno)*
- 🏠 *½ cucharadita de jengibre*
- 🏠 *1 cucharada de jengibre confitado picado*
- 🏠 *5 cucharadas de mantequilla derretida (o aceite de coco)*
- 🏠 *½ cucharadita de extracto de naranja*

Para EL RELLENO DE FRUTA

- 🏠 *2 tazas de peras picadas, peladas y sin corazón*
- 🏠 *1 ½ tazas de membrillo picado, pelado y sin corazón*
- 🏠 *¼ taza de pasas doradas*
- 🏠 *¼ taza de arándanos secos*
- 🏠 *ralladura de 1 naranja pequeña*
- 🏠 *jugo de 1 naranja pequeña*
- 🏠 *2 cucharadas de azúcar de coco (o azúcar moreno)*
- 🏠 *2 cucharadas de harina para todo uso (la harina blanca de trigo integral o la harina sin gluten también funcionan)*
- 🏠 *1 cucharadita de canela*

--------------------*Pasos de realización* --------------------

1. *Precaliente el horno a 350°F.*
2. *Agregue todos los ingredientes del relleno a un tazón grande. Mezcle hasta que esté bien mezclado y refrigere hasta que se necesite. Puedes preparar el relleno con antelación si lo deseas.*
3. *Combine los ingredientes del relleno en otro tazón grande. Mezclar para mezclar bien. Transfiera el relleno de frutas a una fuente para hornear de 9x13 o similar. Espolvorea el relleno de avena por encima, cubriendo la fruta de manera uniforme. Hornee durante 45 minutos hasta que la parte superior comience a dorarse.*
4. *Retire del horno, deje reposar por lo menos 10 minutos antes de servir.*

Tarta de hojaldre de membrillo

- 🕐 *Origen: marroquí / dificultad: ★★★ /5*
- 🕐 *Tiempo total de preparación: 35 minutos*
- 🕐 *Calorías: 333Kcals por ración (para 6 raciones)*
- 🕐 *Número de porciones: 6*

---------------------*Componente de la receta* --------------------

- *½ hoja de hojaldre, cortada a lo largo*
- *1 membrillo, sin corazón y en rodajas finas*
- *½ naranja O limón, rallado + jugo*
- *2 cucharadas de azúcar morena, divididas*
- *1 huevo batido*

- *2 onzas de mascarpone*
- *2 onzas de queso crema*
- *2 onzas de crema espesa*
- *1 cucharada de almendras tostadas + ralladas*
- *azúcar en polvo para servir, opcional*

--------------------------*Pasos de realización* --------------------

1. *Precaliente el horno a 425ºF. Pon un recipiente de vidrio en el congelador.*
2. *Cubra una bandeja para hornear con papel pergamino. Agregue la masa de hojaldre y use un cuchillo de mesa para marcar una pequeña línea de borde (~½ "de ancho) en el exterior de la masa. ¡Tenga cuidado de no cortar la masa por completo!*

Observó :

1. *Esta receta fue escrita para hojaldre frío. Si usa hojaldre congelado, descongélelo antes de usarlo, extiéndalo a ¼ "de espesor y trabaje sobre una superficie enharinada en lugar de papel pergamino.*
2. *Añadir en un bol el membrillo, el zumo de naranja o limón y la mitad del azúcar y mezclar. Escurrir el jugo.*
3. *Disponer los membrillos en una sola capa sobre la masa de hojaldre, dejando el borde vacío. (Algunas frutas superpuestas son aceptables).*
4. *Cepille el huevo batido a lo largo del borde y cualquier otra masa expuesta.*

Truco :

1. *Asegúrese de evitar poner huevo en los lados de la masa, ya que esto evitará que la masa de hojaldre suba.*
2. *Hornear durante unos 15 minutos, o hasta que el hojaldre esté dorado.*
3. *Mientras se hornea el hojaldre, saca el bol del congelador. Agregue la ralladura de naranja o limón, el mascarpone, el queso crema y el azúcar restante al tazón. Use una batidora de mano eléctrica a temperatura alta y bata la mezcla hasta que forme picos rígidos.*
4. *Enfríe el pastel durante unos 5 minutos, espolvoree el pastel con almendras y sirva con un poco de mascarpone para batir.*

1.   Los restos:

Este pastel es mejor justo después de hornearlo, pero las sobras se pueden guardar en el refrigerador durante 1 o 2 días. Coma las sobras frescas u hornee durante 3-5 minutos para recalentar.

KAAB GHZAL "cuerno de gacela"

- Origen: marroquí / dificultad: ★★★ /5
- Tiempo total de preparación: aproximadamente 1 hora y 30 minutos
- Número de porciones: unos 30 cuernos de gacela
- Calorías por porción: aproximadamente 169 calorías

----------------------Componente de la receta ------------------

- 150 g de semillas de sésamo
- 250g de almendra molida
- 120 g de azúcar en polvo
- 2 cucharadas de agua de azahar
- chispas de azúcar arcoíris
- 2 claras de huevo

- 40 g de mantequilla sin sal, blanda
- ¼ cucharadita de sal
- ¼ pizca de canela molida
- 2 cucharadas

----------------------Pasos de realización ------------------

1. Precalentar el horno a 200°C (ventilador de 180°C), termostato 6. Esparcir las semillas de sésamo en una placa de horno y asarlas durante 7-10 minutos o hasta que estén doradas, revolviendo a la mitad de la cocción para asegurarse de que se tuesten uniformemente. Retire del horno, vierta las semillas de sésamo en un recipiente poco profundo y deje enfriar. Dejar el horno encendido a la misma temperatura.

2. Usa tus manos para mezclar las almendras y la mantequilla hasta que la mantequilla se distribuya uniformemente. Agregue el azúcar, el agua de azahar, la mantequilla, la sal y la canela y mezcle hasta que se forme una masa húmeda.

3. Mezcle los fideos, asegurándose de que estén distribuidos uniformemente. Divida la masa en 14 porciones del mismo tamaño, luego forme cada una en un cilindro de 5 cm de largo.

4. Cubra una bandeja para hornear con papel pergamino. Sumerja cada cilindro de mazapán en clara de huevo, luego cubra inmediatamente con semillas de sésamo tostadas. Use sus dedos para dar forma a cada cilindro cubierto de sésamo en forma de media luna y colóquelo en la bandeja para hornear forrada.

5. Hornea la gacela de 10 a 12 minutos o hasta que esté dorada. Retire del horno y deje enfriar en la bandeja para hornear durante 10 minutos, luego transfiéralo a una rejilla para que se enfríe por completo.

Galette Crumble De Manzana

- ◔ *Origen: marroquí / dificultad: ★★★ /5*
- ◔ *Tiempo total de preparación: alrededor de 1 hora*
- ◔ *Calorías por porción (6 porciones en total): aproximadamente 430-490 calorías por porción*
- ◔ *Número de porciones: 6*

----------------------Componente de la receta ------------------

Para 6 personas

- 60 g de mantequilla sin sal
- 550 g de manzanas (alrededor de 4 medianas), sin corazón y en rodajas
- 50 g de azúcar en polvo
- Zumo de medio limón (alrededor de 2 cucharadas)
- 2 cucharadas de harina común
- 1 cucharadita de agua de azahar
- 1 cucharadita de extracto de vainilla
- ¼ de cucharadita colmada de sal
- 280 g de masa quebrada prefabricada o comprada en la tienda
- Helado de vainilla para servir, si lo desea

para el desmoronamiento

- 90 g de harina normal
- 60 g de azúcar moreno
- 60 g de mantequilla fría sin sal
- Pizca de sal

----------------------Pasos de realización ------------------

1. Precalentar el horno a 200 C (390 F)
2. Hacer la mantequilla de avellanas; derrita la mantequilla en una cacerola pequeña a fuego medio. Vigile la mantequilla, la mantequilla comenzará a formar espuma y se pondrá de color amarillo dorado. Deje la sartén al fuego o hasta que la mantequilla se vuelva de color marrón claro (unos 2 minutos). Retire inmediatamente la sartén del fuego y transfiera la mantequilla a un tazón para asegurarse de que la mantequilla deje de dorarse y evitar que se queme. Coloque en el refrigerador durante 5-10 minutos para permitir que la mantequilla se endurezca un poco.
3. Hacer el relleno de la galette. Dans un grand bol, mélanger les tranches de pomme, le sucre, le jus de citron, la farine, la fleur d'oranger, le sel, la vanille et le beurre noisette solidifié (il n'a pas besoin d'être très ferme sólo un poco).
4. Prepara el crumble. En otro tazón, agregue la harina, la mantequilla y la sal. Saca la mantequilla de la nevera y córtala en cubos de 1 cm. Con las yemas de los dedos, frote la harina en la mantequilla hasta que la mezcla se asemeje a migas gruesas y ya no huela la mantequilla. Asegúrese de usar las yemas de los dedos y no las palmas, ya que esto calentará la mantequilla y deberá mantenerla fría para obtener la textura desmenuzable adecuada. Agregue el azúcar moreno y use una cuchara grande (o las yemas de los dedos) para mezclar y combinar.
5. Cubra una bandeja para hornear con papel pergamino y extienda su masa. Coloque las rodajas de manzana sobre la masa (incluido el jugo si lo hay) y deje un borde de 3 a 5 cm (1 a

2 pulgadas) alrededor del borde de la masa, dependiendo de la forma de su masa (redonda o cuadrada) .

6. *Dobla los bordes de la masa hacia el centro y sobre las manzanas. Presione suavemente la esquina de la hamburguesa para sellar. Espolvorea la mezcla de crumble sobre las rebanadas de manzana asegurándote de que todas las rebanadas estén ahora cubiertas. Transfiera al horno hasta que la corteza esté dorada, aproximadamente de 25 a 30 minutos.*

7. *Deje enfriar durante 10 minutos antes de retirar la galette de la bandeja para hornear para evitar dañarla. Sirva caliente oa temperatura ambiente con helado de vainilla, si lo desea.*

GHORIYBA-BAHLA

⏱ *Origen: marroquí / dificultad: ★★★★★ /5*

⏱ *Tiempo total de preparación: unos 50 minutos*

⏱ *Calorías por ración (la receta no especifica el número de raciones): unas 150-230 calorías por ración*

--------------------*Componente de la receta* --------------------

- 200 g de harina común
- 80 g de azúcar en polvo
- 40 g de semillas de sésamo tostadas y molidas
- La ralladura de 2 naranjas
- ½ cucharadita de cardamomo recién molido

- ½ cucharadita de levadura en polvo
- ¼ cucharadita de sal
- 70 g de mantequilla sin sal blanda
- 70 ml de aceite sin sabor como el de girasol o canola
- ½ cucharadita de extracto de vainilla

--------------------*Pasos de realización* --------------------

1. Precalentar el horno a 170C (335F).
2. En un tazón grande, combine todos los ingredientes secos de la receta (harina, azúcar, semillas de sésamo molidas, ralladura de naranja, cardamomo, polvo para hornear y sal). En otro tazón, mezcle todos los componentes húmedos de la receta (mantequilla, aceite y extracto de vainilla) hasta que quede suave. Transfiera la mezcla húmeda a la mezcla seca y mezcle hasta que haya alcanzado una consistencia de pasta. Amasar la masa sobre una superficie de trabajo durante 5 minutos hasta que esté suave y se incorporen bien todos los componentes de la receta.
3. Divida la masa en 15 bolas (del tamaño aproximado de una pelota de golf), colóquelas en una bandeja para hornear forrada con papel de hornear y aplánelas ligeramente con la palma de la mano. Deje algo de espacio entre los GHRIBA cuando los coloque en la bandeja, ya que se expandirán ligeramente durante la cocción. Transfiera al horno y hornee, de 17 a 20 minutos, hasta que estén doradas.
4. Deja las galletas dentro del molde hasta que se enfríen por completo antes de sacarlas del molde (se pueden romper si las manipulas aún calientes). Disfrute del GHRIBA a temperatura ambiente.

-2-Los pasteles marroquíes más famosos, auténticos y tradicionales

BAHLA marroquí

- Origen: marroquí / dificultad: ★★★ /5
- Tiempo total de preparación: unos 55 minutos
- Número de porciones: 24
- Calorías por ración: aproximadamente 211Kcals

-----------------------*Componente de la receta* -----------------

- 2 cucharaditas de sal
- 1 cucharada de agua de azahar
- 1 cucharada de bicarbonato de sodio
- 1 taza de aceite sin sabor (como el aceite vegetal); es posible que necesite más.

- 8 tazas de harina para todo uso (1 kg)
- 2 tazas de azúcar en polvo (250 g)
- 1 taza de semillas de sésamo tostadas (142 g)

----------------------*Pasos de realización* ---------------------

1. Reúna todos sus ingredientes y un tazón muy grande o use su encimera como superficie de trabajo. Hará las cosas mucho más fáciles.
2. Comience mezclando los ingredientes secos y forme un pozo en el medio de la mezcla. Vierta el agua de azahar y 1/2 taza de aceite.
3. Empieza a amasar la masa. Realmente tienes que hacer esta parte a mano y llevará algo de tiempo (alrededor de 10 minutos de amasado).
4. Sigue agregando aceite a medida que avanzas hasta que la masa se pegue cuando la presiones en una bola. Si todavía se desmorona, agregue aceite, poco a poco. Desea que la masa esté ligeramente húmeda y grasosa al tacto, pero aún suave.
5. Deja reposar la masa de 10 a 15 minutos.
6. Mientras tanto, precaliente el horno a 325F (160C). Limpia la placa que usarás para hornear tus galletas y engrasa ligeramente para evitar que se peguen. Si no está usando la galleta especial, prepare una bandeja para hornear grande y cúbrala con papel pergamino.
7. Una vez que la masa haya reposado, saque pedazos del tamaño de una pelota de ping-pong (alrededor de 2 pulgadas o 5 cm de diámetro) y forme un disco pequeño. Los bordes no deben agrietarse. Si lo hacen, lanza la pelota de nuevo.
8. Coloque los discos en la fuente para hornear. Si usas el molde especial para esto, las galletas se formarán naturalmente alrededor del círculo. Si está usando una fuente para hornear, puede colocarlos tal como están.
9. Continúe hasta que se haya usado toda la masa.
10. Las galletas deben hornearse durante unos 20 minutos, pero es importante vigilarlas. Deben estar bien cocidos pero solo de un color marrón muy claro. Las tapas se romperán, así que no te preocupes si ves esto.
11. Después de hornear, retírelo del horno y déjelo enfriar durante 5 minutos y transfiéralo a una rejilla para completar el proceso de enfriamiento.

12. Si no tienes agua de azahar, puedes omitirla. También creo que puedes agregar cualquier extracto de sabor que quieras para obtener un sabor diferente pero agradable.

13. Las galletas deben almacenarse en un recipiente hermético y pueden durar varias semanas. Si no lo estoy usando de inmediato, lo pongo en el congelador y lo descongelo según sea necesario.

marroquí de cacao en polvo

Origen: marroquí / dificultad: ★★★ /5

- ◷ *Tiempo de preparación: 10 minutos*
- ◷ *Tiempo de cocción: 30 minutos*
- ◷ *Tiempo total de preparación: 40 minutos*
- ◷ *Calorías: unas 270 Kcal por ración*
- ◷ *Número de porciones: 8*

------------------Componente de la receta -------------------

- 1/2 taza de azúcar
- 3 huevos
- poca harina de coco 1/4 taza
- poca harina de almendras 1/4 taza
- 4 cucharaditas de cacao en polvo
- 2 cucharaditas de suero de leche en polvo (o leche en polvo regular)
- 1/2 taza de aceite vegetal o de coco

- 1/2 taza de agua
- 1/2 taza de yogur griego natural
- ** no sin gluten? Use 1/2 taza de harina para todo uso y mezcle lentamente. Es posible que necesite un poco más o un poco menos. El resultado final debe tener la misma consistencia que cualquier otra masa para pasteles.

---------------------Pasos de realización --------------------

1. Precaliente el horno a 350F.
2. En un tazón, mezcle 1/2 taza de azúcar, 1/2 taza de aceite y 1/2 taza de agua. Después de mezclar, agregue 4 cucharaditas de cacao en polvo y 2 cucharaditas de suero de leche seco. También puedes usar leche en polvo. Si usa suero de leche, el sabor general será un poco más ácido.
3. Reserve la mitad de la mezcla y reserve.
4. Al líquido restante, agregue 3 huevos y 2 cucharaditas de polvo de hornear. Batir bien.
5. Finalmente, agregue lentamente la harina de coco y la harina de almendras, mezclando a medida que avanza.
6. Engrasa un molde redondo de 8" y vierte la mezcla en él.
7. Hornee por 30 minutos.
8. Retire del horno y coloque en una rejilla para hornear para que se enfríe.

Hacer la guinda---

------- --------------- --

1. Al líquido de chocolate reservado, agregue 1/2 taza de yogur griego natural.
2. Bate hasta que se integre todo el yogur.
3. Haz varios agujeros pequeños en el pastel con una brocheta, un palillo u otro objeto pequeño y delgado.
4. Rocíe el glaseado sobre la parte superior del pastel, agregando tanto o tan poco como desee.
5. Finalmente, el pastel también se puede espolvorear con azúcar en polvo antes de servir o adornar con fruta fresca.

Almacenamiento de la torta:

Si te sobra pastel, guárdalo en el refrigerador.

Cupcakes en forma de cactus del Sahara

🕐 *Origen: marroquí / dificultad:* ★★★ */5*
🕐 *Tiempo de preparación: 205 minutos*
🕐 *Tiempo de cocción: no especificado*
🕐 *Tiempo total de preparación: no especificado*
🕐 *Calorías: 288 Kcal.*
🕐 *Número de porciones: 12*

-----------------Componente de la receta -----------------

- *Una docena de tus cupcakes de vainilla favoritos*
- *2,5 barras de mantequilla blanda*
- *5 tazas de azúcar glas*
- *5 cucharadas de leche*
- *1 cucharada de cacao en polvo*
- *Colorante alimentario en gel verde musgo*
- *Colorante alimentario en gel Rojo*
- *Glaseado decorativo blanco o chispas blancas*
- *½ taza de chispas de arco iris, vertidas en un tazón pequeño*

--------------------Pasos de realización --------------------

1. *Antes de decorar, asegúrese de que sus cupcakes estén completamente fríos. Esto evitará que el glaseado de crema de mantequilla se derrita.*
2. *Usando una batidora eléctrica, comience a batir la mantequilla,*
3. *azúcar glas y leche a baja velocidad. Aumente gradualmente a alto.*
4. *Su crema de mantequilla está lista una vez que los ingredientes estén completamente suaves y formen picos semi rígidos.*
5. *Vierta 1/3 de su crema de mantequilla en un tazón y reserve.*
6. *Agregue cacao en polvo a la crema de mantequilla restante y mezcle un poco más. Agregue colorante alimentario en gel verde musgo y mezcle hasta que esté completamente coloreado.*
7. *Con una espátula acodada, glasea cada cupcake con tu glaseado blanco. Sumerja cada cupcake en el tazón de chispas de modo que la parte superior quede completamente cubierta. Usando una manga pastelera y una boquilla Wilton n°199, coloque su glaseado verde en cada cupcake. Estos actuarán como los "cuerpos" de los cactus.*
8. *Querrás exprimir más glaseado (con una mano más pesada) al principio, luego afloja el agarre una vez que llegues a la parte superior. Puedes agregar de 1 a 4 cactus/suculentas en cada cupcake.*
9. *Colorea el resto de tu crema de mantequilla blanca con 2 gotas pequeñas de colorante alimentario en gel rojo. saca una pequeña flor en la parte superior de cada cactus. Con el Consejo n.º 3, dibuje pequeños puntos por todo el cactus con el glaseado decorativo blanco o, si usa chispas blancas, insértelos en*

Magdalenas de chocolate

- 🕐 *Origen: marroquí / dificultad:* ★★ */5*
- 🕐 *Tiempo de preparación: 45 minutos*
- 🕐 *Calorías por ración: 445 Kcalss*
- 🕐 *Número de porciones: 6 magdalenas*

---------------------*Componente de la receta* -------------------

Ingredientes de la magdalena

- 1/2 taza de azúcar
- 1/2 taza de harina
- 1/3 taza de cacao en polvo
- 1/2 cucharadita de polvo de hornear
- 1/4 cucharadita de bicarbonato de sodio
- 1 huevo
- 3 cucharadas mitad y mitad
- 2 cucharadas de aceite vegetal
- 1/2 cucharadita de extracto de vainilla
- 1/4 taza de café caliente

Ingredientes de glaseado

- 1 taza de azúcar granulada
- 1/4 taza de cacao en polvo
- 1/4 taza de mantequilla sin sal
- 1/4 taza mitad y mitad
- 1 cucharadita de extracto de vainilla

Ingredientes para la decoración

- 1/2 taza de caramelos de dulce de azúcar verde claro
- 1 taza de dulces de fondant verde oscuro
- 1/4 taza de caramelos de dulce de azúcar azul oscuro
- 1/4 taza de virutas de chocolate
- 1/4 taza de pepitas de nopal

---------------------*Pasos de realización* ---------------------

1. Precaliente su horno a 350 grados y cubra un molde para cupcakes con 6 moldes para cupcakes, ligeramente rociados con aceite de cocina. Poner a un lado.
2. Primero prepare los cupcakes combinando todos los ingredientes secos en un tazón, batiendo hasta que estén completamente combinados.
3. Haga un pozo en el centro de los ingredientes secos y coloque los ingredientes húmedos en el pozo, luego revuelva hasta que la masa esté homogénea y suave.
4. Rellene los moldes para cupcakes preparados hasta ¾ de su capacidad con la masa y hornee durante 15 minutos o hasta que al insertar un palillo en el centro, éste salga limpio.
5. Deje que los cupcakes se enfríen por completo antes de decorarlos.
6. Para hacer el glaseado, combine el azúcar, el cacao en polvo, la mantequilla sin sal y la mitad y mitad a fuego medio hasta que comience a hervir y esté completamente combinado.
7. Retire la mezcla de glaseado del fuego y agregue el extracto de vainilla. Remueve hasta que se mezclen por completo.
8. Deja enfriar el glaseado antes de decorar los cupcakes.
9. Para hacer las decoraciones de cactus, coloque los dulces de fondant en tazones separados aptos para microondas y derrita según las instrucciones del paquete. Coloque los caramelos derretidos en una manga pastelera con una punta pequeña o una bolsa con cremallera con una pequeña esquina cortada.

10. *En la sartén, agregue tiras de dulces de fondant de color verde claro siguiendo las formas del cactus o suculenta, seguido de dulces de fondant de color verde oscuro. Rellena todas las formas de "frasco" con los dulces de fondant azul oscuro.*

11. *Coloca los moldes rellenos de chocolate en el congelador durante 5 minutos para que cuaje.*

12. *Retire el chocolate de los moldes y reserve.*

13. *Con un descorazonador de pasteles o una punta grande para glaseado, corte un agujero en el centro de cada cupcake, luego agregue 1 cucharada de chispas en el agujero creado. Vuelva a colocar el trozo de magdalena que retiró del centro de la magdalena en el orificio.*

14. *Cubra cada cupcake con una fina capa de glaseado, seguido de una pizca de virutas de chocolate.*

15. *¡Cubra cada cupcake con un cactus de chocolate o una suculenta y disfrute!*

Hojaldres fáciles de crema de limón

- ○ *Origen: marroquí / dificultad: ★★★ /5*
- ○ *Tiempo de preparación: 1 hora y 43 minutos*
- ○ *Calorías por ración: 322 Kcals*
- ○ *Número de porciones: 4-6 porciones*

---------------------*Componente de la receta* ------------------

Pasta choux "El hojaldre"
- 🐘 *115 g de mantequilla sin sal (1/2 taza)*
- 🐘 *1 cucharadita de azúcar*
- 🐘 *150 gramos de harina*
- 🐘 *5 huevos grandes (4 recetas, 1 para el glaseado)*

Guarnición de limón
- 🐘 *3 huevos grandes*
- 🐘 *1 taza de azúcar*

- 🐘 *1 cucharada de ralladura de limón*
- 🐘 *1/3 taza de jugo de limón*
- 🐘 *115 gramos de mantequilla (1/2 taza)*
- 🐘 *1 taza de arándanos frescos*

relleno de crema batida
- 🐘 *225 gramos (8 onzas) de queso crema*
- 🐘 *1 taza de azúcar en polvo*
- 🐘 *1/2 cucharadita de extracto de vainilla*
- 🐘 *2 tazas de crema batida espesa fría*

---------------------*Pasos de realización* --------------------

1. *Hacer y armar bollos de crema*
2. *Precalentar el horno a 400°. Cubra las bandejas para hornear con papel pergamino o use un silpat.*
3. *Combine la mantequilla, el azúcar y el agua en una cacerola mediana a fuego medio. Lleve la mezcla a ebullición, luego agregue rápidamente la harina, revolviendo continuamente con una cuchara de madera. Continúe calentando y revolviendo hasta que la mezcla parezca seca en el fondo de la sartén. Debe haber una película ligera formada en el fondo de la sartén.*
4. *Retire del fuego y transfiera a un tazón grande. Batir 4 huevos, uno a la vez, revolviendo vigorosamente entre las adiciones de huevo (alternativamente, puede usar una batidora de pie con el accesorio de paleta). La masa quedará firme y espesa.*

5. *Después de mezclar bien, transfiera la mezcla a una manga pastelera con una boquilla plana grande adjunta. Tubo la masa aprox. círculos de 2 pulgadas. Hay un silpat con círculos marcados que hace más preciso este proceso. Mezcle 1 cucharadita de agua en el huevo restante y cepille la parte superior de cada hojaldre.*
6. *Hornear 15 min. luego baje la temperatura del horno a 350° y continúe cocinando por unos 20 minutos. hasta que estén doradas. Apague el horno y deje la puerta del horno entreabierta con las bocanadas todavía en el horno. Puedes insertar una cuchara de madera entre la puerta y el horno para ayudarte. Deje reposar las bocanadas en el horno hasta que el horno esté ligeramente tibio. Retirar a una rejilla para enfriar y dejar enfriar por completo.*
7. *Corta cada hojaldre por la mitad y retira el exceso de masa del centro.*
8. *Cómo hacer relleno de limón*
9. *En una cacerola mediana a fuego medio-bajo, mezcle los huevos, el azúcar, el jugo de limón y la ralladura con una cuchara de madera hasta que la mezcla esté cremosa y suave.*

10. *Reduzca el fuego a bajo y continúe revolviendo hasta que la mezcla se espese y cubra el dorso de la cuchara.*
11. *Agregue la mantequilla y revuelva bien.*
12. *Retirar del fuego y dejar enfriar.*
13. *Cómo hacer cobertura de crema batida*
14. *Bate el queso crema, el azúcar en polvo y la vainilla hasta que quede suave y espeso. Use una batidora de mano o una batidora de pie con el batidor.*
15. *Agregue lentamente la crema espesa mientras revuelve a fuego medio. Continúe batiendo hasta que el relleno forme picos rígidos. Se verá como crema batida pero será más espesa.*
16. *Llene una manga pastelera (con una boquilla plana grande adjunta) con el relleno de limón. Tubería la parte inferior de la hojaldre llena. Rellene otra manga pastelera (usando una boquilla plana grande o una boquilla de estrella abierta grande) con la crema batida y pásela por encima del relleno de limón. Asegúrese de que la pipa esté bien y llena. Coloque 4-5 arándanos sobre el relleno de crema. Coloque la parte superior de la masa de hojaldre sobre el relleno.*

Tarta de crema de higos y queso italiano

🕐 *Origen: Italiano / dificultad: ★ /5*

🕐 *Tiempo total de preparación: unos 15 minutos*

🕐 *Calorías: alrededor de 323 calorías por porción*

🕐 *Número de porciones: 4*

---------------------*Componente de la receta* -------------------

- 🍄 *1 taza de queso ricota*
- 🍄 *4 higos*
- 🍄 *1 lata de leche condensada azucarada*
- 🍄 *1 taza de crema espesa*
- 🍄 *2 cucharadas de miel*

----------------------*Pasos de realización* --------------------

1. *Mezcle el queso, la leche, la crema y la miel.*
2. *Cortar los higos en mitades o rodajas y colocar en moldes.*
3. *Vierta la mezcla de crema encima hasta llenar*
4. *Coloque los palitos y congele durante la noche.*

Tarta normal de higos

○ *Origen: marroquí / dificultad: ★★★ /5*
○ *Tiempo total de preparación: aproximadamente 1 hora (30 minutos para preparar la masa, 25 minutos para cocinar y 5 minutos para armar)*
○ *Calorías: aproximadamente 397 calorías por porción*
○ *Número de porciones: 8*

---------------------*Componente de la receta* ---------------------

- 2 cortezas de pastel
- 5 higos rebanados
- 2 cucharadas de miel

Masa de tarta

- 3 tazas de harina
- 4 cucharadas Leche
- 1 taza de aceite vegetal
- 4 cucharadas de azúcar
- 2 cucharaditas de sal

---------------------*Pasos de realización* ---------------------

1. Para hacer la masa desde cero, combine todos los ingredientes, amasando solo para unir la masa. Envuélvalo en una envoltura de plástico y colóquelo en el refrigerador durante 30 minutos.
2. Divida la masa en dos partes y extiéndala hasta que tenga un grosor de 1/4".
3. Coloque 1 masa de pastel en una bandeja para hornear forrada con papel pergamino.
4. Cortar los higos y colocarlos en la cáscara.
5. Toma la otra masa y córtala en 6 tiras.
6. Dividir en dos grupos de 3 y trenzar.
7. Mete las trenzas de masa en el caparazón y dobla la masa alrededor de las trenzas, apretándola a medida que avanzas.
8. Rocíe la parte superior con miel.
9. Coloque el pastel en un horno a 350 grados y hornee por 25 minutos.

marroquíes de leche de almendras

○ *Origen: marroquí / dificultad: ★★★★★ /5*
○ *Tiempo total de preparación: unos 30 minutos (10 minutos para la preparación de las manzanas, 10 minutos para la preparación de la masa, 10 minutos para el montaje)*
○ *Calorías: alrededor de 250 calorías por croissant*
○ *Número de croissants: 8*

-------------------Componente de la receta -------------------

Cruasanes

🥐 *1 caja de masa de croissant*
🥐 *2 manzanas para cocinar*
🥐 *1/2 cucharadita de canela*
🥐 *1/2 cucharadita de cardamomo*
🥐 *pizca de sal*
🥐 *un puñado de almendras picadas para decorar*
🥐 *1 taza de azúcar*

🥐 *1/4 taza de agua tibia*
🥐 *5 clavos*
🥐 *1/2 taza de crema espesa o leche de almendras a temperatura ambiente*
🥐 *1 cucharada de mantequilla cortada en trozos*
🥐 *pizca de sal*

---------------------Pasos de realización ---------------------

1. *Precaliente el horno a 350F.*
2. *Comience la preparación pelando y descorazonando las manzanas.*
3. *Cortar en trozos de 1-2 pulgadas y colocar en un tazón para mezclar.*
4. *Mida los polvos de canela, jengibre y cardamomo con sal y espolvoree sobre las manzanas.*
5. *Mezclar con una cuchara para cubrir todas las manzanas.*
6. *Abre la masa de croissant y desenróllala.*
7. *Separe un triángulo de la masa y coloque un pequeño puñado de manzanas en el extremo grande de la masa.*
8. *Levanta la esquina larga de la masa y dóblala sobre las manzanas.*
9. *Rebozar las manzanas con el resto de la masa.*
10. *Un extremo de la masa estará cerrado y el otro abierto.*
11. *Coloque el extremo cerrado hacia abajo en una fuente para horno.*
12. *Continúe hasta que se haya usado toda la masa.*
13. *Esparza las manzanas restantes alrededor de los bordes del plato.*
14. *Croissants de manzana crudos*
15. *Introduce el molde en el horno precalentado durante 10 minutos y empieza a preparar la salsa de caramelo.*
16. *En la estufa, agregue 1 taza de azúcar, 1/4 taza de agua y clavos en una cacerola grande.*
17. *Baja el fuego a medio y empieza a remover con una cuchara de madera o de silicona.*
18. *Sigue revolviendo hasta que la mezcla comience a dorarse alrededor de los bordes.*
19. *Retirar del fuego y añadir poco a poco la nata o leche de almendras y la mantequilla.*
20. *El jarabe comenzará a burbujear, pero sigue revolviendo hasta que se estabilice.*
21. *El jarabe se espesará pero permanecerá bastante líquido.*
22. *Retire los clavos con una espumadera o un tenedor antes de verter sobre los croissants.*

23. *Cuando los croissants estén horneados durante 10 minutos, retire el plato del horno y rocíe con la salsa de caramelo.*

24. *Te sobrará un poco de caramelo.*

25. *Agregué aproximadamente 1/4c de salsa de caramelo, pero use más si quiere bollos pegajosos.*

26. *Reserve el resto del caramelo para decorar las porciones individuales.*

27. *Hornea los croissants durante 8-10 minutos más hasta que estén dorados por encima.*

28. *Cuando los croissants estén completamente horneados, cúbralos con almendras picadas y más caramelo si lo desea.*

Pastel de canela marroquí

- ○ Origen: marroquí / dificultad: ★★★ /5
- ○ Tiempo de preparación: 30 minutos
- ○ Tiempo de cocción: 50-60 minutos
- ○ Calorías por porción (1 rebanada): 395
- ○ Número de porciones: 8

------------------Componente de la receta------------------

ingredientes de la torta

- 8 cucharadas de mantequilla sin sal, derretida y enfriada
- 1/2 taza de yogur natural
- 1 taza de azúcar granulada
- 1 huevo, ligeramente batido
- 1 cucharada de ralladura de naranja
- 1 cucharada de jugo de naranja, recién exprimido
- 1 cucharadita de extracto de vainilla
- 1½ tazas de harina para todo uso
- ¾ cucharadita de polvo de hornear
- 3/4 cucharadita de sal
- ½ cucharadita de canela molida

relleno de pan rallado

- 1 taza de azúcar morena clara, envasada
- 1 taza de harina para todo uso
- 1 cucharadita de canela molida
- 1 cucharada de ralladura de naranja
- 4 onzas de mantequilla sin sal, en dados pequeños

Coberturas

- 1 naranja, pelada y en rodajas
- 1 cucharadita de canela para espolvorear
- hojas de menta fresca

------------------Pasos de realización------------------

1. Cómo preparar el relleno de pan rallado
2. En un tazón grande, agregue el azúcar moreno, la harina, la canela y la ralladura de naranja, revuelva para combinar. Agregue la mantequilla y, con los dedos, exprima y enrolle la mantequilla fría con los otros ingredientes hasta que la mezcla se vea como arena húmeda con algunos trozos de mantequilla un poco más grandes. ¡Puede que tarde un poco, pero llegará!
3. Instrucciones para el pastel

4. Precaliente el horno a 350°F. Engrase generosamente un molde para pan de 9 pulgadas con aceite en aerosol, reserve.
5. En un tazón grande, mezcle la mantequilla, el yogur, el azúcar, el huevo, la ralladura de naranja, el jugo de naranja y la vainilla. Poner a un lado.
6. En otro tazón grande, mezcle la harina, el polvo de hornear, la sal y la canela.
7. Vierta los ingredientes húmedos en los secos y mezcle hasta que se combinen y no haya puntos secos.
8. Vierta la mitad de la masa en la sartén. Cubra con ⅓ de las migas de pan, agregue la masa restante y alise la parte superior.
9. Vierta el pan rallado restante sobre él.

10. *Hornee durante 50-60 minutos, hasta que estén doradas y al insertar un palillo en el centro, éste salga limpio.*

11. *Deje enfriar en el molde durante 20 minutos, invierta el molde y colóquelo sobre una rejilla para que se enfríe por completo. Servir con naranjas espolvoreadas con canela por encima y una guarnición de menta.*

Pastel de membrillo de nuez marroquí

○ *Origen: marroquí / dificultad: ★★ /5*
○ *Tiempo de preparación: 20 minutos*
○ *Tiempo de cocción: 1 hora*
○ *Calorías por ración (1 rebanada): 431 Kcalss*
○ *Número de porciones: 12*

--------------------Componente de la receta --------------------

- *3 membrillos medianos, pelados, sin corazón y picados*
- *1/4 taza de azúcar*
- *1 cucharada de canela molida*
- *2 3/4 tazas de harina para todo uso*
- *1 cucharadita de sal kosher*
- *1 cucharada de levadura en polvo*

- *1 taza de aceite vegetal*
- *1 taza de azúcar granulada*
- *1/2 taza de azúcar moreno claro*
- *4 huevos grandes*
- *1/4 taza de jugo de uva*
- *1/2 taza de nueces picadas*

--------------------Pasos de realización --------------------

1. *Caliente el horno a 350°F. Cubrir generosamente un molde bundt con mantequilla y harina. Poner a un lado.*

2. *Combine 1 cucharada de canela molida y 1/4 taza de azúcar en un tazón pequeño para combinar. Pele y quite las semillas de los membrillos y córtelos en trozos de 1 a 2 pulgadas. Mezclar los trozos de membrillo con la mezcla de azúcar y canela.*

3. *Coloque la mezcla de membrillo en una cacerola y agregue suficiente agua para cubrir el membrillo por aproximadamente la mitad. Reduzca el fuego a medio y hierva hasta que los membrillos estén tiernos.*

4. *Deberá vigilar y agregar más agua si hierve demasiado. No querrás que el membrillo se queme mientras preparas el almíbar.*

5. *Cuando los membrillos estén tiernos, retirarlos. Reduzca aún más el líquido restante (si es necesario) hasta obtener un jarabe espeso.*

6. *Batir la harina, la sal y el polvo de hornear en un tazón grande. Poner a un lado.*

7. *En otro tazón, mezcle el aceite, 1 taza de azúcar granulada, 1/2 taza de azúcar morena, los huevos, la vainilla y el jugo de uva hasta que estén bien combinados.*

8. *Vierta los ingredientes húmedos en los secos y revuelva hasta que se incorporen por completo en una masa. Mezclar la mitad de las nueces.*

9. *Verter la mitad de la masa en un molde tubular, decorar con la mitad de la mezcla de membrillo. Vierta la segunda capa de masa sobre los membrillos, luego cubra con el resto de los membrillos y las nueces.*

10. *Cubra con papel aluminio y hornee por 45 minutos. Retire el papel aluminio y hornee por 45 minutos más. El pastel está listo cuando un cuchillo sale limpio.*

11. *Calentar el almíbar y verter el sirope de membrillo reducido sobre la tarta antes de servir.*

Pastel de masa ZMITA

🕐 Origen: marroquí / dificultad: ★★★ /5

🕐 Tiempo total de preparación: unos 30 minutos + 3-4 horas de enfriamiento

🕐 Calorías: aproximadamente 392 calorías por ración (calculadas para 8 raciones)

🕐 Número de porciones: 8

------------------Componente de la receta -------------------

Corteza ZMITA

- 2 1/2 tazas (350 g) ZMITA
- 3 cucharadas de miel
- 6 cucharadas (85 g) de mantequilla derretida

relleno de tarta de queso

- 1 1/4 tazas (300 g) de queso crema
- 1/2 taza (60 g) de crema agria o requesón
- 1 1/2 tazas (325 ml) de crema espesa
- 1/2 taza (100 g) de azúcar
- jugo de 1/2 limon
- 1 cucharadita de vainilla

miel cítrica

- 1/2 taza (100 g) de azúcar
- 1/2 taza de agua
- 1/2 limón orgánico
- 1/2 naranja orgánica

----------------------Pasos de realización ----------------------

Instrucciones para la corteza

1. Prepare un molde para quiche o un molde desmontable y cúbralo con papel pergamino. Si te preocupa que se pegue, también puedes enmantequillar el pergamino.
2. En un tazón, combine la ZMITA, la miel y la mantequilla. Debe permanecer unido cuando lo aprietas entre tus manos. De lo contrario, puede agregar más miel por cucharadita hasta que se mantenga unido.
3. Presione la mezcla en el molde y extiéndala hasta que quede suave. Extienda la corteza de manera uniforme para que quede firme.
4. Cubra con una envoltura de plástico y coloque la corteza en el refrigerador hasta que se cuaje el relleno.

Instrucciones de relleno de tarta de queso

1. En un tazón grande, agregue la crema espesa. Use una batidora de mano o una batidora de pie) para batir la crema hasta que se endurezca y forme picos rígidos. Esto debería tomar de 4 a 5 minutos.
2. En un tazón más pequeño, combine el azúcar, el queso crema y la crema agria, el jugo de limón y el extracto de vainilla.

3. Agregue suavemente la crema a la mezcla de queso crema, teniendo cuidado de no mezclar demasiado.
4. Saca la cáscara de la nevera y rellénala con la mezcla de queso. Cubra con una envoltura de plástico y refrigere por lo menos 3-4 horas. Puede permanecer toda la noche para un pastel aún más firme.

miel cítrica

1. Esto debe hacerse justo antes de servir el cheesecake.
2. En una cacerola, agregue cantidades iguales de agua y azúcar. Lleva el agua a fuego lento hasta que todo el azúcar se haya disuelto.
3. Mientras el agua hierve, lava los cítricos y córtalos lo más fino posible. Métete en el líquido.
4. Hornee de 15 a 20 minutos hasta que las costras estén tiernas.
5. Extienda los cítricos sobre el pastel. Puede reducir aún más el líquido o rociar como está sobre el pastel. Si prefiere un azúcar menos refinada, rocíe el pastel con miel.
6. Decorar con hojas de menta.

----------------------------------Observó ------------------------------- ------

Esta receta utiliza ZMITA, un tipo de nuez y polvo picante que los marroquíes comen a menudo durante el Ramadán. Esta receta solo usa los elementos en polvo y no la versión con mantequilla, pero cualquiera funcionará. Si no tienes zmita en polvo, puedes fabricarla.

pastel de leche

🕐 *Origen: marroquí / dificultad: ★★★ /5*
🕐 *Tiempo total de preparación: unos 50 minutos*
🕐 *Calorías: aproximadamente 387 calorías por ración (calculadas para 8 raciones)*
🕐 *Número de porciones: 8*

-----------------Componente de la receta -----------------

- 8 cucharadas de mantequilla blanda
- 1 taza de azúcar blanca
- 2 huevos
- 1 1/2 taza de harina
- 1/2 cucharadita de sal
- 1 cucharadita de polvo de hornear
- 5 cucharadas de leche
- 1 taza de azúcar glass tamizada
- 1 cucharada de mantequilla derretida
- 1/4 taza de mermelada de membrillo

-----------------Pasos de realización -----------------

1. Precaliente el horno a 375F.
2. Calentar la mantequilla a temperatura ambiente y batir con el azúcar.
3. Batir los huevos y mezclar hasta que se combinen.
4. Añadir poco a poco la harina, alternando con la leche.
5. Use un molde para panecillos y tazas de estaño. Rellene 3/4 con la masa (será más espesa que la masa para muffins).
6. Hornee durante unos 18-20 minutos hasta que la parte superior esté ligeramente dorada.
7. para la guinda
8. Si su mermelada contiene trozos de membrillo, puede optar por dejarlos o licuarlos primero con una licuadora de inmersión.
9. Derretir la mantequilla en una cacerola y agregar la mermelada. Mezclar, añadiendo un poco de agua si es necesario para diluir. Agregue gradualmente el azúcar en polvo, mezclando a medida que avanza. Debes terminar con glaseado que se puede verter sobre los pasteles.

sencillas sin horno

- ○ *Origen: marroquí / dificultad: ★★★ /5*
- ○ *Tiempo total de preparación: unos 30 minutos + 6 horas de secado de la ralladura de limón confitada*
- ○ *Calorías por porción (1 mini cheesecake): alrededor de 220-280 calorías*
- ○ *Número de porciones: aproximadamente 45 mini cheesecakes*

-------------------------Componente de la receta -------------------

- 🌰 **8 onzas de queso crema, ablandado**
- 🌰 **½ taza de azúcar en polvo**
- 🌰 **1 cucharada de jugo de limón, recién exprimido,**
- 🌰 **1 cucharada de ralladura de limón**
- 🌰 **½ cucharadita de extracto de vainilla**
- 🌰 **¼ taza de crema batida espesa**

- 🌰 **45 tazas de hojaldre**

Cáscara de limón confitada

- 🌰 **1 limón grande**
- 🌰 **¾ taza de azúcar granulada, dividida**
- 🌰 **½ taza de agua**

---------------------Pasos de realización ----------------------

1. **Coloque el queso crema en el cuerpo de una batidora de pie con el accesorio para batir o en un tazón grande con una batidora manual y bata el queso crema a velocidad media hasta que quede suave.**
2. **Agregue el azúcar en polvo y mezcle a baja velocidad. Agrega el jugo de limón, la ralladura de limón, la vainilla y la crema batida.**
3. **Comenzando a baja velocidad, combine los ingredientes una vez combinados, gire la velocidad a media-alta y bata hasta que quede suave, esponjoso y espeso, aproximadamente 3 minutos.**
4. **Usando una manga pastelera, llene las copas FILO con el relleno, decore con ralladura de limón confitada y ramitas de menta para decorar.**

Cáscara de limón confitada

1. **Cortar la ralladura del limón, quitar el máximo de piel. Cortar lo más fino posible, reservar. Ponga ¼ de taza de azúcar en un tazón pequeño, reserve**
2. **En una cacerola pequeña a fuego medio, caliente ½ taza de azúcar y agua, revolviendo ocasionalmente, hasta que el azúcar se derrita.**
3. **Retire del fuego y agregue la ralladura de limón. Asegúrate de que las cáscaras estén cubiertas.**
4. **Escurra bien las cáscaras y colóquelas en un plato para que se sequen un poco durante una hora. Poner la ralladura en el bol con el azúcar y rebozar bien.**
5. **Retire las ralladuras del azúcar y colóquelas en un plato aparte, sin tocarlas. Deje reposar hasta que esté completamente seco, aproximadamente 6 horas o toda la noche.**

--------------------------Observó ----------------------

No incluí el tiempo necesario para hacer la ralladura de limón confitada. Sugiero hacerlos al menos un día antes o comprarlos si tiene poco tiempo.

BESBOUSA – Tarta de sémola

- 🕐 *Origen: marroquí / dificultad: ★★★ /5*
- 🕐 *Tiempo de preparación: 15 minutos*
- 🕐 *Tiempo de cocción: 25 minutos*
- 🕐 *Tiempo total de preparación: 40 minutos*
- 🕐 *Número de porciones: 8*
- 🕐 *Calorías por ración: unas 380-450*

------------------Componente de la receta ------------------

ingredientes de la torta

- 🌙 *2c sémola fina*
- 🌙 *1 taza de harina para todo uso*
- 🌙 *1 taza de azúcar*
- 🌙 *1 taza de leche entera*
- 🌙 *1 cucharadita de sal*

- 🌙 *1/4 taza de mantequilla*

Ingredientes del jarabe

- 🌙 *1 taza de agua*
- 🌙 *1 taza de azúcar*
- 🌙 *3-4 cucharaditas de miel*

--------------------Pasos de realización --------------------

1. *A fuego medio, derrita la mantequilla en la leche hasta que esté combinada y caliente.*
2. *Mezcle todos los ingredientes secos en un tazón grande para mezclar.*
3. *Vierta la leche caliente y la mantequilla en los ingredientes secos y mezcle bien. La mezcla no será tan delgada como la masa para pasteles, está bien.*
4. *Precaliente el horno a 375F.*
5. *Engrase el molde con mantequilla y vierta la masa en una fuente para hornear de 8"; el pastel no se levantará y debe tener un grosor de 1/4" a 1/2".*
6. *Hornee durante 20-25 minutos hasta que la parte superior esté dorada.*
7. *Para preparar el almíbar*
8. *En una cacerola, combine el agua, el azúcar y la miel.*
9. *Deja cocinar de 5 a 10 minutos hasta que se reduzca en almíbar.*
10. *Cuando el bizcocho esté fuera del horno, colóquelo en una fuente de servir y cúbralo con almíbar.*
11. *Puede pinchar el pastel con un tenedor para permitir que el almíbar se filtre en el pastel. Puedes cubrir con nueces, azúcar en polvo o coco.*

--------------------------Observó --------------------------

- *Puedes usar cualquier forma de fuente para hornear que te guste. Deberá ajustar el tiempo de cocción si tiene una masa más espesa o más delgada.*

Galletas de dátiles sin hornear

- ⏱ *Origen: marroquí / dificultad: ★★★ /5*
- ⏱ *Tiempo de preparación: 35 minutos*
- ⏱ *Tiempo total de preparación: 2 horas (tiempo de reposo en nevera incluido)*
- ⏱ *Número de porciones: 12*
- ⏱ *Calorías por ración: aproximadamente 250-389 Kcals*

-------------------------Componente de la receta -------------------

Relleno De Frambuesa

- 🐚 **1 1/3 tazas (170 g) de frambuesas congeladas**
- 🐚 **2 cucharadas de azúcar moreno**
- 🐚 **1/3 taza (80 g) de crema batida espesa (opción vegana)**
- 🐚 **7 oz (140 g) de chocolate blanco (opción vegana)**

Ingredientes de la galleta

- 🐚 **1 taza de avena sin gluten**

- 🐚 **10 dátiles MEDJOOL, deshuesados y partidos por la mitad**
- 🐚 **1 cucharada de aceite de coco**

Ingredientes de llovizna

- 🐚 **10 oz (200 gramos) de chocolate amargo (vegano)**
- 🐚 **2,5 oz (50 gramos) de chispas de chocolate rojo**
- 🐚 **2,5 onzas (50 gramos) de chocolate blanco**

----------------------Pasos de realización --------------------

1. *Coloca las frambuesas congeladas en un recipiente y agrega un poco de agua tibia para comenzar a descongelarlas.*
2. *En el tazón de un procesador de alimentos, agregue los copos de avena sin gluten y pulse durante unos segundos para crear un polvo de avena.*
3. *En un recipiente, agregue los dátiles y vierta agua caliente sobre ellos. Déjalos en remojo durante 3-5 minutos hasta que estén completamente blandos. Es posible que necesite más o menos tiempo dependiendo de qué tan fluidas sean sus fechas inicialmente.*
4. *Agregue los dátiles al procesador de alimentos junto con los copos de avena. Ponga a funcionar el procesador de alimentos hasta que se forme una pasta. (si la mezcla está demasiado seca, añadir un poco de agua en la que se hayan remojado los dátiles). Verter todo en un bol y tapar. Llevar a la heladera hasta su uso.*
5. *Escurra las frambuesas de cualquier líquido que se haya acumulado en el recipiente y colóquelas en el recipiente del procesador de alimentos. Mezcle hasta que se vuelva líquido, similar a un batido.*
6. *Vierta el líquido a través de un colador fino en una cacerola pequeña para estufa. Asegúrate de presionar para extraer todo el jugo dejando la mayor cantidad de semillas posible.*
7. *Lleve el líquido a fuego medio-bajo. Agregue la crema batida y caliente la mezcla durante unos 8-10 minutos.*
8. *En otro fuego, prepara al baño maría y derrite el chocolate blanco. Una vez que esté completamente derretido, mézclalo con el líquido de frambuesa y déjalo reposar durante unos 30 minutos, hasta que se enfríe. No es necesario ponerlo en la nevera o el congelador.*
9. *Tome la pasta de avena y dátiles y colóquela entre 2 hojas de papel pergamino.*

10. Con un rodillo, aplane la masa hasta que tenga un grosor de 1/2 pulgada. Tome un cortador de galletas (puede usar un vaso o un molde) y corte tantas galletas como pueda de la masa.
11. Repite el proceso hasta usar toda la masa. Debería poder obtener alrededor de 24 discos.
12. Separe los discos en pares y vierta un poco de salsa de frambuesa en un disco de cada pareja/par.
13. Preparar nuevamente al baño maría y derretir el chocolate negro. Una vez derretido, verter sobre los otros discos que no lleven el coulis de frambuesa.
14. Deje las galletas a un lado para que se sequen.
15. Una vez que los discos estén secos, derrita un poco de chocolate blanco. Con una manga pastelera, decora la parte superior de las galletas. Déjalos secar y repite el mismo proceso con el chocolate de color rojo. (si tiene problemas para encontrar chocolate rojo, coloree el chocolate blanco con colorante para alimentos).
16. Una vez que los rellenos se hayan endurecido, agregue un poco de chocolate al fondo de las galletas y presiónelos en un sándwich. También puedes dividirlos por la mitad si crees que son demasiado grandes.
17. Estos se pueden almacenar en la nevera durante una semana.

Aperitivos de frutas pequeñas

- ○ *Origen: marroquí / dificultad: ★ /5*
- ○ *Tiempo total de preparación: unos 30 minutos (5 minutos para preparar la mousse de chocolate, 10 minutos para preparar la nata montada, 15 minutos para montar y decorar).*
- ○ *Número de raciones: 45 bocaditos de frutas y mousse de chocolate.*
- ○ *Calorías: alrededor de 98 calorías por bocado.*

-------------------Componente de la receta -------------------

- ⌒ **¾ taza de crema espesa**
- ⌒ **4 onzas de chispas de chocolate semidulce***
- ⌒ **¼ de cucharadita de extracto de frambuesa****
- ⌒ **45 proyectiles FILO**
- ⌒ **Bayas de tu elección**
- ⌒ **Ramitas de menta para decorar**

---------------------Pasos de realización ---------------------

1. *Coloque ¼ de taza de crema en un tazón pequeño apto para microondas con el chocolate. Cocine en el microondas a temperatura alta en intervalos de 15 segundos, revolviendo en el medio hasta que se derrita, luego enfríe.*
2. *Coloque la crema espesa restante en un tazón grande, bata con una batidora de mano hasta que se formen picos rígidos. Mezclar el extracto.*
3. *Coloque el chocolate derretido y enfriado en un tazón grande, agregue ⅓ de la crema batida y revuelva. Agregue otro ⅓ de la crema, incorporada, algunas rayas blancas están bien.*
4. *Por último, coloca el resto de la nata montada en el bol y mézclalo todo. Vierta esta mezcla en una manga pastelera o déjela en el tazón, cubra con una envoltura de plástico y enfríe en el refrigerador durante 1 hora, hasta 4 horas para que cuaje.*
5. *Rellene las copas de philo con mousse, decore con bayas y guarnición de menta.*

--------------------------Observó --------------------------

1. **Use chispas de chocolate o una barra de chocolate de buena calidad aquí. Usa el sabor que prefieras, desde chocolate negro hasta chocolate con leche.*
2. ***Use cualquier sabor de extracto de su elección. La frambuesa complementa las bayas.*

Magdalenas marroquíes

○ *Origen: marroquí / dificultad:* ★★★ */5*

○ *Tiempo total de preparación: alrededor de 1 hora (15 min para hacer la masa de cupcakes, 25 min para hornear los cupcakes, 15 min para hacer el glaseado, 5 min para decorar).*

○ *Número de porciones: 6 magdalenas.*

○ *Calorías: aproximadamente 364 calorías por cupcake.*

------------------Componente de la receta ------------------

Ingredientes de la magdalena

- 1/2 taza de azúcar
- 1/2 taza de harina
- 1/3 taza de cacao en polvo
- 1/2 cucharadita de polvo de hornear
- 1/4 cucharadita de bicarbonato de sodio
- 1 huevo
- 3 cucharadas mitad y mitad
- 2 cucharadas de aceite vegetal
- 1/2 cucharadita de extracto de vainilla
- 1/4 taza de café caliente

Ingredientes de glaseado

- 1 taza de azúcar granulada

- 1/4 taza de cacao en polvo
- 1/4 taza de mantequilla sin sal
- 1/4 taza mitad y mitad
- 1 cucharadita de extracto de vainilla

Ingredientes para la decoración

- 1/2 taza de caramelos de dulce de azúcar verde claro
- 1 taza de dulces de fondant verde oscuro
- 1/4 taza de caramelos de dulce de azúcar azul oscuro
- 1/4 taza de virutas de chocolate
- 1/4 taza de pepitas de nopal

---------------------Pasos de realización ---------------------

Precaliente su horno a 350 grados y cubra un molde para cupcakes con 6 moldes para cupcakes, ligeramente rociados con aceite de cocina. Poner a un lado.

Primero prepare las magdalenas combinando todos los ingredientes secos en un tazón, batiendo hasta que estén completamente combinados.

Haga un pozo en el centro de los ingredientes secos y coloque los ingredientes húmedos en el pozo y revuelva hasta que la masa esté suave y uniforme.

1. Rellene los moldes para cupcakes preparados hasta ¾ de su capacidad con la masa y hornee durante 15 minutos o hasta que al insertar un palillo en el centro, éste salga limpio.
2. Deje que los cupcakes se enfríen por completo antes de decorarlos.
3. Para hacer el glaseado, combine el azúcar, el cacao en polvo, la mantequilla sin sal y la mitad y mitad a fuego medio hasta que comience a hervir y esté completamente combinado.
4. Retire la mezcla de glaseado del fuego y agregue el extracto de vainilla. Remueve hasta que se mezclen por completo.
5. Deja enfriar el glaseado antes de decorar los cupcakes.
6. Para hacer las decoraciones de cactus, coloque los dulces de fondant en tazones separados aptos para microondas y derrita según las instrucciones del paquete. Coloque los caramelos derretidos en una manga pastelera con una punta pequeña o una bolsa con cremallera con una pequeña esquina cortada.

7. En la sartén, agregue tiras de dulces de fondant de color verde claro siguiendo las formas del cactus o suculenta, seguido de dulces de fondant de color verde oscuro. Rellena todas las formas de "frasco" con los dulces de fondant azul oscuro.

8. Coloca los moldes rellenos de chocolate en el congelador durante 5 minutos para que cuaje.

9. Retire el chocolate de los moldes y reserve.

10. Con un descorazonador de pasteles o una punta grande para glaseado, corte un agujero en el centro de cada cupcake, luego agregue 1 cucharada de chispas en el agujero creado. Vuelva a colocar el trozo de magdalena que retiró del centro de la magdalena en el orificio.

11. Cubra cada cupcake con una fina capa de glaseado, seguido de una pizca de virutas de chocolate.

12. ¡Cubra cada cupcake con un cactus de chocolate o una suculenta y disfrute!

CHABAKIA del mes sagrado del Ramadán

○ *Origen: marroquí / dificultad: ★★★★★/5*
○ *Tiempo total de preparación: aproximadamente 2 horas 20 minutos*
○ *Calorías (para toda la receta): unas 6789 Kcals*
○ *Número de porciones: alrededor de 30 porciones*

-----------------------*Componente de la receta* -------------------

- *1/2 kg (alrededor de 4 tazas) de harina, más si es necesario*
- *1 tazón de sopa completo (alrededor de 200 g o 7 oz) de semillas de sésamo doradas sin cáscara, tostadas*
- *1 cucharadita de anís molido*
- *1 cucharadita de canela molida*
- *1/2 cucharadita de sal*
- *1/2 cucharadita de hebras de azafrán, desmoronadas*
- *1/4 de cucharadita de colorante alimentario amarillo marroquí*
- *pizca de granos de goma arábiga (goma de acacia, masilla) - mezclar*
- *con 1/4 de cucharadita de azúcar y triturar hasta obtener un polvo*
- *1 huevo extra grande*
- *1/4 taza de mantequilla, derretida*
- *1/4 taza de aceite de oliva*
- *1/4 taza de vinagre*
- *1/4 taza de agua de azahar*
- *2 cucharaditas de levadura disuelta en 1/4 taza de agua tibia*
- *1 1/2 kg (alrededor de 3 libras) de miel*
- *2 cucharadas de agua de azahar*
- *1 1/2 litros de aceite vegetal, para freír*
- *1/2 taza de ajonjolí dorado sin cáscara, tostado, para decorar*

----------------------*Pasos de realización* ----------------------

Preparación :

1. *De antemano, clasifique las semillas de sésamo para eliminar los desechos. Extiéndalos en una fuente para horno y tueste el sésamo en un horno a 400 °F (200 °C) durante 10 a 15 minutos, o hasta que las semillas de sésamo estén crujientes y tengan un sabor a nuez.*
2. *Deje que se enfríen por completo, luego guárdelos en un recipiente hermético hasta que esté listo para usar.*
3. *Hacer la masa CHABAKIA*
4. *Moler un tazón de sésamo tostado en un procesador de alimentos hasta que se convierta en polvo. Continúe moliendo hasta que el polvo se humedezca lo suficiente como para prensarlo o envasarlo.*
5. *Mezcla el sésamo molido con la harina y otros ingredientes secos en un tazón grande.*
6. *Agregue el resto de los ingredientes y mezcle con las manos hasta formar una pasta.*
7. *Agregue más harina si es necesario para obtener una masa bastante firme pero flexible.*
8. *Amasar la masa a mano durante siete u ocho minutos o con una batidora con gancho para masa durante cuatro o cinco minutos.*
9. *Divida la masa en cuatro porciones, forme cada una en un montículo suave y coloque la masa en una bolsa de plástico para que descanse durante 10-15 minutos.*
10. *Enrollar y cortar la masa.*

11. *Tome una de las porciones de masa y extiéndala hasta que tenga el grosor de un trozo delgado de cartón. Enharina ligeramente tu superficie de trabajo si es necesario.*
12. *Usando un cortador de galletas, corta la masa en rectángulos del tamaño de tu palma.*
13. *Haga cuatro cortes espaciados uniformemente a lo largo de cada rectángulo. Estos cortes deben tener casi la longitud del rectángulo, pero no deben llegar hasta los bordes de la masa.*
14. *El rectángulo resultante tendrá cinco tiras de masa unidas.*

Dobla la CHABAKIA

1. *Tome un rectángulo y pase el dedo medio de su mano derecha a través de tiras alternas de masa. Esto permite que el rectángulo cubra su dedo.*
2. *Con la mano izquierda, junta las esquinas exteriores de la masa que cuelgan de la punta de tu dedo. Esto formará el centro de la forma de la flor.*
3. *Mientras sostiene las esquinas pellizcadas con la mano izquierda, deje que las tiras de masa se deslicen de su dedo derecho mientras las enrolla suavemente alrededor de la parte pellizcada.*
4. *Pellizque suavemente las esquinas opuestas para cerrarlas una vez que la masa esté volteada. Si lo haces correctamente, habrás formado la masa en forma de flor alargada.*
5. *Coloque la pieza doblada de masa en una bandeja o bandeja para hornear.*
6. *Repita el proceso con los rectángulos restantes y los montículos de masa.*
7. *Reúna los pedazos de masa mientras trabaja, moldéelos en un montículo y regréselo a la bolsa para que descanse antes de tratar de extenderlo nuevamente.*
8. *Usa toda tu masa de esta manera. Cubra las bandejas de masa dobladas con una toalla hasta que esté listo para freír.*

Freír la CHABAKIA

1. *Caliente una pulgada de aceite en una sartén grande y profunda a fuego medio.*
2. *Al mismo tiempo, caliente la miel casi hasta que hierva en una cacerola grande. Cuando la miel esté espumosa pero no burbujeante, agregue el agua de azahar a la miel y apague el fuego.*
3. *Cuando el aceite esté caliente, cocine la CHABAKIA en lotes. Ajuste el calor según sea necesario para freír lentamente cada lote de CHABAKIA hasta que adquiera un color marrón medio.*
4. *Esto debería tomar alrededor de 10 minutos si el aceite está a la temperatura correcta. Si el aceite está demasiado caliente, la CHABAKIA se coloreará rápidamente pero el interior no se cocinará crujiente.*

Mojar la CHABAKIA en miel

1. *Cuando los CHABAKIA estén cocidos a un color dorado medio, use una cuchara ranurada o un colador para transferirlos del aceite directamente a la miel caliente.*
2. *Presione suavemente los CHABAKIA para sumergirlos en la miel y déjelos en remojo de 5 a 7 minutos.*
3. *Tomarán un color ámbar intenso y brillante a medida que absorban la miel. Mientras tanto, puedes empezar a freír otra tanda de galletas.*

--------------------------*Observó*--------------------------- ------

❖ Cuanto más tiempo remojes las CHABAKIA, más miel absorberán y más dulces y menos crujientes se volverán. El tiempo de remojo es una cuestión de preferencia personal. Sin embargo, un remojo demasiado corto dará como resultado CHABAKIA de color pálido que eventualmente perderá su capa brillante.

❖ *Cuando los CHABAKIA terminen de remojarse, retírelos de la miel en un colador o colador y déjelos escurrir por solo unos minutos.*

❖ *Transfiéralos suavemente mientras aún están calientes a un plato o bandeja grande, y espolvorea el centro con semillas de sésamo.*

❖ *Cuando haya terminado de sumergir otros lotes de CHABAKIA en la miel, simplemente escúrralos y agréguelos a la bandeja en un montículo, cubriendo cada lote con sésamo.*

❖ *Aunque la forma es "la" forma de las galletas, si optas por una forma diferente, ¡no las hará menos deliciosas!*

Dátiles marroquíes rellenos de ZAGORA

○ *Origen: marroquí / dificultad: ★ /5*
○ *Tiempo total de preparación: unos 15 minutos*
○ *Calorías (para toda la receta): unas 413 Kcals*
○ *Número de porciones: alrededor de 12 porciones*

-------------------Componente de la receta -------------------

- *12 dátiles grandes cortados de ZAGORA*
- *1/2 taza de harina de almendras o almendras molidas*
- *1-2 cucharadas de aceite de argán (grado culinario)*
- *1/4 taza de azúcar en polvo*
- *2-3 gotas de agua de azahar (opcional)*

---------------------Pasos de realización ---------------------

1. *En un tazón, mezcle la harina de almendras con el argán y el azúcar en polvo para crear una pasta.*
2. *Corta el lado de cada dátil y quita el corazón.*
3. *Rellena cada dátil con el relleno de almendras.*
4. *¡Atender!*

Galletas a base de AMLOU

○ *Origen: marroquí / dificultad:* ★★★ /5
○ *Tiempo total de preparación: unas 2 horas y 30 minutos (incluido el tiempo de refrigeración de la masa)*
○ *Calorías (para toda la receta): unas 4120 Kcals*
○ *Número de porciones: alrededor de 20 porciones*

------------------Componente de la receta -----------------

Para AMLOU

- - 1 taza de almendras crudas
- - 1-2 cucharadas de aceite de argán
- - 2 cucharaditas de miel

para las galletas

- 1 taza de harina blanca
- 1 taza de avena

- 1/2 taza de azúcar en polvo
- 2 cucharaditas de sal
- 1 cucharada de bicarbonato de sodio
- 1 huevo
- 1/2 taza de mantequilla derretida
- harina o harina de almendras para espolvorear

----------------------Pasos de realización ---------------------

Fabricación del AMLOU

1. *Agregue todas sus almendras a un procesador de alimentos y comience a funcionar.*
2. *Déjalo durante unos 4 minutos.*
3. *Las almendras primero se romperán y se verán como harina, a medida que continúen rompiéndose, comenzarán a agruparse; no se preocupe, simplemente déjelas seguir trabajando.*
4. *Luego comenzarán a ponerse cremosos a medida que se libera el aceite.*
5. *Después de 4 minutos, apáguelo, ábralo y verifique. Deberías tener una pasta similar a la mantequilla de maní espesa.*
6. *Vuelva a colocar la tapa y rocíe con aceite de argán para ablandar la masa. Es posible que deba agregar un poco más o menos de aceite dependiendo de qué tan descompuestas estén sus almendras.*
7. *Retire la masa del procesador de alimentos y agregue la miel.*

hacer las galletas

1. *Tamizar las harinas, el bicarbonato de sodio, la sal y el azúcar en polvo en un gr*
2. *Agregar el huevo y la mantequilla derretida. Mezclar suavemente con un batidor. No querrás trabajar demasiado, solo júntalo todo.*
3. *El producto final será una bola ligeramente húmeda. Envuelva la bola en una envoltura de plástico y refrigere durante 1-2 horas. La masa debe ser lo suficientemente firme como para extenderse en una hoja.*
4. *Una vez reposado, use un rodillo para aplanar la masa en un rectángulo grande. Encuentro que esto es más fácil de hacer colocando la masa entre dos hojas de envoltura de plástico o papel pergamino.*

5. *Espolvorea un poco de harina sobre tu superficie de trabajo para evitar que la masa se pegue.*
6. *Una vez que toda la masa tenga un grosor de aproximadamente 1/4", use una cuchara para esparcir una capa de AMLOU por todo el rectángulo. Será una capa delgada. Si encuentra que el AMLOU no está lo suficientemente líquido para esparcirlo, agregue un poco más de argán. al AMLOU y mezclar.*
7. *Una vez que el AMLOU haya bajado, comience a enrollar la masa en un cilindro grande.*
8. *Envuelva lo más apretado posible.*
9. *Envuelva la masa en una envoltura de plástico y refrigere por otra hora o más. La masa debe ser lo suficientemente firme para cortar sin romperse. Alternativamente, puede decidir ponerlo en el congelador durante 30 minutos para reafirmarlo.*
10. *Precaliente su horno a 350F.*
11. *Saca la masa del refrigerador y córtala en rodajas de 1/4 a 1/2 pulgada de grosor. Trate de hacer todos los cortes lo más parejos posible.*
12. *Acuéstese para hornear en una bandeja para hornear galletas.*
13. *Estas cookies no se propagarán mucho, por lo que puede colocarlas una al lado de la otra.*
14. *Hornee durante 12-15 minutos hasta que comience a dorarse.*
15. *Sácalos del horno cuando comiencen a dorarse y colócalos en una rejilla para enfriar. La galleta se parecerá a la torta dulce en textura.*

Dátiles ZAGORA rellenos de coco

○ *Origen: marroquí / dificultad: ★ /5*
○ *Tiempo total de preparación: unos 12 minutos*
○ *Calorías (para una ración de 2 dátiles rellenos): unas 136 calorías*
○ *Número de porciones: 6 porciones*

----------------------*Componente de la receta* --------------------

- 12 dátiles MEDJOOL
- 1/2 taza de coco rallado sin azúcar
- 1 cucharada de aceite de argán
- 3 cucharadas de azúcar en polvo (omitir si usa coco endulzado)

----------------------*Pasos de realización* --------------------

1. Mezclar el coco, el árbol de argán y el azúcar glass.
2. Haz un corte en los dátiles y quita el hueso.
3. Rellenar los dátiles con el relleno de coco.

Galletas de Marrakech

○ Origen: marroquí / dificultad: ★★★ /5
○ Tiempo total de preparación: unos 34 minutos (incluido el tiempo de congelación)
○ Calorías (para una porción de 2 cucharadas): alrededor de 208 calorías
○ Número de porciones: alrededor de 12 cucharadas

------------------Componente de la receta------------------

- 2 tazas de coco rallado sin azúcar (el medio rallado es mejor, pero rallado más grueso o más fino servirá)
- ½ manzana verde grande (o 1 pequeña), pelada y cortada en trozos
- 4-6 cucharadas de jarabe de arce (agregar al gusto)

- 3 cucharadas de aceite de coco virgen
- ⅛ cucharadita de sal marina
- 1 cucharadita de extracto puro de vainilla
- ¼ de cucharadita de extracto puro de almendras

------------------Pasos de realización------------------

1. Cubra una bandeja para hornear o un plato grande con papel pergamino. Debe ser lo suficientemente grande para contener todas las bolas rodadas.
2. En un procesador de alimentos, agrega todos los ingredientes.
3. Pulse todo junto. Tendrás que pulsar entre 10 y 15 veces hasta que empiece a aglomerarse a los lados. Es posible que deba abrir el procesador de alimentos ocasionalmente y usar una cuchara para empujar el contenido hacia abajo para asegurarse de que todo se mezcle de manera uniforme.
4. A la mitad de la cocción, pruebe la dulzura y agregue más jarabe de arce si es necesario.
5. Deje de pulsar tan pronto como pueda exprimir fácilmente la mezcla en grumos con las manos.
6. Use una cuchara para sacar la mezcla.
7. Presione en bolas del mismo tamaño con las manos. Pueden desmoronarse un poco.
8. Coloque las bolas en el molde preparado o en la bandeja para hornear. Coloque en el congelador durante 15 a 20 minutos para establecer.
9. Transfiera a un recipiente hermético o una bolsa para congelar si desea guardarlos para usarlos más adelante.
10. ¡Disfrutar! Lo mejor es comerlos congelados o ligeramente descongelados para obtener esa textura que se derrite en la boca.

-3-Tortas marroquíes sin gluten

GHARIBA - Sin Gluten

- ○ *Origen: marroquí / dificultad: ★★★ /5*
- ○ *Tiempo de preparación: 20 minutos*
- ○ *Tiempo de cocción: 10-18 minutos*
- ○ *Tiempo de enfriamiento: 20 minutos*
- ○ *Número de porciones: 12 galletas*
- ○ *Calorías por ración: unas 308 Kcals*

-------------------*Componente de la receta* -------------------

Hace 12 galletas de 6 cm.

- ❋ *150 g de nuez en polvo (consulte las notas sobre cómo hacer su propia harina de nuez)*
- ❋ *100 g de almendra en polvo*
- ❋ *80 g de azúcar en polvo*
- ❋ *½ cucharada de mantequilla sin sal, ablandada*
- ❋ *½ cucharada de mermelada de albaricoque*

- ❋ *1 cucharada de té verde matcha en polvo*
- ❋ *1 huevo grande*
- ❋ *1 cucharadita colmada de polvo de hornear*
- ❋ *150 g de azúcar glas para cubrir las galletas*

-------------------*Pasos de realización* -------------------

1. *Precalentar el horno a 180 C (350 F).*
2. *En un tazón grande, use sus manos o una espátula grande para mezclar todos los ingredientes, excepto el azúcar glas, hasta obtener una masa suave (y ligeramente pegajosa).*
3. *Usa tus manos para dividir la masa en 12 bolas (3 cm, 1 pulgada de diámetro).*
4. *Enrolle cada bola de masa en azúcar glas hasta que esté completamente cubierta. (Puede desechar el azúcar glas restante si queda alguno o guardarlo para otra receta).*
5. *Transfiera las galletas a una bandeja para hornear forrada con papel pergamino y presione ligeramente hacia abajo cada galleta (no aplaste las galletas por completo).*
6. *Coloque en el horno y hornee, de 10 a 13 minutos, hasta que las galletas estén agrietadas y firmes por fuera.*
7. *Espere 15 minutos para que las galletas se enfríen antes de transferirlas a una rejilla para que se enfríen por completo o corre el riesgo de dañarlas.*
8. *Para disfrutar con un té marroquí !*

-------------------------*Observó* -------------------------

• *Instrucciones para hacer nuez en polvo: transfiera las nueces picadas a un procesador de alimentos y mezcle hasta lograr una consistencia de harina. Tenga cuidado de no mezclarlos demasiado, de lo contrario obtendrá mantequilla de nuez.*

• *Guarde las galletas en un recipiente hermético para evitar que se sequen hasta por 10 días.*

Macarrones marroquíes sin gluten y sin lácteos

○ Origen: marroquí / dificultad: ★★★ /5
○ Tiempo de preparación: 30 minutos / Tiempo de enfriamiento: 10 minutos
○ Número de porciones: 20 macarrones
○ Calorías por ración: aproximadamente 187Kcalss / Tiempo de cocción: 20-25 minutos

-------------------Componente de la receta -------------------

Rinde unos 18 macarrones de 4 cm (1,5 pulgadas)

- 250 g de coco rallado
- 130 g de azúcar glas
- 100 g de almendras molidas
- 1 cucharadita de polvo de hornear
- 1 cucharadita de sal
- La ralladura de un limón
- 3 huevos

- 40 ml de aceite de oliva
- 2 cucharadas de agua de azahar
- 1 cucharadita de extracto de vainilla
- Chocolate derretido, bayas secas, ralladura de lima para decorar (opcional)

-------------------Pasos de realización -------------------

1. Precalentar el horno a 180 C (350 F).
2. En un tazón grande, combine todos los ingredientes secos (coco rallado, azúcar glas, almendras molidas, polvo de hornear, sal y ralladura de limón).
3. Separe las yemas de las claras de huevo y coloque las claras de huevo en un tazón grande. En un tazón mediano, coloque las yemas de huevo, el aceite de oliva, el agua de azahar y el extracto de vainilla y revuelva con un tenedor hasta que quede suave. Use una batidora eléctrica para batir las claras de huevo hasta que estén firmes.
4. Vierta la mezcla de yema de huevo, agua de azahar y aceite de oliva en la mezcla de ingredientes secos y mezcle bien hasta que todos los ingredientes secos estén humedecidos. No estarán muy húmedos, en este punto la mezcla de macarrones se verá como pan rallado.
5. Usando una cuchara grande de metal (o tus manos), inserta suave y lentamente las claras de huevo batidas en la mezcla de macarrones.
6. Cubra una bandeja para hornear con papel pergamino. Usando sus manos, dé forma a los macarrones en la forma y el tamaño deseados. Hice pequeñas pirámides.
7. Coloque en el horno y cocine durante 17 a 20 minutos, hasta que los macarrones estén ligeramente agrietados y dorados. Dejar enfriar antes de retirar los macarrones del papel de horno.
8. Decora con chocolate derretido, frutos secos y ralladura de cítricos.

- *Cuando coloques los macarons en la bandeja para hornear, recuerda dejar un poco de espacio entre cada macaron porque crecerán un poco mientras se hornean.*
- *Instrucciones para derretir chocolate: trocear el chocolate. Coloque el chocolate y unas gotas de agua en un recipiente apto para microondas, detenga y revuelva en intervalos de 15 segundos hasta que quede suave y cremoso.*
- *Instrucciones para sumergir macarons en chocolate: Con las manos, coloque cada macaron horneado en el chocolate derretido y coloque el macaron sobre una superficie forrada con papel pergamino. Dejar hasta que el chocolate esté firme (30 min).*
- *Instrucciones para hacer salpicaduras de chocolate: derretir el chocolate y verterlo sobre los macarrones con un tenedor.*

Mini Tortas (Sin Gluten)

- ○ *Origen: marroquí / dificultad:* ★★★ */5*
- ○ *Tiempo total de preparación: unos 50 minutos*
- ○ *Calorías: aproximadamente 523 Kcal por mini pastel de 3 pisos*
- ○ *Número de porciones: 5 mini pasteles*

------------------*Componente de la receta* ------------------

Rinde 5 mini pasteles de 3 capas (7 cm / 3 pulgadas de ancho)

- ❋ *300 g de almendras molidas*
- ❋ *75 gr de azúcar glass (5 cucharadas de azúcar)*
- ❋ *2 cucharaditas de cúrcuma molida*
- ❋ *1/2 cucharadita de sal*
- ❋ *75 gr de miel (5 cucharadas de miel)*
- ❋ *2 huevos grandes*
- ❋ *20 ml de aceite de oliva*

- ❋ *2 cucharadas de TAHINI*
- ❋ *1 cucharada de extracto de vainilla*
- ❋ *4 claras de huevo*

Formación de hielo

- ❋ *500 g de mascarpone*
- ❋ *150 g de chocolate blanco, derretido*
- ❋ *150 ml de nata fresca*
- ❋ *vaina de vainilla, semillas raspadas o 1 cucharadita de extracto de vainilla*

---------------------*Pasos de realización* --------------------

1. *Precalentar el horno a 170 C (340 F).*
2. *Engrase un molde para pastel rectangular de 24 cm (10 pulgadas) por 37 cm (15 pulgadas) y cubra el fondo con papel pergamino.*
3. *En un tazón grande, combine todos los ingredientes secos (almendras, azúcar, cúrcuma y sal).*
4. *En un tazón mediano, con un tenedor, mezcle la miel, los huevos, el extracto de vainilla, el TAHINI y el aceite de oliva hasta que quede suave (utilice una batidora eléctrica si lo desea).*
5. *Con una batidora eléctrica, bate las claras de huevo a punto de nieve y reserva unos minutos.*
6. *Vierta la mezcla de miel, huevos, TAHINI, vainilla y aceite de oliva en los ingredientes. Mezclar bien. Asegúrate de que todos los ingredientes secos estén ahora húmedos. Usando una cuchara grande de metal, inserte suave y lentamente las claras de huevo batidas en la mezcla de pastel.*
7. *Extienda la mezcla para pastel uniformemente en un molde para pastel engrasado. Hornea de 10 a 13 minutos hasta que el bizcocho esté dorado, el bizcocho se cocinará muy rápido porque es delgado. Cuando se inserta en el medio de la torta, un palillo debe salir limpio.*
8. *Mientras se hornea el pastel, prepara el glaseado. Use una batidora eléctrica para batir todos los ingredientes hasta que quede suave. Coloque en el refrigerador.*

9. Cuando el bizcocho esté horneado, déjalo enfriar por completo y dale la vuelta con cuidado para sacarlo del molde. Asegúrate de esperar hasta que la temperatura del pastel se haya enfriado antes de voltearlo, o corres el riesgo de dañarlo.

10. Para armar, use un cortador de galletas de 7 cm (o una lata vacía y limpia) para cortar círculos de pastel. Apila pasteles, 3 capas cada uno, con glaseado entre y encima. Manténgase refrigerado.

--------------------------*Observó* --------------------------

• Instrucciones para derretir el chocolate: Trocear el chocolate. Coloque el chocolate y unas gotas de agua en un recipiente apto para microondas, detenga y revuelva en intervalos de 15 segundos, hasta que quede suave y cremoso.

• A la hora de hacer el glaseado, tener cuidado de no batir demasiado el mascarpone o se puede cuajar.

Brownies (sin gluten ni lácteos)

- ○ *Origen: marroquí / dificultad: ★★★ /5*
- ○ *Tiempo total de preparación: aproximadamente 1 hora y 15 minutos*
- ○ *Calorías: unas 233 Kcal por cuadrado*
- ○ *Número de porciones: 16 cuadrados*

----------------------*Componente de la receta* ------------------

hace 16 cuadrados

- ❋ **200 g de chocolate negro, picado**
- ❋ **300 g de remolacha cocida, escurrida y troceada**
- ❋ **3 huevos**
- ❋ **60 ml (1/4 taza) de aceite de oliva**
- ❋ **2 ½ cucharaditas de agua de rosas**

- ❋ **1 cucharadita de extracto de vainilla**
- ❋ **250 g de azúcar moreno claro**
- ❋ **150 g de almendras molidas**
- ❋ **1 cucharadita de polvo de hornear**
- ❋ **Pétalos de rosa comestibles secos para decorar, si lo desea**

--------------------*Pasos de realización* ------------------

1. *Precalentar el horno a 200 C (400 F)*
2. *Cubra un molde cuadrado de 23 cm (9 pulgadas) con papel pergamino y reserve.*
3. *En un recipiente apto para microondas, coloque el chocolate, deteniendo y revolviendo a intervalos de 15 segundos, hasta que quede suave. Dejar reposar unos minutos.*
4. *Transfiera la remolacha a un procesador de alimentos y mezcle hasta obtener una consistencia de puré suave.*
5. *En un tazón grande, ponga el puré de remolacha, el chocolate, los huevos, el aceite de oliva, el agua de rosas, el extracto de vainilla y mezcle todos los ingredientes hasta que quede suave.*
6. *En un tazón mediano, combine el azúcar, las almendras molidas y el bicarbonato de sodio. Transfiera esta mezcla seca a la mezcla húmeda y mezcle todos los ingredientes hasta que quede suave.*
7. *Transfiera la mezcla de brownie a la fuente forrada y colóquela en el horno caliente durante 30-35 minutos hasta que la parte superior del brownie esté esponjosa hasta la punta de los dedos. Cuando se inserta en el medio del pastel, un palillo debe salir un poco húmedo.*
8. *Una vez horneados, retírelos del horno y deje que los brownies se enfríen por completo antes de retirarlos de la sartén. Una vez enfriado, retírelo de la sartén y córtelo en 16 cuadrados. Decore con pétalos de rosa secos comestibles si lo desea.*

❖ *Cómo cocinar las remolachas: lavar las remolachas y colocarlas en una cacerola con agua tibia. Llevar a ebullición, reducir el fuego a medio y cubrir con una tapa durante 25 minutos hasta que estén tiernos. Una vez cocidos, escúrralos con agua fría y una vez que las remolachas estén lo suficientemente frías para manipularlas, pélelas. Usar guantes de goma para pelarlos evitará que tus dedos se manchen de rojo.*

CHABAKIA ramadán sin gluten

○ *Origen: marroquí / dificultad:* ★★★★ /5
○ *Tiempo de preparación: alrededor de 1 hora y 30 minutos*
○ *Calorías: Las calorías dependen del tamaño de las galletas y de la cantidad de miel utilizada. De media, cada galleta puede contener entre 150 y 200 calorías.*
○ *Número de porciones: Esta receta hace alrededor de 30 galletas medianas.*

------------------Componente de la receta ------------------

❁ *1 1/4 taza de harina de almendras*

❁ *1 1/2 taza de harina de arroz + extra para espolvorear*

❁ *1 1/2 taza de almidón de maíz o tapioca*

❁ *1/2 cucharadita de polvo de hornear*

❁ *1/2 cucharadita de sal*

❁ *1 1/2 cucharadita de semillas de anís*

❁ *1 cucharadita de canela*

❁ *una pizca de azafrán*

❁ *una pizca de masilla + una pizca de azúcar*

❁ *1 huevo*

❁ *1/4 taza de mantequilla derretida*

❁ *1/4 cucharadita de aceite de oliva*

❁ *1/4 taza de vinagre blanco*

❁ *3 cucharadas de agua de azahar*

❁ *1 cucharadita de levadura + 1/4 taza de agua tibia + 1 cucharadita de azúcar*

❁ *semillas de sésamo*

❁ *aceite vegetal*

❁ *2-3 tazas de miel*

----------------------Pasos de realización ----------------------

Preparación de la masa

1. *En un tazón grande, combine 1 1/4 taza de harina de almendras, 1 1/2 taza de harina de arroz y 1 1/2 taza de almidón de maíz o tapioca con el polvo de hornear, la sal, las semillas de anís, la canela y el azafrán.*
2. *En un recipiente aparte, o idealmente con un mortero, triture y mezcle la masilla y el azúcar. Si no tienes un mortero y una maja, puedes usar el dorso de una cuchara para romperlo. Cuando hayas formado un polvo, añádelo a la mezcla de harina.*
3. *Prepare la levadura agregando 1/4 taza de agua tibia y 1 cucharadita de azúcar. Dejar actuar durante 5-10 minutos.*
4. *Mientras tanto, agregue lentamente la mantequilla, el aceite de oliva, el vinagre y el agua de azahar a los ingredientes secos. Mezclar con una cuchara de madera o con las manos. Una vez que la levadura esté activada (burbujeando) añádela a la masa.*
5. *La masa resultante será un poco pegajosa, pero debe unirse en una bola grande. Cubra con una toalla y deje reposar de 15 a 20 minutos.*

terminar las galletas

1. En la estufa, comience a calentar el aceite vegetal para freír las galletas. El aceite debe ser lo suficientemente profundo para sumergir las galletas. En otra cacerola, agregue la miel y baje el fuego a bajo.
2. Cuando la masa haya terminado el tiempo de reposo, espolvoree una tabla de cortar o una superficie con harina de arroz y pellizque un trozo de masa del tamaño de la palma de la mano. Con un rodillo (¡o un vaso!), extienda la masa hasta que tenga un grosor de aproximadamente 1/4".
3. Corte la masa en tiras de 1/2 "de ancho con un cortador de masa de cinta. Alternativamente, puede cortar con un cortador de pizza, pero no obtendrá los bordes acanalados.
4. Coloque con cuidado trozos de masa en el aceite y fríalos hasta que estén ligeramente dorados. Si nota que sus galletas se deshacen en el aceite, coloque el recipiente en el refrigerador durante 10-15 minutos. Si la masa se calienta demasiado, he descubierto que tiende a desmoronarse al hornear.
5. Escurra las galletas con una espumadera después de freírlas y colóquelas en la miel. Deje reposar en la miel durante 30-45 segundos, luego desmayarse en un secador de pelo o plato.
6. Espolvorea semillas de sésamo sobre las galletas antes de que se sequen.
7. Almacenar en un recipiente hermético en el refrigerador. Las cookies se mantendrán durante 1 a 2 semanas. También puede congelarlos para una vida útil más larga.

Galletas con forma marroquí sin gluten

- Origen: marroquí / dificultad: ★★★ /5
- Tiempo total de preparación: aproximadamente 55 minutos.
- Calorías: Alrededor de 110 calorías por galleta.
- Número de porciones: aproximadamente 36 galletas.

-------------------Componente de la receta -------------------

- 3 tazas de harina sin gluten
- 3/4 taza de azúcar
- 1/2 cucharadita de sal
- 2 cucharaditas de GOMA XANTANA
- 1/2 taza de aceite vegetal

- 3 huevos
- 1 cucharada de vainilla
- 1/4 taza de leche entera
- 1/2 taza de chocolate negro o semidulce para mojar

--------------------Pasos de realización --------------------

1. En el tazón de una batidora de pie, combine 3 tazas de harina sin gluten, 3/4 taza de azúcar, 1/2 cucharadita de sal y 2 cucharaditas de GOMA XANTANA. Mezcle usando un accesorio de paleta.
2. Casca 3 huevos en un tazón y agrégalos lentamente a la harina. Agregue 1/2 taza de aceite vegetal y 1 cucharada de vainilla.
3. La mezcla de galletas debe estar desmenuzada en este punto. Añadir poco a poco la leche para homogeneizar la mezcla.
4. La masa que te quedará no debe ser líquida y debe ser lo suficientemente blanda como para pasar por una prensa para galletas.
5. Engrase una bandeja para hornear galletas o coloque una hoja de papel pergamino sobre ella. Precaliente su horno a 350F.
6. Si tiene una manga pastelera con una punta acanalada, puede llenar la bolsa y sacar las galletas, de aproximadamente 2" de largo y 1/2" de diámetro. Alternativamente, agregue la pasta a una bolsa ZIPLOC y corte una de las esquinas. A continuación, puede exprimir la pasta de la bolsa. No obtendrás un diseño bonito, pero obtendrás la forma.
7. Pochar las galletas. No se esparcen, así que puedes colocarlos un poco cerca uno del otro.
8. Hornee durante 10-12 minutos a 350F. Quieres que simplemente se vuelvan de un marrón muy claro. Tenga cuidado de no cocinarlos demasiado, de lo contrario, estarán duros como una piedra.
9. Sacar del horno y dejar enfriar.
10. Derrita el chocolate al baño maría o delicadamente en el microondas si tiene poco tiempo. Para derretir en el microondas, coloco las chispas de chocolate en un tazón y las caliento durante 30 segundos a la vez, revolviendo cada vez, hasta que el chocolate se derrita por completo.
11. Sumerja cada extremo en chocolate y colóquelo en un trozo de papel pergamino para que se endurezca.

12. *Servir con té de menta marroquí*

Tarta de frutas sin gluten

○ *Origen: marroquí / dificultad: ★★★ /5*
○ *Tiempo total de preparación: aproximadamente 2 horas y 30 minutos (incluido el tiempo de enfriamiento de la masa).*
○ *Calorías: alrededor de 400 calorías por porción (para un pastel de 8 porciones).*
○ *Número de porciones: aproximadamente 8 porciones.*

-------------------*Componente de la receta* -------------------

Masa de pastel sin gluten

* **1/2 taza de harina de arroz blanco**
* **1/2 taza de harina de sorgo**
* **1/2 taza de harina de almendras**
* **1 huevo**
* **1/2 cucharadita de sal**
* **2 cucharaditas de goma XANTANA**
* **7 cucharadas de mantequilla fría sin sal de alta calidad cortada en cubos**
* **5 cucharadas de agua fría (más si es necesario)**

Crema de limón

* **2/3 taza de jugo de limón**
* **2/3 de azúcar**
* **3 huevos + 1 yema de huevo**
* **Ralladura de 1 limón**
* **6 cucharadas de mantequilla sin sal fría**

Salsa De Fresa Y Menta

* **6-7 fresas grandes, sin cáscara**
* **3-4 manantiales de menta**
* **2 cucharaditas de azúcar**

-------------------*Pasos de realización* -------------------

hacer la masa de pastel

1. **Esta pasta debe enfriarse antes de extenderse. Hago esto primero y lo dejo enfriar durante al menos 30-60 minutos.**
2. **En una batidora de pie, combine las harinas, la goma XANTHAN y la sal. Encienda la batidora y agregue la mantequilla hasta que parezcan guijarros.**
3. **Continúe mezclando a fuego lento y agregue el huevo y deje correr agua fría. Mezcle hasta que la masa se junte.**
4. **Forma un disco, envuélvelo en plástico y guárdalo en el refrigerador.**

Preparar la salsa de fresa y menta

1. **Mezclar las fresas limpias y peladas, la menta y el azúcar en un procesador de alimentos y mezclar hasta obtener un líquido.**
2. **Puedes colar la salsa para quitarle algunas semillas.**
3. **Hacer la cuajada de limón**
4. **Necesitará toda su atención para este paso. En un tazón, bata los huevos, el azúcar, el jugo de limón y la ralladura.**
5. **Vierta en una cacerola y encienda el quemador a medio. Agregue la mantequilla y comience a revolver. Necesitas seguir revolviendo hasta que la mantequilla se derrita y la crema espese.**

Parecerá que esta etapa toma mucho tiempo, pero la transición de un líquido delgado a una consistencia espesa ocurre muy repentinamente, por lo que debe tener cuidado.

6. *Una vez que espese, retíralo del fuego y déjalo a un lado.*

Ensamblaje de pasteles

1. *Precalentar un horno a 350F*
2. *Para hacer este pastel, puedes usar un molde para pasteles o un molde para pasteles. Mantequilla y harina dependiendo de lo que esté usando antes de estirar la masa.*
3. *Saque la masa de pastel del refrigerador y desenvuélvala. Coloque una capa de envoltura de plástico encima de la masa y extiéndala. La masa debe ser un poco más grande que el molde.*
4. *Extienda la masa sobre la parte superior de la sartén y use sus dedos para presionar la masa contra la sartén, eliminando cualquier exceso de masa que cuelgue de los bordes. Pinchar la corteza con un tenedor.*
5. *Deslice la masa de pastel en el horno y hornee previamente durante 15 minutos.*
6. *Retire del horno y deje enfriar hasta la mitad.*
7. *Vierta la crema de limón en la corteza y extienda la salsa de fresa y menta sobre el limón.*
8. *Regrese al horno y termine de cocinar por 15 minutos.*
9. *Retire y deje enfriar por completo antes de servir. Es mejor cuando se sirve frío.*

Pan de higo sin gluten

○ *Origen: marroquí / dificultad: ★★ /5*

○ *Tiempo total de preparación: alrededor de 1 hora (15 minutos de preparación, 45 minutos de cocción)*

○ *Calorías por porción: aproximadamente 413 calorías (por 10 porciones)*

○ *Número de porciones: alrededor de 10 porciones*

------------------------Componente de la receta ------------------

※ *2 huevos*

※ *1 cucharadita de vainilla*

※ *2 tazas de mezcla de harina sin gluten*

※ *1/2 cucharadita de sal*

※ *1 cucharadita de bicarbonato de sodio*

※ *1/2 cucharadita de polvo de hornear*

※ *1/2 cucharadita de canela*

※ *2 tazas de calabacín rallado - Yo usé calabacín amarillo*

※ *6-8 higos de misión secos, picados*

※ *1/2 taza de azúcar moreno*

※ *1/4 taza de azúcar blanca*

※ *1/2 taza de aceite vegetal*

※ *1/4 taza de mantequilla derretida*

※ *canela extra y 3 cucharaditas de azúcar para la preparación*

----------------------Pasos de realización ------------------

1. *Precaliente el horno a 350F (180C)*
2. *En un tazón grande, combine los huevos, el azúcar moreno, el azúcar blanco, el aceite, la vainilla y la mantequilla.*
3. *Agregue el bicarbonato de sodio y el polvo de hornear, así como la sal y la canela.*
4. *Agregue la harina lentamente para evitar grumos.*
5. *Ralla los calabacines y agrégalos a la masa al final. NO retire el líquido del calabacín, solo agréguelo tal como está. También le dejo la piel al calabacín.*
6. *Puedes hornearlo en un molde para pan o en un molde para pastel de 8" (20 cm).*
7. *Vierta la mitad de la masa en la sartén (me gusta la mía con papel pergamino).*
8. *Espolvorea los higos picados en el centro del pastel, espolvoreando con canela y azúcar. Agregue la masa restante en la parte superior.*
9. *Hornea durante unos 45 minutos hasta que al pinchar con un palillo salga limpio. Deberá ajustar el tiempo de horneado si está usando un molde para pasteles o pan. El pan tardará más en hornearse.*

Limón sin gluten GHORYIBA

- ○ *Origen: marroquí / dificultad:* ★★★ */5*
- ○ *Tiempo total de preparación: unos 45 minutos*
- ○ *Calorías por ración: unas 150 calorías (para 20 galletas)*
- ○ *Número de porciones: unas 20 galletas*

------------------*Componente de la receta* ------------------

- ❋ *2 tazas de harina de almendras*
- ❋ *1/2 taza de azúcar granulada*
- ❋ *1 cucharadita de polvo de hornear*
- ❋ *3 cucharadas de líquido de limón confitado (si no tienes, la ralladura de 1 limón servirá)*

- ❋ *4 cucharadas de mantequilla a temperatura ambiente*
- ❋ *1 cucharadita de extracto de vainilla*
- ❋ *4 yemas de huevo*
- ❋ *Almendras enteras blanqueadas para decorar galletas*
- ❋ *azúcar glass para cubrir las galletas*

--------------------*Pasos de realización* --------------------

1. *Precaliente su horno a 350F.*
2. *En un tazón grande, combine la harina de almendras, el azúcar granulada y el polvo de hornear.*
3. *Agregue el jugo de limón confitado (o la ralladura de limón), el extracto de vainilla y las yemas de huevo a los ingredientes secos.*
4. *Rompa la mantequilla con las manos o con un cortador de masa y comience a trabajar en la masa.*
5. *Usando las manos o una batidora de repostería, mezcle todos los ingredientes hasta que todo esté combinado, la masa quedará ligeramente pegajosa.*
6. *Bolas pequeñas con las manos, de aproximadamente 1" de diámetro.*
7. *Cubra las bolas con azúcar en polvo y colóquelas en una bandeja para hornear galletas o en un plato.*
8. *Refrigere las galletas durante 30 minutos o colóquelas en el congelador durante 10 minutos.*
9. *Coloque las galletas en una bandeja para hornear y presione suavemente una almendra encima de cada una. No aplastes las galletas, tomarán forma de forma natural.*
10. *Hornear durante 10 a 12 minutos. Las galletas aún deben ser de color claro.*
11. *Deje en la bandeja para hornear durante 5-10 minutos para permitir que las galletas terminen de fraguar, luego transfiéralas a una rejilla para enfriar.*
12. *Cuando las galletas estén completamente frías, transfiéralas a un recipiente hermético. Las galletas se pueden almacenar en el mostrador durante 1-2 semanas o en el congelador hasta por 3 meses. Para servir, retírelo del congelador y deje que se caliente antes de servir.*

❖ **La masa para estas galletas DEBE refrigerarse o congelarse antes de hornearse para evitar que se derrita.**

Galletas marroquíes en forma de bolsa

○ *Origen: marroquí / dificultad: ★★★★★ /5*
○ *Tiempo de preparación: unos 45 minutos*
○ *Calorías: alrededor de 100 calorías por porción*
○ *Número de porciones: unas 30 galletas*

---------------------Componente de la receta --------------------

Para la masa Ka'ab Gazelle

❋ *2 tazones de harina*

❋ *1 huevo*

❋ *1 taza de té de aceite vegetal*

❋ *2 cucharadas de azúcar en polvo*

❋ *1 cucharadita de mantequilla blanda*

❋ *1/2 taza de té de agua de azahar*

----------------------------------Instrucciones---------------------- --
---

Para pastelería Ka'ab Gazelle

1. *Comience mezclando la harina, el azúcar en polvo en un bol con la mantequilla blanda y los huevos. Usa tus manos para mezclar todo junto. Vierta lentamente el aceite mientras continúa mezclando todo. Una vez incorporada, la masa apenas se mantiene unida cuando se presiona. Añadir muy lentamente el agua de azahar mientras se amasa. La masa final debe ser suave y elástica, algo similar a la masa de pasta.*

----------------------------------Relleno---------------------- ----

Para Ka'ab Gacela

1. *(¡Los ingredientes aquí eran un poco más específicos!)*
2. *1 kg de harina de almendras*
3. *150g de mantequilla*
4. *250 g de azúcar en polvo*
5. *1 cucharadita de canela*
6. *pizca de nuez moscada rallada*
7. *1/2 cucharadita de agua de azahar*
8. *Mezcle todos los ingredientes para formar una pasta que se pegue cuando se presiona.*
9. *Antes de darle forma a la masa, también necesitarás romper un huevo para que sirva como glaseado.*
10. *Para comenzar, querrá pasar una pequeña cantidad de masa de hojaldre a través de la máquina para hacer pasta varias veces para que quede lo más delgada posible sin romperla. Es posible que deba experimentar varias veces para encontrar el equilibrio adecuado. El*

siguiente paso es cortar un cuadrado de aproximadamente 1 1/2" por 1 1/2" con el cortador de masa acanalado. El tamaño del cuadrado realmente no importa, solo trate de ser consistente; recuerde que estas galletas deben comerse en 1-2 bocados.

11. Haga rodar una bola de relleno para que quepa en el medio del cuadrado dejando 1/2" alrededor de los bordes libres.

12. Levanta los bordes que están uno frente al otro, colocando un poco de papel de aluminio dorado en las esquinas interiores para sellarlos. Tire de las esquinas opuestas y haga lo mismo. Pellizque los bordes hacia afuera, se verá como el interior de una costura en su ropa. Presiona suavemente la masa para que forme un triángulo. Si los bordes no se sostienen, puede usar un poco de leche de huevo adicional en el interior para sellar las costuras.

13. Si los hiciste con la gacela ka'ab, puedes cocinarlos juntos. Coloque las galletas en una bandeja para hornear engrasada y póngalas en un horno a 350F/175C durante 10-12 minutos. Las galletas tendrán un color marrón muy claro cuando estén completamente horneadas. No deben quedar crujientes.

14. Cuando todas las galletas estén horneadas, ¡por supuesto, debería disfrutarlas con vasos de té de menta marroquí ! Bsha! (¡para tu salud!)

Pastel de harina de almendras sin gluten

- ○ *Origen: marroquí / dificultad: ★★★ /5*
- ○ *Tiempo de preparación: alrededor de 1 hora*
- ○ *Calorías: alrededor de 176 calorías por porción*
- ○ *Número de porciones: unas 20 galletas*

-------------------Componente de la receta -------------------

ingredientes de la torta

- 2/3 taza de harina de arroz blanco endulzada
- 1/4 taza de harina de almendras
- 1 taza de harina de sorgo
- 1/4 taza de harina de coco
- 1 cucharadita de bicarbonato de sodio
- 1 1/2 cucharadita de polvo de hornear
- 1 cucharadita de sal
- 2/3 taza de mantequilla
- 1 1/2 tazas de azúcar morena bien compactada
- 2 cucharaditas de extracto de vainilla
- 3 huevos batidos
- 3/4 taza de suero de leche
- 3/4 taza de agua hirviendo
- 3 cuadrados (3 oz) de chocolate sin azúcar

Ingredientes de relleno

- 1/2 taza de azúcar
- 3 cucharadas de maicena
- 1/4 cucharadita de sal
- 2 yemas de huevo
- 2 tazas de leche, escaldada
- 2 cucharadas de mantequilla
- 1 cucharadita de vainilla

Ingredientes de glaseado

- 2 tazas de azúcar
- 3 cucharadas de jarabe de maíz
- 3 cuadrados de chocolate sin azúcar
- 1/2 taza de leche
- 1 cucharadita de extracto de vainilla
- 2 cucharadas de mantequilla

-------------------Pasos de realización -------------------

preparación del pastel

1. Precaliente su horno a 350F.
2. En un tazón pequeño, combine el agua y el chocolate, revuelva hasta que espese y reserve.
3. En otro recipiente, tamiza todas las harinas, el bicarbonato de sodio, el polvo de hornear y la sal.
4. En una batidora de pie, mezcle la mantequilla, el azúcar y la vainilla hasta que quede cremoso y suave.
5. Agregue los huevos y continúe batiendo hasta que quede esponjoso.

6. Agregue gradualmente el chocolate derretido, revolviendo para combinar bien.
7. **Luego agregue** los ingredientes tamizados **y el suero de leche. Alterne entre agregar una porción de cada uno y licuar después de agregar cada elemento.**
8. Rocíe dos moldes redondos de 8" con aceite en aerosol o mantequilla y espolvoree cada uno con harina.
9. Vierta cantidades iguales en cada molde.
10. Hornear durante 35-40 minutos.

Hacer el relleno de crema

1. Hervir la leche antes de poner todos los ingredientes juntos.
2. Mezclar bien el azúcar, la maicena y la sal.
3. Añadir las yemas de huevo y batir bien.
4. Agregue un poco de leche (todavía estará caliente) lentamente, revuelva y luego transfiera la mezcla de azúcar y huevo a la leche restante.
5. Batir, batir. ¡látigo!
6. Vierta la mezcla en una cacerola, ponga la estufa a fuego medio y bata continuamente.
7. La mezcla se espesará.
8. Agregue la mantequilla, deje enfriar y luego incorpore la vainilla.
9. Enfriar la nata antes de añadirla a la tarta.

Glaseado de dulce de chocolate

1. Cocine el azúcar, el jarabe de maíz, el chocolate y la leche, revolviendo constantemente, hasta que llegue a 232F o una pequeña cantidad de jarabe forme una bola muy suave cuando se deja caer en agua fría.
2. Retire del fuego, agregue la vainilla y la mantequilla.
3. Frío a tibio.
4. Bate con una batidora de pie o una licuadora hasta que quede cremoso.

Montaje del pastel

1. Una vez enfriado, corte cada una de las rondas de pastel por la mitad horizontalmente.
2. Coloque un círculo en el fondo de un plato de pastel grande.
3. Adorne con 1/3 del relleno de crema.
4. Añade la siguiente ronda encima de la primera.
5. Continúe hasta que el pastel esté ensamblado.
6. Cubre la parte superior y los lados del pastel con glaseado de dulce de azúcar.
7. Servir en rebanadas pequeñas. Esta torta es muy rica y con un poco se rinde mucho.
8. Almacenar en un recipiente hermético en el refrigerador.
9. Adorne con 1/3 del relleno de crema.
10. Añade la siguiente ronda encima de la primera.
11. Continúe hasta que el pastel esté ensamblado.
12. Cubre la parte superior y los lados del pastel con glaseado de dulce de azúcar.
13. Servir en rebanadas pequeñas. Esta torta es muy rica y con un poco se rinde mucho.
14. Almacenar en un recipiente hermético en el refrigerador.

GHORIYBA Sésamo sin gluten

- ⏱ *Origen: marroquí / dificultad: ★★★ /5*
- ⏱ *Tiempo total de preparación: alrededor de 1 hora*
- ⏱ *Calorías: 1 ración (unos 20 g) contiene unas 167 calorías*
- ⏱ *Número de porciones: unas 30 galletas*

---------------------*Componente de la receta* -------------------

- 🌾 *2 tazas de almendras molidas*
- 🌾 *1 cucharadita de jengibre fresco rallado*
- 🌾 *pizca de sal*
- 🌾 *1/2 taza de azúcar granulada*
- 🌾 *2 cucharadas de semillas de sésamo tostadas + extra para rebozar*
- 🌾 *1 cucharadita de polvo de hornear*
- 🌾 *4 yemas de huevo*
- 🌾 *4 cucharadas de mantequilla*

--------------------*Pasos de realización* --------------------

1. *Precaliente su horno a 350F.*
2. *En un procesador de alimentos, triture las almendras hasta que estén casi en polvo.*
3. *En un tazón grande, combine la harina de almendras, el azúcar granulada, la sal y el polvo para hornear.*
4. *Agregue el jengibre rallado, las semillas de sésamo y las yemas de huevo a los ingredientes secos.*
5. *Rompa la mantequilla con las manos o con un cortador de masa y comience a trabajar en la masa.*
6. *Usando sus manos o una batidora de repostería, mezcle todos los ingredientes hasta que se combinen, la masa estará ligeramente pegajosa.*
7. *Forme pequeñas bolas con las manos, de aproximadamente 1 "de diámetro.*
8. *Pasar las bolas por las semillas de sésamo.*
9. *Coloque las bolas en una bandeja para hornear galletas o en un plato.*
10. *Refrigere las galletas durante 30 minutos o colóquelas en el congelador durante 15 minutos.*
11. *Cubra una bandeja para hornear con papel pergamino o una hoja de SILPAT.*
12. *Coloca las galletas en una bandeja para hornear. No aplastes las galletas, tomarán forma de forma natural.*
13. *Hornear durante 10 a 12 minutos.*
14. *Las galletas aún deben ser de color claro.*
15. *Deje en la bandeja para hornear durante 5-10 minutos para permitir que las galletas terminen de fraguar, luego transfiéralas a una rejilla para enfriar.*

16. Cuando las galletas estén completamente frías, transfiéralas a un recipiente hermético. Las galletas se pueden almacenar en el mostrador durante 1-2 semanas o en el congelador hasta por 3 meses.

17. Para servir, retírelo del congelador y deje que se caliente antes de servir.

-----------------------------*Observó* -----------------------

Es muy importante refrigerar o congelar la masa antes de hornear. Si no lo hace, las galletas se derretirán al hornearlas.

GHORIYBA pistacho sin gluten

- Origen: marroquí / dificultad: ★★★ /5
- Tiempo total de preparación: alrededor de 1 hora
- Calorías: 1 ración (unos 20 g) contiene unas 98 calorías
- Número de porciones: unas 30 galletas

----------------------Componente de la receta ----------------------

- 2 tazas de pistachos
- 1/2 taza de azúcar granulada
- 2 cucharaditas de agua de rosas
- 4 yemas de huevo
- 1 cucharadita de polvo de hornear

- 4 cucharadas de mantequilla
- azúcar en polvo para espolvorear
- pistachos enteros para decorar galletas
- papel pergamino o SILPAT

----------------------Pasos de realización ----------------------

1. Precaliente su horno a 350F.
2. En un procesador de alimentos, triture los pistachos hasta que estén casi en polvo.
3. En un tazón grande, combine la harina de pistacho, el azúcar granulada y el polvo de hornear.
4. Agregue agua de rosas y yemas de huevo a los ingredientes secos.
5. Rompa la mantequilla con las manos o con un cortador de masa y comience a trabajar en la masa.
6. Usando sus manos o una batidora de repostería, mezcle todos los ingredientes hasta que se combinen, la masa estará ligeramente pegajosa.
7. Bolas pequeñas con las manos, de aproximadamente 1" de diámetro.
8. Cubra una bandeja para hornear con papel pergamino o una hoja de SILPAT.
9. Cubra las bolas con azúcar en polvo y colóquelas en una bandeja para hornear galletas o en un plato.
10. Refrigere las galletas durante 30 minutos o colóquelas en el congelador durante 10 minutos.
11. Coloque las galletas en una bandeja para hornear y presione suavemente un pistacho encima de cada una. No aplastes las galletas, tomarán forma de forma natural.
12. Hornear durante 10 a 12 minutos. Las galletas aún deben ser de color claro.
13. Deje en la bandeja para hornear durante 5-10 minutos para permitir que las galletas terminen de fraguar, luego transfiéralas a una rejilla para enfriar.
14. Cuando las galletas estén completamente frías, transfiéralas a un recipiente hermético.
15. Las galletas se pueden almacenar en el mostrador durante 1-2 semanas o en el congelador hasta por 3 meses. Para servir, retírelo del congelador y deje que se caliente antes de servir.

----------------------------------*Observó* ----------------------------

Es muy importante refrigerar o congelar la masa antes de hornear. Si no lo hace, las galletas se derretirán y no mantendrán su forma.

-4- Galletas marroquíes hechas con almendras

MHNCHA Marroquíes con harina de almendras

- Origen: marroquí / dificultad: ★★★ /5
- Tiempo de preparación: unas 2 horas
- Calorías (por galleta): alrededor de 213 calorías
- Número de porciones: unas 50 galletas

------------------Componente de la receta -----------------

- 1 kg de harina de almendras
- 150g de mantequilla
- 250 g de azúcar en polvo
- 1 cucharadita de canela

- pizca de nuez moscada rallada
- 1/2 cucharadita de agua de azahar
- 1 paquete de masa FILO
- 1 huevo (laca de huevo)

------------------Pasos de realización -----------------

1. Mezclar todos los ingredientes (excepto la masa FILO) y formar una masa. No debe desmoronarse. Si es así, agregue más mantequilla para mantenerlo unido.
2. Dobla una lámina de WARKA (masa muy fina en grosor) o FILO por la mitad y córtala en tiras de unas 2 pulgadas de ancho. Tendrás que moverte muy rápido una vez que empieces a hacer las galletas, así que no cortes toda la masa de una sola vez. Corta las hojas sobre la marcha para que no se sequen.
3. Para las galletas, una tira de masa debería ser suficiente. Enrolle un tubo de pasta de relleno para que sea un poco más pequeño que el WARKA . Debe tener espacio en los extremos de la galleta para poder sellarla correctamente. Comience colocando el tubo de relleno en la parte inferior del rectángulo WAARKA y envuelva firmemente (pero con cuidado) el relleno en el WAARKA . No lo aprietes tan fuerte que se rompa el WAKA . Si es así, deseche el WARKA y comience de nuevo.
4. Puedes ver en esta foto que las galletas están bien envueltas, pero todavía hay un pequeño margen de maniobra. Una vez hecho esto, es hora de crear la forma. Comience con el extremo que tiene menos WAKA sobresaliendo del borde y dóblelo. Continúe enrollando para formar una bobina.
5. Este paso también debe hacerse estrictamente pero con cuidado. El exterior no debe crujir. Si es así, empieza de nuevo. Al llegar al final, toma la cola de WARKA y pinta la galleta con un huevo batido para sellar. Colocar en una fuente para horno y terminar el resto de las galletas.
6. Precaliente el horno a 400F. Cepille todas las galletas con un huevo batido y hornee hasta que estén doradas por encima, aproximadamente 8-10 minutos. La MHNCHA se puede espolvorear con azúcar glass y almendras trituradas o glasearse con una fina capa de miel.
7. Son deliciosos recién salidos del horno pero también buenos a temperatura ambiente. ¡Bss'ha!

Tarta De Chocolate Con Almendras

- Origen: marroquí / dificultad: ★★★★ /5
- Tiempo de preparación: 45 minutos (15 min preparación, 30 min enfriamiento)
- Número de porciones: 4
- Calorías por porción: aproximadamente 810 calorías

-----------------Componente de la receta -----------------

- Cacao en polvo, para los moldes
- 100 g de mantequilla sin sal + 20 g de mantequilla sin sal, a temperatura ambiente para los moldes
- 200 g de chocolate negro, picado
- 100 g de azúcar en polvo
- 4 huevos
- 50 g de harina común
- Relleno
- 100 g de mantequilla de almendras
- 4 cucharadas de nata líquida
- 2 cucharadas de azúcar en polvo
- 2 cucharaditas de agua de azahar

-----------------Pasos de realización -----------------

1. Precalentar el horno a 200 C (390 F)
2. Untar con mantequilla el interior de 4 moldes de dariole (150 ml) y tamizar el cacao en polvo dentro de los moldes. Agite los moldes para asegurarse de que su interior esté espolvoreado con cacao en polvo; esto ayudará a quitar los pasteles una vez que estén horneados. Coloque en el refrigerador.
3. En un recipiente apto para microondas, coloque el chocolate y la mantequilla, deteniendo y revolviendo a intervalos de 15 segundos en el microondas, hasta que quede suave. Dejar reposar unos minutos.
4. En un tazón grande, bata los huevos y el azúcar hasta que quede suave. No tienes que usar una batidora eléctrica, pero puedes hacerlo si quieres. Agregue la mezcla de chocolate y mantequilla derretida a la mezcla de huevo y azúcar. Revuelva con una cuchara grande hasta que quede suave. Finalmente, agregue suavemente la harina, asegurándose de que esté bien mezclada.
5. Coloque la masa para pastel en el refrigerador durante al menos 30 minutos o hasta 24 horas.
6. Mezcle todos los ingredientes del relleno hasta que estén bien combinados y suaves. Si prepara el relleno con anticipación, colóquelo en el refrigerador.
7. Verter la masa en los moldes de dariole hasta que llegue a poco más de 1/3 del molde.
8. Coloca una cucharada de mantequilla de almendras en el centro de cada molde. Presione suavemente la mantequilla de almendras para asegurarse de que no toque los lados de la sartén y permanezca en el centro.
9. Divide y vierte el resto de la masa entre cada molde. Los pasteles derretidos generalmente se hinchan durante el horneado, así que asegúrese de dejar 1 cm vacío desde la parte superior de los moldes.
10. Hornee durante 11 a 14 minutos, hasta que la parte superior de los pasteles esté esponjosa. Cuando estén listas, sácalas del horno y déjalas enfriar por uno o dos minutos. Desmolda los bizcochos dándoles la vuelta en un plato. Servir inmediatamente.

--*Observó* ----------------------------

- *La razón por la que mantenemos la masa en el refrigerador es para asegurarnos de que el relleno de almendras permanezca en el centro. Si ambos están a temperatura ambiente, la mantequilla de almendras podría fusionarse con la masa del pastel mientras se hornea y es posible que no termines con un centro derretido.*
- *Usé moldes dariole de 150ml.*
- *•Para hacer un pastel de chocolate derretido clásico (sin relleno, solo chocolate derretido en el centro), sigue los pasos, ignorando el relleno de almendras y el hecho de que debes guardar la masa en el refrigerador antes de hornear el pastel. Hornee durante 8 a 10 minutos si no pone la masa en el refrigerador.*
- *Para una versión sin gluten, sustituya la harina por almendras molidas,*

Galletas suaves marroquíes con membrillos y almendras

○ *Origen: marroquí / dificultad: ★★★/5*
○ *Tiempo de preparación: 1 hora*
○ *Número de porciones: unas 20 galletas*
○ *Calorías por porción: aproximadamente 187 calorías*

------------------------------*Componente de la receta* ------------------

- **3 huevos**
- **1/2 taza de aceite vegetal**
- **1/2 taza de mantequilla derretida**
- **1 taza de azúcar granulada**
- **1 cucharadita de vainilla**
- **3 tazas de harina (aproximadamente)**

- **2 cucharaditas de levadura**
- **2 1/2 tazas/625 g mermelada de membrillo**
- **1 cucharada de agua**
- **1 taza de almendras finamente trituradas**

------------------------*Pasos de realización* ---------------------

Precaliente su horno a 350F

Cubra 2 bandejas para hornear con papel pergamino.

En un tazón grande, mezcle los huevos, el aceite, el azúcar y la vainilla hasta que quede suave y espeso. Agregue la harina, el polvo de hornear y la sal y revuelva o mezcle con la mano el tiempo suficiente para formar una masa suave a la que se le pueda dar forma de bolas.

Si siente que la masa es demasiado suave y pegajosa, agregue un poco más de harina, pero no mezcle demasiado, quiere que la masa permanezca suave.

Puedes moldear la masa en bolas del tamaño que quieras. Elija un tamaño de cereza para galletas pequeñas de sándwich o un tamaño de nuez para galletas individuales grandes. Colóquelos en la bandeja para hornear, dejando aproximadamente una pulgada de espacio.

Hornee las galletas en lotes en el medio del horno precalentado durante 10-12 minutos o hasta que estén ligeramente doradas. Retire a una rejilla para que se enfríe brevemente, unos 5 minutos antes de decorar.

GLASEANDO LAS GALLETAS

Mientras se hornea la primera tanda de galletas, puedes preparar el glaseado.

Transferir las almendras trituradas a un plato.

Si tu mermelada de membrillo contiene trozos de fruta, tienes dos opciones. Lo primero es dejarlo como está, pero diluirlo. La otra es mezclarlo hasta obtener una consistencia suave.

Poner la mermelada de membrillo en un cazo pequeño y añadir un poco de agua para diluirla. Calentar a fuego medio durante unos minutos y ya está listo para usar.

Para la decoración, tienes dos opciones. 1) Galletas de sándwich. Sumerja la parte inferior de las galletas en el glaseado y luego en las almendras trituradas y cúbralas. 2) Galletas rellenas. Coloca una cucharadita de mermelada encima de las galletas y espolvorea con las almendras.

BRYOUATE con aceite de coco

- ○ *Origen: marroquí / dificultad:* ★★★★★ */5*
- ○ *Tiempo de preparación: alrededor de 1 hora*
- ○ *Calorías (por porción de 50 g): 209 calorías*
- ○ *Número de porciones: 25*

------------------*Componente de la receta* ------------------

- 🍥 *300 g de almendras blanqueadas*
- 🍥 *80 g de azúcar en polvo*
- 🍥 *2 cucharadas de aceite de oliva*
- 🍥 *3 cucharadas de agua de azahar, divididas*
- 🍥 *1 cucharadita de canela*
- 🍥 *1 cucharadita de sal*
- 🍥 *20 g de aceite de coco, sólido (ver notas para mantequilla)*
- 🍥 *20 g de aceite de coco, derretido (ver notas para mantequilla)*
- 🍥 *200 g de masa FILO*
- 🍥 *300 g de miel*
- 🍥 *Nueces molidas o frutas secas picadas para decorar*

------------------*Pasos de realización* ------------------

1. *Precalentar el horno a 160 C (320 F).*
2. *Coloque las almendras blanqueadas en una fuente para horno y rocíe con 2 cucharadas de aceite de oliva. Hornea hasta que esté ligeramente dorado, unos 20 min. Remueve bien las almendras a mitad de la cocción.*
3. *Una vez que las almendras estén lo suficientemente frías para manipularlas, transfiéralas a un molinillo de nueces o procesador de alimentos y agregue el azúcar en polvo, 2 cucharadas de agua de azahar, canela y sal. Mezclar hasta que todas las almendras estén finamente trituradas.*
4. *Precalentar el horno a 180 C (350 F).*
5. *Transfiera la mezcla de almendras a un tazón y agregue 20 g de aceite de coco sólido. Mezclar hasta que se integren los ingredientes y amasar hasta obtener una masa sólida.*
6. *Desenrollar la masa FILO y cortar la masa a lo largo en rectángulos de 6 cm de ancho y 30 cm de largo. Use un cuchillo afilado para cortar la masa y mantenga los rectángulos FILO cubiertos con una toalla húmeda hasta que esté listo para usar para evitar que se sequen.*
7. *Sobre una superficie de trabajo, coloca un rectángulo de FILO y úntalo con aceite de coco. Cubra la esquina del rectángulo con una cucharada de mazapán y doble para formar un triángulo, hacia la derecha y hacia la izquierda, hasta que se forme un triángulo. Repita hasta que toda la pasta de almendras se haya agotado. Cepille con aceite de coco derretido y coloque en el horno para hornear de 10 a 12 minutos hasta que estén doradas.*
8. *Mientras tanto calentar la miel con 1 cucharada de agua de azahar. Evita que se queme controlando el calor (una vez que la miel esté espumosa, debes reducir el calor). Una vez que los BRIOUATES estén cocidos y dorados, pasarlos inmediatamente a la miel hirviendo y*

dejar los hojaldres en remojo de 2 a 3 minutos (darles la vuelta si es necesario). Con una espumadera, transfiera LE BRIOUATE a un plato y déjelo enfriar antes de servir. Decorar con nueces molidas y/o frutos secos troceados.

---Observó ----------------------------------- -----

- Para usar mantequilla en lugar de aceite de coco, use las mismas cantidades y reemplace el aceite de coco sólido con mantequilla blanda y mantequilla derretida en lugar de aceite de coco derretido.
- Debería poder cerrar la masa con el aceite de coco (o mantequilla) untado sobre la masa FILO, sin embargo, si tiene problemas para hacerlo, use una yema de huevo.

paletas de almendras

- *Origen: marroquí / dificultad: ★★★★★ /5*
- *Tiempo de preparación: unos 15 minutos*
- *Calorías (por porción de 100 g): 234 calorías*
- *Número de porciones: 6*

Componente de la receta

- **200 g de mantequilla de almendras crujiente**
- **250 g de yogur griego**
- **120 ml de leche de almendras**
- **100g miel clara**
- **½ cucharadita de agua de rosas**
- **¼ de cucharadita de extracto de almendras**

Guarnición opcional
- **Chocolate negro derretido y pétalos de rosa secos**

Pasos de realización

1. En una licuadora, transfiera la mantequilla de almendras, el yogur, la leche de almendras, la miel, el agua de rosas y el extracto de almendras. Licúa hasta que quede suave y sin grumos.
2. Llene cada molde de POPSICLE hasta un tercio de la altura. Transfiera una cucharada de mermelada de fresa en cada molde. Usando un cuchillo o un palillo, agite los líquidos en cada molde para lograr un efecto de remolino.
3. Congelar durante al menos 6 horas. Para servir, coloque cada molde de POPSICLE bajo agua caliente y retire con cuidado la paleta del molde. Con un tenedor, rocíe chocolate negro derretido sobre cada paleta y adorne con pétalos de rosa secos. (opcional)

Observó

- Instrucciones para derretir chocolate. Picar el chocolate. Coloque el chocolate y unas gotas de agua en un recipiente apto para microondas, detenga y revuelva en intervalos de 15 segundos hasta que quede suave y cremoso.

Pastel De Almendras En Capas

- ○ *Origen: marroquí / dificultad: ★★★ /5*
- ○ *Tiempo total de preparación: aproximadamente 1 hora y 30 minutos*
- ○ *Número de porciones: 8*
- ○ *Calorías por ración: unas 745 Kcals*

------------------Componente de la receta ------------------

Hace una capa de 20 cm (8 pulgadas) de pastel de 3 capas

Pastel

- 250 g de harina normal
- 200 g de almendras molidas
- 120 g de azúcar en polvo
- 1 ½ cucharadita de bicarbonato de sodio
- 1 vaina de vainilla, raspada
- Pizca de sal
- 150 g de mantequilla derretida
- 150 g de miel
- 1 cucharada de extracto de vainilla
- 4 yemas de huevo
- 6 claras de huevo

Formación de hielo

- 250 g de mantequilla sin sal, blanda
- 320 g de azúcar glas tamizada
- 80 g de miel
- 1 cucharadita de extracto de vainilla
- 1 vaina de vainilla, raspada

Relleno

- 180 g de glaseado (1 taza)
- 140 g AMLOU (1 taza)
- Decoración (opcional)
- Espárragos

----------------------Pasos de realización ------------------

Pastel

1. Precalentar el horno a 180 C (350 F).
2. Engrase tres moldes para pasteles de 20 cm (8 pulgadas) y cubra el fondo con papel pergamino. En un tazón grande, combine la harina, las almendras molidas, el azúcar, el bicarbonato de sodio, las vainas de vainilla y la sal.
3. En otro tazón, combine la mantequilla derretida, la miel, el extracto de vainilla y las yemas de huevo. Revuelva los ingredientes hasta que estén suaves, usando un tenedor si lo desea. Vierta la mezcla húmeda en la mezcla seca y revuelva para combinar, asegurándose de que todos los ingredientes secos estén ahora húmedos.
4. En un tazón grande, use una batidora eléctrica para batir las claras de huevo hasta que estén rígidas. Usando una cuchara grande de metal, inserte suave y lentamente las claras de huevo batidas en la masa del pastel.
5. Divida la mezcla para pastel en tres partes iguales (puede usar una balanza para obtener un resultado más preciso) y extienda cada tercio en los moldes para pastel engrasados y hornee durante 20 a 22 minutos. Hasta que el bizcocho quede dorado y esponjoso al alcance de la mano y al introducirlo en el centro del bizcocho, un palillo salga limpio.
6. Espere hasta que los pasteles se hayan enfriado antes de invertirlos en una rejilla de alambre.

Formación de hielo

1. En un tazón grande, con una batidora eléctrica (o una batidora de pie equipada con un accesorio de paleta), bata lentamente la mantequilla y agregue gradualmente el azúcar, luego agregue la miel, las vainas de vainilla y el extracto de vainilla hasta que quede suave y espumoso.

Relleno.

2. En un tazón mediano, combine 1 taza de AMLOU y 1 taza de glaseado hasta que quede suave.

Asamblea

3. Una vez que los pasteles se hayan enfriado por completo, puede comenzar a armar. Extienda la mitad del relleno AMLOU en uno de los pasteles (transferir el relleno a una manga pastelera facilitará este proceso). Apila otro pastel encima del primero y extiende el resto del relleno en la segunda capa. Apila el tercer pastel encima del segundo y extiende el glaseado restante por todo el pastel. Decore con chispas si lo desea, sirva a temperatura ambiente.

Capítulo IV: Las recetas más

famosas de Marruecos

MARISCOS BESTILLA

- ○ Origen marroquí-español / dificultad: ★★★★★ /5
- ○ TIEMPO DE PREPARACIÓN: 1h30 TIEMPO DE COCCIÓN: 45 minutos
- ○ TIEMPO TOTAL: 2h15
- ○ Calorías: 398Kcals

------------------Componente de la receta ------------------

Marisco :

- 900 g de gambas medianas frescas, con cáscara (o 450 g de gambas peladas)
- 450 g de calamares frescos, limpios y cortados en aros o tiras, y tentáculos picados en trozos grandes
- 450 g de pez espada u otro pescado firme, cortado en filetes o bistecs
- 3 cucharadas de mantequilla, dividida
- Sal y pimienta

Salsa de tomate :

- 2 tomates maduros grandes, sin semillas y rallados
- 3 dientes de ajo grandes, prensados

- 1 puñado grande de perejil fresco, finamente picado
- 2 cucharadas de aceite de oliva o aceite vegetal
- 1 cucharadita de sal
- 1 cucharadita de pimienta

Guarnición de fideos:

- 170-200 g de fideos chinos (hilo de frijol o fideos de arroz)
- 1 puñado grande de champiñones negros secos (setas de oreja)
- 1 cucharada de salsa picante, o al gusto
- 1 cucharada de salsa de soya, o al gusto

----------------------Pasos de realización ------------------

1. En una sartén, derrita 2 cucharadas de mantequilla a fuego medio-alto. Agregue las gambas y los calamares y saltee durante 2-3 minutos hasta que estén ligeramente dorados. Retire de la sartén y reserve.
2. Agregue el resto de la mantequilla a la sartén. Cocine el pescado de 2 a 3 minutos por cada lado o hasta que esté bien dorado. Retire de la sartén y reserve con los mariscos.
3. En una cacerola mediana, caliente el aceite de oliva o el aceite vegetal a fuego medio. Agregue los tomates, el ajo, el perejil, la sal y la pimienta y cocine a fuego lento durante 15-20 minutos hasta que la salsa espese.

4. En otro recipiente, remoja los champiñones negros en agua caliente durante 10-15 minutos hasta que estén tiernos. Escurrir y picar finamente.

5. Cocine los fideos de acuerdo con las instrucciones del paquete. Agregue los champiñones negros picados, la salsa picante y la salsa de soya y mezcle.

6. Precaliente el horno a 375°F (190°C). En una fuente para horno, colocar una placa de hojaldre y pincelar con mantequilla derretida. Repetir la operación con el resto de hojas hasta agotar todas.

7. En el plato colocar una capa de marisco, una capa de pescado y una capa de fideos. Repita hasta que se usen todos los ingredientes. Dobla los bordes de las láminas de masa sobre el relleno para formar un paquete.

8. Cepille la superficie del paquete con mantequilla derretida y hornee durante 25 a 30 minutos o hasta que la superficie esté dorada y crujiente.

9. Sirva caliente en rodajas, acompañado de una ensalada verde o salsa de tomate adicional. Buen provecho !

HARISSA

🕐 *Origen: marroquí / dificultad:* ★★★ /5
🕐 *TIEMPO TOTAL: 1 hora 30 minutos*
🕐 *Calorías: 700 Kcals receta entera*

-------------------Componente de la receta -------------------

 280 g de chiles rojos secos

 3 cabezas de dientes de ajo, pelados

 15g de sal

 60 ml de aceite de oliva

 15 g de semillas de comino (opcional)

 15 g de semillas de alcaravea (opcional)

 15 g de pimentón (opcional)

INSTRUCCIONES

1. *Use guantes de plástico o látex cuando manipule los pimientos. Corta el extremo superior de cada chile seco, agítalo boca abajo y raspa las semillas. Deséchelos y deje los pimientos en remojo en agua caliente durante 30-60 minutos.*
2. *Escurra los chiles y tritúrelos en un procesador de alimentos o en una picadora de carne (o en un mortero). Agregue sal, aceite y todas las demás especias utilizadas.*
3. *OPCIONAL: Transfiera la mezcla a una sartén y saltee a fuego medio durante unos minutos hasta que se convierta en una pasta espesa y oscura. Continúe revolviendo. Este paso es complicado porque el calor puede causar estornudos.*
4. *Pasar la HARISSA a tarros y cubrir con aceite de oliva. Guárdelo en un lugar oscuro, preferiblemente en el refrigerador, donde se mantendrá de 2 a 4 semanas, o en el congelador para un almacenamiento más prolongado.*

------------------------Observó ------------------------

❖ *Esta harissa se puede aromatizar con semillas de cilantro y/o comino. Puede omitir el ajo y los limones confitados si lo desea.*

TANJIA MARRAQUIA

🕐 *Origen: marroquí / dificultad: ★★★★★ /5*
🕐 *Tiempo total de preparación: 2 horas y 40 minutos*
🕐 *Calorías: 389 Kcal por ración*
🕐 *Número de porciones: 6*

------------------*Componente de la receta* ------------------

 4 piezas de pierna de ternera

 1 pizca de RAS Y HANOUT

 1 cucharadita de comino molido

 4 a 6 hebras de azafrán

 6 dientes de ajo

 un poco de mantequilla SMEN

 aceite de oliva

 2 limones confitados pequeños

 15cl de agua

 un poco de sal

 aceite comestible (girasol o maní)

------------------*Pasos de realización* ------------------

1. **Poner los 4 trozos de pierna en el TANJIA, añadir un poco de sal, el (RASS EL HANOUT), el comino, el azafrán, la mantequilla SMEN, los ajos desgerminados cortados en 2, la piel de 2 limones confitados pequeños, un poco de aceite de oliva y agua .**
2. **Agite el frasco para mezclar las especias y ciérrelo con papel kraft y alambre de hierro, haga unos agujeros en el papel.**
3. **cocinar en las cenizas durante 2 horas.**
4. **¡Simplemente sirva con pan!**

Sardina Frita

- ○ *Origen: marroquí / dificultad: ★★ /5*
- ○ *Tiempo total: 2 horas 35 minutos - 2 horas marinado; 15 min preparación, 20 min cocción*
- ○ *cocina marroquí*
- ○ *Rendimiento: 6 porciones*
- ○ *Calorías: 618 Calorías*

----------------*Componente de la receta* -----------------

 1 kg de sardinas frescas (preferiblemente pequeñas), sin escamas, sin espinas y abiertas como mariposa

 150 g de pasta CHERMOULA

 1 cucharadita de sal (o al gusto)

 1 litro de aceite de oliva para freír

 350g de harina

 100 g de harina de trigo duro

acompañamiento :

 Rodajas de limón

 perejil fresco

--------------------*Pasos de realización* --------------------

1. *Limpiar las sardinas en agua dulce, escurrirlas y secarlas.*
2. *En un bol mezclar la pasta de CHERMOULA con la sal. A continuación, pincelar cada sardina con la CHERMOULA, asegurándose de que quede repartida uniformemente.*
3. *Ponga dos sardinas juntas, cerrándolas una encima de la otra para formar un sándwich relleno. Repita con las otras sardinas. Cubra y deje marinar en el refrigerador durante al menos 2 horas.*
4. *En una sartén, caliente el aceite de oliva hasta que esté muy caliente. En otro recipiente, mezcle la harina y la harina de trigo duro. Cubrir las sardinas rellenas con esta mezcla de harina.*
5. *Freír las sardinas rellenas en aceite caliente durante unos 3 minutos por cada lado, hasta que estén doradas. Retirar del aceite y escurrir sobre papel absorbente.*
6. *Servir caliente, adornado con perejil fresco y rodajas de limón. Sirva con frijoles blancos en salsa de tomate y/o ensaladas frescas como una ensalada de pepino, tomate y cebolla.*

TANJIA MARRAQUIA

- Origen: marroquí / dificultad: ★★★★★ /5
- Tiempo total de preparación: 2 horas y 40 minutos
- Calorías: 389 Kcalss por ración
- Número de porciones: 6

-------------------Componente de la receta -------------------

1 kg a 1.200 kg de jarrete de ternera o pieza de cordero con hueso

7 dientes de ajo machacados, machacados

1/2 piel de limón confitada en cubos pequeños

1 cucharadita de jengibre en polvo

2 cucharaditas de comino molido

1 cucharadita de pimienta negra

1 cucharadita pequeña de cúrcuma

1 buena pizca de azafrán

1/2 a 1 cucharada colmada de (RASS EL HANOUT)

1 cucharadita de SMEN (mantequilla rancia)

3 cucharadas de aceite de oliva o de mesa

Sal

-------------------Pasos de realización -------------------

1. En un bol grande poner todos los ingredientes incluido el aceite, la mantequilla rancia etc... luego mezclar todo para que se mezclen todos los ingredientes y la carne quede cubierta de todos estos sabores.
2. Añadir 20 cl de agua. Mezclar de nuevo.
3. Caliente una olla y una vez caliente, vierta toda la mezcla, tape y cocine a fuego lento durante unas dos horas a fuego muy lento, controlando la cantidad de agua regularmente y agregando más si es necesario si se reduce demasiado. Lo mismo es cierto para hornear.
4. Una vez cocida y fundida la carne, servir inmediatamente, caliente, con un poco de sémola o, en el mejor de los casos, con una buena oblea de pan casero.

TANGIA MARRAKCHIA Con Pollo

- ○ *Origen: marroquí / dificultad:* ★★★★ /5
- ○ *Tiempo total de preparación: 1 hora y 30 minutos*
- ○ *Calorías: 322 Kcal por ración*
- ○ *Número de porciones: 6*

-------------------Componente de la receta -------------------

 1 kg de piezas de pollo

 1/2 limón confitado

 2 pizcas de hebra de azafrán

 20 g de mantequilla

1/4 cabeza de ajo

2 cucharadas de aceite de oliva

 3 cebollas

 1/2 cucharadita de comino

 1 cucharadita de (RASS EL HANOUT)

 50cl de agua

 sal y pimienta

---------------------Pasos de realización -------------------

Mismo paso que la receta anterior

ENSALADA DE TOMATE MARROQUÍ

🕐 *Origen: marroquí / dificultad: ★ /5*
🕐 *Tiempo total de preparación: 10 minutos*
🕐 *Calorías: 50 Kcalss por ración*
🕐 *Para 4 personas*

------------------------*Componente de la receta* ------------------:

 3 tomates

 1⁄2 cebolla roja

 Un puñado de perejil fresco picado y cilantro Aceite de oliva de buena calidad

 Sal y pimienta para probar

----------------------*Pasos de realización* ------------------:

1. **Pele la cebolla roja y quite las semillas y la piel de los tomates, luego píquelos finamente.**
2. **Poner en un bol con el perejil y el cilantro, un buen chorrito de aceite de oliva, sal y pimienta al gusto.**

Observó:

- **Asegúrese de usar aceite de oliva de buena calidad aquí.**
- **Esta ensalada está sujeta a interpretación. Intente agregar aguacate cortado en cubitos, pepino, pimiento, un poco**
- **de vinagre blanco o un chorrito de jugo de limón.**
- **Esto a veces se llama la ensalada nacional marroquí, quizás porque el rojo y el verde son los colores de la bandera marroquí.**

TAKTOUKA Ensalada de tomates y pimientos a la parrilla al estilo marroquí

⏱ *Origen: marroquí / dificultad: ★ /5*
⏱ *Preparación: 30 minutos | Cocción: 20 minutos |*
⏱ *Para 4 personas*
⏱ *Calorías: 105 Calorías*

------------------*Componente de la receta* ------------------

 600 g de tomates

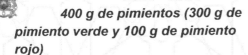 400 g de pimientos (300 g de pimiento verde y 100 g de pimiento rojo)

 3 dientes de ajo

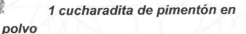 1 cucharadita de pimentón en polvo

 1/2 cucharadita de comino molido

 3 cucharadas de aceite de oliva virgen extra

 Perejil picado

 Sal pimienta

---------------------*Pasos de realización* ---------------------

1. Precalentar la parrilla del horno.
2. Lavar los pimientos, quitarles las semillas y cortarlos en cuartos. Coloque los pimientos en cuartos, con la piel hacia arriba, en una bandeja para hornear forrada con papel para hornear. Hornee durante unos 15 a 20 minutos debajo de la parrilla hasta que la piel se vuelva negra y ampollada. Luego póngalos en una bolsa para congelar. Dejar enfriar antes de quitar la piel y cortar los pimientos.
3. Retire los tallos de los tomates. Sumérjalos en agua hirviendo durante 30 segundos, luego refrésquelos con agua fría. Retire la piel y corte los tomates en dados.
4. Pelar los dientes de ajo y picarlos finamente.
5. En una sartén, caliente el aceite de oliva y saltee el ajo durante un minuto. Agregue el pimentón y el comino, luego los tomates cortados en cubitos y los pimientos. Sal y pimienta.
6. Cocine a fuego medio durante 5 a 10 minutos, revolviendo ocasionalmente.
7. Añade el perejil picado y sirve la ensalada de pimientos y tomates a la plancha templada o a temperatura ambiente, acompañada de pan.

cuscús de pollo

- Origen: marroquí / dificultad: ★★★ /5
- Tiempo total de preparación: 60 minutos
- Calorías: 580 Kcal por ración (6 raciones)
- Número de porciones: 6
- 6 rebanadas

------------------Componente de la receta -------------------

4 muslos de pollo	500 g de sémola mediana
1 cebolla	sal
2 zanahorias	pimienta
2 nabos	1C pimenton
600 g de garbanzos	1C comino
1/2 repollo	azafrán (colorante alimentario)
1 calabacín	1 cucharadita de jengibre
1 manojo de perejil	aceite de oliva
1 manojo de cilantro	

---------------------Pasos de realización --------------------

1. calentar un poco de aceite de oliva. Luego saltear la cebolla picada y los muslos de pollo.
2. Añadir las especias, luego los garbanzos y mezclar. Cubrir con agua.
3. Luego agregue los nabos y las zanahorias pelados y picados en trozos grandes. Lava y ata los dos manojos de hierba y añádelos a las verduras.
4. Mientras espera que la mezcla hierva, vierta la sémola en un plato grande. Sal, luego agregar 40 cl de agua y dejar unos minutos para que se hinche. Luego agregue 2 cucharadas. cucharadas de aceite de oliva, y mezclar con las manos.
5. Dobla las hojas de sopalaína en 4 a lo largo y humedécelas ligeramente. Colócalas alrededor del couscoussier. Este paso asegura la estanqueidad de la cocción.
6. Vierta la sémola en la parte superior de la cuscúsier, con cuidado de no compactarla. Luego colóquelo sobre el couscoussier y cocine a fuego medio durante 30 a 45 minutos.
7. A continuación, sacar la sémola del cuscúsier y verter en ella 10 cl de agua. Deje enfriar, luego agregue 1 cucharada. cucharadas de aceite de oliva, y trabaja con las manos. Frota la semilla entre tus manos para eliminar los grumos. Agregue el repollo picado grueso a las

verduras. Vuelva a colocar la sémola en la parte superior de la cuscúsier y luego sobre la cuscústera. y cocine por otros 30 a 45 minutos.

8. *Retire la parte superior de la cuscúsier y agregue los calabacines sin pelar cortados en trozos grandes. Agregue la sémola y cocine por última vez durante 30 a 45 minutos.*

9. *Servir en un plato grande, formando primero un círculo de sémola.*
10. *poner las verduras y la carne dentro de un círculo.*
11. *Finalmente, vierta uno o dos cucharones de salsa sobre la sémola. ¡Ahí lo tienes, tu cuscús marroquí está listo!*

BOULFAF

🕐 *Origen: marroquí / dificultad:* ★★★ */5*
🕐 *Tiempo de preparación: 40 minutos*
🕐 *Tiempo de cocción: 10 minutos*
🕐 *Tiempo total: 55 minutos*
🕐 *Rendimiento: 8 porciones*
🕐 *Calorías: 718 Calorías*

------------------Componente de la receta ------------------

1 kg de hígado de cordero o res

500 g de capa fina de manteca de cordero, lavada y secada

Condimentos

10 g de comino molido, mejor recién molido

10 g de pimentón dulce

2 g de pimienta de cayena, o al gusto, opcional

15 g de sal, o al gusto

2 g de semillas de cilantro molidas, opcional

Condimento adicional para servir

2 g de pimienta de cayena

20 g de comino molido

5 g de sal

--------------------Pasos de realización --------------------

Preparar la parrilla y el hígado

1. *Precalentar la parrilla. Si usa carbón, asegúrese de que se queme hasta que las brasas estén cubiertas de ceniza gris y las llamas se hayan extinguido para evitar quemar la capa exterior antes de que se cocine el interior.*
2. *Retire cualquier membrana que rodea el hígado. (Por lo general, hay más membrana en el hígado de res que en el hígado de cordero).*
3. *Lave el hígado y séquelo. Córtalo en rodajas o filetes de 2 cm de grosor.*
4. *Una vez que la parrilla esté lista, dore el hígado por cada lado durante unos 2 minutos. Este paso ayuda a reafirmar el hígado y le da más sabor.*
5. *Cortar el hígado chamuscado en cubos de 2 cm y mezclarlos con la mitad de la sazón. Reservar.*

Preparar el BOULFAF

1. *Corte la grasa del colador en tiras finas de aproximadamente 9 cm x 2 cm. Mezcla las tiras de grasa con el resto de la sazón (opcional).*
2. *Envuelva una sola tira de grasa para colador alrededor de un cubo de hígado sazonado y ensártelo en la brocheta, perforando el cubo donde se superpone la tira de grasa para colador. Repita la operación, dejando de 6 a 8 cubos de hígado envuelto por brocheta.*

3. Asa las brochetas de hígado durante 3 a 4 minutos por cada lado, o hasta que la grasa comience a volverse transparente y el hígado esté bien cocido pero tierno al tacto. No debe quedar ningún jugo rojo.

Servir el BOULFAF

1. Sirva el BOULFAF muy caliente de la parrilla con condimentos adicionales a un lado. El té de menta es un acompañamiento tradicional; algunos dicen que una bebida caliente es necesaria para una buena digestión.

Filet mignon con TANJIA

◷ *Origen: marroquí / dificultad: ★★★★★ /5*
◷ *Tiempo total de preparación: 90 minutos*
◷ *Calorías: 533 Kcal por ración (6 raciones)*
◷ *Número de porciones: 6*

----------------------Componente de la receta --------------------

1 kg 200 de lomo de cerdo (o pollo, cordero, jarrete de ternera)

2 tomates

6 papas pequeñas

3 cebollas

15 ciruelas pasas

6 albaricoques secos

10 almendras

1 vaina de azafrán

1 cubito de caldo de res o pollo

1 pizca de canela

1 pizca de comino

aceite de oliva

sal y pimienta

semillas de sésamo

500 ml de agua

----------------------Pasos de realización --------------------

1. *En una cazuela, dorar la carne cortada en trozos con la cebolla picada.*
2. *Sal, pimienta, agregar las especias.*
3. *Corte los tomates en dados, agréguelos y cocine por 5 minutos.*
4. *Agregue el caldo (500 ml de agua con el cubo), mezcle bien con las papas y cocine a fuego medio durante 20 minutos.*
5. *Agregue los albaricoques y las ciruelas pasas, cocine por otros 10 minutos.*
6. *Revisar la cocción y agregar un poco de sazón si es necesario y extender un poco la cocción.*
7. *Dorar las almendras y las semillas de sésamo en una sartén antiadherente.*
8. *Sirva el tagine espolvoreado con almendras y semillas de sésamo.*

Gelatina de membrillo fácil

◔ *Origen: marroquí / dificultad: ★★ /5*
◔ *Tiempo total de preparación: 1 hora y 20 minutos*
◔ *Calorías: unas 60 Kcals por ración*
◔ *Número de porciones: --*

----------------------*Componente de la receta* ------------------

- 1,7 kg de membrillo
- 2 litros de agua

- 700 g de azúcar en polvo

----------------------*Pasos de realización* --------------------

Lava los membrillos y córtalos en trozos, en cubos de aproximadamente 1"/2,5 cm.

Agregue los membrillos y el agua a una cacerola y caliente hasta que hierva a fuego lento. Hornear durante unos 30 minutos, hasta que la fruta tenga una pulpa blanda.

Vierta la mezcla en una bolsa de gelatina suspendida sobre un tazón. Atrapa el jugo que se acaba. Para obtener los resultados más claros, ¡no pinche la bolsa de gelatina!

Pesar el jugo. Pesar el 75% del peso del jugo en azúcar glass.

Agregue el jugo y el azúcar a una cacerola grande; la cacerola debe estar llena a menos de la mitad. Caliente suavemente, revolviendo constantemente para disolver el azúcar.

Coloque los frascos de mermelada en una asadera en un horno a 140°C / 275°F / GM 1

Aumente el fuego hasta que la gelatina empiece a hervir.

Comience a probar el fraguado ya sea por temperatura (cuando la gelatina alcance los 105°C) o por el método de arrugas o escamas.

Una vez que la gelatina haya alcanzado el punto de fraguado, retirar del fuego. Llenar los frascos de mermelada: Saco la jalea en una jarra de vidrio, luego la vierto en los frascos con un embudo de mermelada. Cierre los frascos con tapas.

A medida que la gelatina se enfríe, las tapas se abrirán, lo que indica que se ha formado un vacío adecuado.

-------------------------------*Observó* -------------------------------

No cocine demasiado la fruta, de lo contrario se perderá el sabor de la gelatina final. Cocine a fuego lento la fruta.

Nunca perfore ni apriete la bolsa, ya que esto dará como resultado una gelatina turbia.

Si necesita cocinar su membrillo pero no tiene tiempo para hacer la jalea de inmediato, cocine, escurra y guarde el jugo en el refrigerador por unos días, o congele y haga la jalea más tarde.

Para obtener los mejores resultados, golpea el frasco de mermelada mientras lo llenas, de modo que salgan burbujas de aire. Vuelva a colocar las tapas en los frascos mientras aún estén calientes, para ayudar a sellarlos herméticamente.

- Para estar seguro, siempre coloco los frascos en una bandeja cuando los lleno en caso de que uno se rompa. Solo me ha pasado una vez, pero tener una bandeja para agarrar y gelatina caliente es mucho más seguro.

Pies de ternera con frutos del bosque y garbanzos "HARGMA

Origen: marroquí / dificultad: ★★★★★ */5*
Tiempo de preparación: 35 minutos / Tiempo de cocción: 4h30
Tiempo total: 5h 5min
Rendimiento: 6 porciones
Calorías: 871 calorías

-------------------------------*Componente de receta* ---------------

- 2 patas de ternera cortadas en varios trozos por el carnicero (u 8 patas de cordero cortadas por la mitad)
- 90 g de garbanzos secos
- 225 g de granos de trigo
- 35 g de pasas doradas oscuras
- 2 cebollas grandes, picadas
- 1 cebolla grande, en rodajas
- 7-8 dientes de ajo, finamente picados
- 120 ml de aceite de oliva

- 2 o 3 trocitos de canela en rama o corteza
- 4,7 g de sal
- 3,5 g de jengibre molido
- 2,3 g de pimienta negra
- 1,8 g de pimentón
- 1,2 g de hebras de azafrán, desmenuzado
- 1,2 g de cúrcuma
- 2,3 g SMEN, o al gusto

INSTRUCCIONES:

1. Con antelación, pon los garbanzos en un bol y cúbrelos generosamente con agua fría. Dejar en remojo durante la noche o al menos 8 horas.
2. Cuando esté listo para cocinar, lave las patas y luego asegúrese de que no tengan fragmentos de huesos ni pelos sueltos, que ya deberían haber sido carbonizados y raspados. Lavar de nuevo y escurrir. (Deseche los zuecos, no se utilizarán.)
3. Coloque los pies en una olla a presión o una olla profunda con un fondo grueso. Agregue las cebollas, el ajo, las especias y el aceite.
4. Agregue suficiente agua para cubrir los ingredientes, luego hierva los líquidos.
5. Tape y cocine los pies a presión media durante 1h30 (o cocine a fuego lento durante 3h). Pasado este tiempo, pausar la cocción para remover y probar para sazonar, añadiendo más sal si se desea.
6. Escurre los garbanzos y agrégalos a la olla. Escurra los granos de trigo, átelos con una gasa y agréguelos también a la olla. (La gasa no es obligatoria, pero facilita quitar los granos de trigo para presentarlos mejor al momento de servir).

7. **Tape y cocine a presión media durante 2½ horas (o cocine a fuego lento durante 5 horas), hasta que el trigo esté tierno. (Puede abrir la gasa para probar un grano, luego cerrarla y devolver el trigo envuelto a la olla). Mientras tanto, observe los líquidos, agregando**

bastilla de pollo

- Origen: marroquí / dificultad: ★★★★★ /5
- Tiempo total: 1h 30min
- Rendimiento: 10 porciones
- Calorías: 871 calorías

----------------------Componente de la receta --------------------

- 630g de harina T45
- 210 g de sémola extrafina
- 12 g de sal
- 1 cucharadita de azúcar
- 500 ml de agua tibia
- 100 g de mantequilla derretida
- 930 g de pechuga de pollo
- 700 g de cebolla picada
- 2 cucharaditas de jengibre en polvo
- 2 cucharaditas de cúrcuma en polvo
- Unas hebras de azafrán

- 1 cucharadita de pimienta
- Sal
- 1 cucharada de canela en polvo
- 1 rama de canela
- 2 cucharadas de smen o mantequilla
- 4 cucharadas de aceite de oliva
- 50 g de perejil picado
- 3 huevos
- 3 cucharadas de miel
- 1 huevo grande + 1 cucharada de leche para dorar

----------------------Pasos de realización --------------------:

1. **Para la masa:** En el bol de una batidora de pie o de un plato grande, mezclar la harina, la sémola extrafina, el azúcar y la sal. Añadir agua tibia poco a poco mientras se mezcla hasta obtener una pasta suave y homogénea. Amasar la masa durante unos 12 minutos hasta que quede suave y elástica. Divide la masa en 10 a 12 bolas. Cepille cada bola con aceite, luego colóquelas en un plato engrasado. Cúbralos con film transparente y déjelos reposar mientras prepara el relleno.

2. **Para el relleno:** En una sartén grande, caliente el aceite de oliva. Agregue las cebollas picadas y cocine por unos minutos, revolviendo regularmente, hasta que comiencen a dorarse ligeramente. Añadir la pechuga de pollo cortada en trozos pequeños, las especias - pimienta, jengibre, canela en polvo y rama, azafrán y cúrcuma. Salpimentamos al gusto y cocinamos durante 5 minutos a fuego medio, removiendo regularmente para que el pollo absorba las especias. Agregue un poco de agua caliente (aproximadamente 50 ml), luego cubra y cocine a fuego lento a fuego lento hasta que esté bien cocido. Una vez que el pollo esté cocido y las cebollas caramelizadas, agregue la mantequilla y el perejil, luego reduzca la salsa con las cebollas hasta que casi no quede líquido. Agregue los huevos a la salsa y revuelva constantemente a fuego lento hasta que quede cremoso. Agregar

Carne picada picante KEFTA

- ○ *Origen: marroquí / dificultad: ★★ /5*
- ○ *Tiempo total de preparación: 30 minutos*
- ○ *Raciones: 3 personas*
- ○ *Calorías: 322 Calorías*

------------------Componente de la receta ------------------

- *1,1 kg de carne molida*
- *1 cebolla grande*
- *2 dientes de ajo*
- *1 cucharadita de sal (unos 5 g)*
- *1 pizca generosa de pimienta negra (unos 3 g)*
- *1 manojo de 20 tallos de perejil fresco*
- *1 manojo de 30 tallos de cilantro fresco*
- *1 cucharada de pimentón dulce (unos 10 g)*

- *1 cucharadita de jengibre en polvo (alrededor de 3 g)*
- *1 pizca generosa de cúrcuma (unos 5 g)*
- *1 cucharadita de cilantro molido (alrededor de 3 g)*
- *1 cucharadita de comino molido (alrededor de 3 g)*
- *1/2 cucharadita de chile en polvo (unos 2 g)*
- *3 cucharadas de aceite de oliva (unos 45 ml)*

----------------------Pasos de realización ----------------------

1. **En un tazón grande, combine la carne molida con la cebolla finamente picada, el ajo machacado y todas las especias.**
2. **Picar finamente el perejil y las hojas de cilantro, luego agregarlos a la carne. Mezclar enérgicamente la carne con las especias y hierbas, hasta que la preparación quede homogénea y bien impregnada de los sabores.**
3. **Vierta el aceite de oliva en un plato hondo. Sumerja sus manos en aceite y haga albóndigas, luego aplánelas ligeramente para formar KEFTAS ovaladas.**
4. **Caliente una sartén antiadherente a fuego medio-alto, luego agregue las KEFTAS. Cocine durante aproximadamente 3 a 4 minutos por cada lado, hasta que estén dorados y bien cocidos.**

Carne Seca Salada Marinada (GUEDDID)

- ⏱ *Origen: marroquí / dificultad: ★★★★ /5*
- ⏱ *Tiempo de preparación: 30 minutos / Tiempo de adobo y secado: 8 días*
- ⏱ *Tiempo total: 8 días y 30 minutos*
- ⏱ *cocina marroquí*
- ⏱ *RENDIMIENTO: 48 porciones de 2 onzas*
- ⏱ *Calorías por ración: unas 143 Kcals*

------------------Componente de la receta ------------------

- *4 kg de carne deshuesada de cordero o ternera o pierna, recortada y cortada en tiras de al menos 30 cm de largo y 4 cm de grosor*

- *Para la fricción:*

- *140 g de sal (alrededor de 1/2 taza)*

- *155 g de semillas de cilantro*

- *55 g de semillas de comino*

- *55 g de semillas de alcaravea (opcional)*

- *4 cabezas de ajo, sin pelar*

- *80 ml de vinagre blanco*

- *80 ml de aceite de oliva*

- *120 ml de agua (opcional)*

INSTRUCCIONES:

1. *Use un procesador de alimentos o una maja y un mortero para hacer la mezcla de especias. Una a la vez, triture o muela en trozos grandes las semillas de cilantro, las semillas de comino y las semillas de alcaravea (si las usa). Poner a un lado.*

2. *Machacar los dientes de ajo sin pelar. Mezcle el ajo con especias, sal, vinagre y agua para hacer una pasta. Frote la carne con este adobo. Sea generoso y asegúrese de que cada pieza de carne esté cubierta.*

3. *Cubra la carne marinada y colóquela en el refrigerador por 48 horas. Cada 12 horas más o menos (para un total de 3 o 4 veces), tómese el tiempo para remover la carne para asegurar un adobo uniforme.*

4. *Retire la carne marinada del refrigerador y escúrrala bien. Colóquelo sobre rejillas de alambre y déjelo secar al aire en un lugar fresco y seco durante aproximadamente 8 días, volteando las piezas de carne una vez al día para asegurar un secado uniforme.*

5. *Una vez que la carne esté seca, retírala de las rejillas y retira el exceso de especias. Guárdelo en un recipiente hermético en el refrigerador.*

De mermelada de membrillo

🕐 *Origen: marroquí / dificultad: ★★ /5*
🕐 *Tiempo total de preparación: 120 minutos*
🕐 *Calorías: 1500 Calorías*

------------------*Componente de la receta* ------------------

🔲 **Membrillo:** *Elige membrillo sin mancha y con un aroma agradable.*

🔲 **Jugo de limón:** *Necesitarás el jugo y la ralladura de un limón.*

🔲 **Especias:** *Uso cardamomo y canela en mis conservas. Puedes hacer lo mismo o simplemente usar uno de los dos.*

🔲 **Agua de rosas:** *El agua de rosas se usa en muchos pasteles del Medio Oriente. Puedes omitirlo si lo necesitas.*

------------------*Pasos de realización* ------------------

1. Lave los frascos y las tapas en agua jabonosa caliente y enjuague. Esteriliza los frascos hirviéndolos durante 10 minutos. Manténgalos en agua caliente hasta que los necesite.
2. **Paso 1:** Lava y corta el membrillo en trozos de 1". Si lo prefieres, puedes cortar el membrillo en trocitos pequeños.
3. rodajas de fruta en una tabla de cortar
4. **Consejo profesional:** más adelante en el proceso, uso una licuadora de inmersión manual para moler el membrillo hasta obtener la consistencia que me gusta. Si no quieres hacer eso, puedes cortarlos en pedazos pequeños ahora.
5. **Paso 2:** Coloque el membrillo en un horno holandés de cinco cuartos. Agregue suficiente agua para cubrir completamente el membrillo. Llevar a ebullición, luego cocine a fuego lento durante 15 minutos.
6. fruta picada en un frasco para mermelada
7. **Paso 3:** Colocar un colador sobre un bol y escurrir el membrillo, capturando el líquido. Reserve dos tazas de líquido. Este líquido se utilizará en la receta en lugar de agua corriente porque los membrillos contienen mucha pectina natural. Esto facilitará el proceso de gelificación.
8. almíbar en una cacerola
9. **Paso 4:** Regresar los membrillos a la olla vacía y agregar el resto de los ingredientes incluyendo el líquido reservado. Llevar a ebullición, revolviendo a fuego medio. Cocine a fuego lento de 30 a 40 minutos, revolviendo ocasionalmente, hasta que el almíbar se espese.
10. mermelada de membrillo en tarro
11. **Consejo profesional:** tenga en cuenta que las conservas se espesarán más a medida que se enfríen.

12. *Paso 5: Vierta la mermelada caliente en frascos calientes, dejando un espacio superior de ¼ de pulgada. Enrosca las tapas en los frascos, pero no demasiado. Regrese los frascos llenos al agua hirviendo y procese los frascos durante 10 minutos.*

13. *mermelada de membrillo en lata*

14. *Use pinzas para frascos para sacar los frascos del agua hirviendo. Enfriar, luego almacenar hasta por un año.*

HARIRA

○ Origen: marroquí / dificultad: ★★★★★ /5
○ Tiempo total de preparación: 1 hora y 15 minutos
○ Calorías: 400 Kcals (80 Kcals por ración)
○ Número de porciones: 5 porciones

------------------Componente de la receta ------------------:

- 100 g de garbanzos secos 100 g de habas secas
- 100 g de lentejas verdes secas 100 g de arroz crudo.
- 60 mililitros de aceite de oliva.
- 50 g de fideos.
- 2 cucharadas de harina.
- 2 tomates cortados en cuartos.
- 1 cebolla roja pequeña, en cuartos.

- 1 1/2 cucharadas de pasta de tomate.
- 1 cucharada de SMEN (o ghee, o cualquier otra mantequilla clarificada).
- 1 cubo de caldo de res (o haga su propio caldo de res con huesos de res y use 500 mililitros).
- 3/4 cucharadita de cada uno: cúrcuma, paprika, jengibre molido, canela.
- Un manojo grande de perejil y cilantro Sal y Pimienta al gusto

-----------------------Pasos de realización -----------------------:

1. En una licuadora, licúa la mitad del perejil y el cilantro con la cebolla morada, los tomates y 750 mililitros de agua hasta que se mezclen muy finamente. Agregue a una olla muy grande con garbanzos, habas (habas) y lentejas. Cocine la mezcla a fuego alto durante 20 minutos, luego agregue las especias, el caldo de res (en cubos o hecho en casa) y el aceite de oliva. Tape y cocine a fuego alto durante media hora.

2. Mientras tanto, enjuague la licuadora, luego agregue la pasta de tomate, la harina y 500 mililitros de agua. Blitz hasta que se combinen. Poner a un lado.

3. Destape la olla y agregue el arroz y 600 mililitros adicionales de agua. Continúe cocinando a fuego alto durante otros 15 minutos antes de agregar los fideos. Cocine por otros 30 minutos, luego agregue la mezcla de pasta de tomate/harina/agua, revolviendo.

4. Picar el perejil y el cilantro restantes y mezclar con sal y pimienta al gusto. Agregue el SMEN y revuelva bien la harira. Servir caliente.

Extras (usar uno o todos):

- *pechuga de pollo asada*
- *Carne asada, cortada en trozos pequeños*
- *Huevo (Después de agregar la mezcla de pasta de tomate/harina/agua, bata un huevo en un tazón y viértalo lentamente en la sopa mientras revuelve con la otra mano. Deje que burbujee durante uno o dos minutos para permitir que el huevo se cocine).*

---------------------------*Observó*--------------------------- ------

- *Esta sopa abundante y reconfortante se sirve tradicionalmente como elemento central del desayuno durante el mes sagrado del Ramadán. Normalmente se acompaña de dátiles y SHEBBAKIYA (una galleta pegajosa de miel y sésamo). Las cucharas rústicas de madera son sinónimo de HARIRA; estos están hechos a mano en las montañas del Atlas cerca de Marrakech.*
- *Si los frijoles secos son difíciles de encontrar en su supermercado local, puede usarlos enlatados o congelados. O sustituya los frijoles de lima, los frijoles de mantequilla u otra legumbre.*

TANJIA con Tajine

○ *Origen: marroquí / dificultad: ★★★ /5*
○ *Tiempo total de preparación: 6 horas*
○ *Calorías: 382 Kcal por ración*
○ *Número de porciones: 4*

-----------------*Componente de la receta* -------------------:

500 gramos de cordero cortado en cubos

1/2 limón confitado

7 dientes de ajo, pelados y partidos por la mitad 1 cucharada de SMEN salado

1 cucharadita de jengibre molido

1 cucharadita de comino

1 cucharadita de pimienta

1/4 cucharadita de azafrán molido

60 mililitros de aceite de oliva

-----------------*Pasos de realización* -------------------:

1. **Agregue todos los ingredientes a un frasco de TANGIA con 600 mililitros de agua y cubra la parte superior con una hoja de papel encerado, usando una cuerda para sellarla. Agitar para combinar y llevar el TANGIA por la calle hasta el FARNATCHI (el hogar que calienta el hammam local).**

2. **Si Mahoma no está allí, puedes dejárselo a su hijo. Pasa la tarde deambulando por las calles de la medina y regresa aproximadamente 6 horas después. Después de pagar unos dírhams, llévate el TANGIA a casa, pásalo a una fuente y cómelo inmediatamente con KHOBZ.**

-----------------------*Observó* ----------------------- ------

- **Si no tiene acceso a una olla de TANGIA, puede cocinar este plato en una cacerola de hierro fundido o terracota. Simplemente mezcle todos los ingredientes, revuelva bien y hornee en un horno convencional a 100o C (212o F) durante 6 horas. Retire del fuego, coloque en una fuente y disfrute.**

- **Pídale a su carnicero que no corte la grasa de su cordero. Para obtener los mejores resultados, pídales que pesen 500 gramos de cordero con un 5-10 % de grasa y un 10 % de hueso (hueso cortado en rodajas de unos 2-3 centímetros de grosor). El exceso de grasa y médula ósea se derretirán en el plato y agregarán sabor. Los huesos se pueden quitar antes de servir o desechar al comer.**

- **TANGIA es un plato tradicional de Marrakech, cocinado en una olla distintiva que lleva el mismo nombre. El TANGIA se carga y se lleva al FARNATCHI local, donde se cocina lentamente, no en el fuego mismo, sino en las cenizas que se almacenan en contenedores** *largos al lado. El manejo de las cenizas es una habilidad valiosa en sí misma, ya que se cambian regularmente para garantizar una cocción uniforme de las TANGIAS que contienen. Después de asar durante 6 horas, los lugareños recogen las TANGIAS y se las llevan a casa para disfrutarlas.*

TIHAN MAAMAR (bazo relleno)

- ⏱ *Origen: marroquí / dificultad: ★★★ /5*
- ⏱ *Tiempo de preparación: 50 minutos / Tiempo de cocción: 1 hora y 15 minutos*
- ⏱ *Tiempo total: 2 horas y 5 minutos*
- ⏱ *Rendimiento: 6 porciones*
- ⏱ *Calorías: 751 Calorías*

-------------------------Componente de la receta -------------------

- *1 bazo de ternera o buey (TIHANE) desgrasado (unos 1,2 kg)*
- *500 g de ternera o cordero picada finamente picada (o una mezcla de ambos)*
- *100 g de sebo (CHEHMA) grasa fina, finamente picado*
- *250g de arroz cocido*
- *75 g de aceitunas verdes sin hueso picadas*
- *2 limones confitados, solo la carne, sin semillas y picados*
- *1 cebolla grande, rallada*
- *1 cabeza de ajo, dientes pelados y prensados*
- *1 manojo de perejil fresco, picado*

- *1 manojo de cilantro fresco, picado*
- *3 huevos, ligeramente batidos*
- *3 cucharadas de pasta de tomate o pimiento rojo o pasta harissa*
- *2 cucharadas de comino molido*
- *2 cucharadas de pimentón molido*
- *1.5 cucharaditas de sal, o al gusto*
- *1 cucharadita de pimienta de cayena, o al gusto*
- *también necesitarás*
- *6 huevos duros, pelados pero enteros*
- *guantes de cocina desechables o una bolsa de plástico*
- *una aguja grande e hilo de hilvanar*
- *papel sulfurizado*

-------------------------Pasos de realización ---------------------

Preparación del relleno:

El relleno se puede preparar hasta con un día de anticipación. En un tazón grande, combine la carne molida, el sebo molido, el arroz, las aceitunas, el limón confitado, la cebolla, el ajo, las hierbas molidas, los huevos batidos, la pasta de tomate y el condimento. Amasar la mezcla a mano durante varios minutos para asegurarse de que todo esté bien combinado. Si no está listo para usar el relleno, cubra y refrigere hasta que lo necesite.

Limpieza y preparación del bazo:

Elimine la grasa del bazo, pero trate de dejar la membrana blanca ya que esto ayudará a mantener el bazo intacto una vez que se haya rellenado. Lave el bazo y séquelo. Asegúrese de manipularlo con cuidado, ya que el bazo en carne viva es bastante frágil.

Rellenar el bazo:

Coloque el bazo limpio en un plato grande o tabla de cortar. En un extremo del bazo, a lo largo de la mitad de su costado, haz una incisión lo suficientemente grande como para acomodar tu mano. Cúbrase la mano con un guante desechable para horno o una bolsa de plástico.

TRID con Pollo Marroquí y Lentejas -RFISSA-

- Origen: marroquí / dificultad: ★★★★★ /5
- Tiempo de preparación: 1h 30min | Tiempo de cocción: 2 horas | Tiempo de marinado: 6 horas | Tiempo total: 9 horas
- Rendimiento: 6 personas | Calorías: 545 Calorías

-------------------------Componente de la receta -------------------------

Para el pollo:

- 1 pollo grande cortado en cuartos o dejado entero (1200g)
- 3 cebollas grandes, en rodajas finas (300 g)
- 60ml de aceite de oliva (52g)
- 1 cucharada de sal (15g)
- 1 cucharada de pimienta (8g)
- 1,5 cucharadas de jengibre en polvo (9g)
- 1 cucharada de RAS EL HANOUT (o 1,5 cucharadas de MSAKHEN) (6g)
- 1,5 cucharaditas de cúrcuma (3g)

Para las lentejas:

- 120 g de lentejas verdes o marrones crudas

- 4 cucharadas de semillas de fenogreco, remojadas durante la noche y escurridas (24 g)
- 1,5 cucharaditas de hebras de azafrán, calentadas suavemente y luego desmenuzadas (1,5 g)
- Un puñado de cilantro fresco finamente picado (10g)
- Un puñado de perejil fresco picado muy fino (10g)
- 1080ml de agua
- 1,5 cucharaditas de SMEN (mantequilla marroquí enlatada) (6g)

Para Trid:

- 1,5 lotes de MSEMEN rallado (o pasta TRID) de aproximadamente 1,5 kg

-------------------------Pasos de realización -------------------------

1. Preparar el pollo: En un bol grande, mezclar los cuartos de pollo con la cebolla, el aceite de oliva, la sal, la pimienta, el jengibre, el Ras el Hanout y la cúrcuma. Cubrir y marinar en el refrigerador por 6 horas.

2. Prepara las lentejas: En una cacerola grande, agrega las lentejas, las semillas de fenogreco, el azafrán, el cilantro, el perejil, el agua y el smen. Lleve a ebullición a fuego medio-alto, luego reduzca el fuego a medio-bajo y cocine a fuego lento durante 1,5 horas, tapado. Revuelva ocasionalmente.

3. Mientras las lentejas hierven a fuego lento, prepare el TRID: En un plato grande, coloque la pasta rallada en capas delgadas. Hornear a 200°C durante 10-15 minutos hasta que las capas estén doradas y crujientes.

4. **Cocine el pollo:** En una sartén grande, cocine los cuartos de pollo a fuego medio-alto hasta que estén dorados, aproximadamente 5 minutos por lado. Agregue la marinada y 1/2 taza de agua. Tape y cocine a fuego medio-bajo durante 1 hora.
5. Una vez cocidas las lentejas,

<u>**Nota**</u> : los MSAKHAN: son un conjunto de especias sabrosas y energizantes que se agregan a las comidas de las mujeres después del parto y no antes, esta mezcla también combate los catarros y catarros

<u>Los ingredientes de MSAKHAN:</u>

Cúrcuma, jengibre, flor de nuez moscada, pimienta jamaicana, alcaparras secas (capers), nuez moscada (ganso), fenogreco, lavanda, ajenjo, cardamomo, tomillo, semilla negra y otros.

Ensalada de malva marroquí – KHOUBIZA o BAKKOULA

- Origen: marroquí / dificultad: ★★★ /5
- TIEMPO DE PREPARACIÓN: 15 minutos / TIEMPO DE COCCIÓN: 30 minutos
- TIEMPO TOTAL: 45 minutos
- origen marroquí
- Rendimiento: 2 personas
- Calorías: 155 Calorías

-------------------Componente de la receta -------------------;

- 600 g de hojas y tallos de malva (alrededor de 8 tazas, envueltas)
- 120 ml de aceite de oliva
- 60 g de perejil picado y/o cilantro (yo uso una mezcla)
- 4 dientes de ajo, prensados o finamente picados, o más al gusto
- 2 cucharaditas de paprika
- 2 cucharaditas de comino
- 2 g de sal, o más al gusto
- 1 g de pimienta de cayena, o al gusto (opcional)
- 30 ml de jugo de limón, o al gusto
- 1 pulpa de limón confitada picada
- ralladura de limón confitada para decorar
- un puñado de aceitunas rojas para decorar

------------------------INSTRUCCIONES---------------------

1. Lave, pique y cocine al vapor la malva. En un tazón grande o fregadero lleno de agua, lave bien la malva. Enjuague y escurra bien. Pica las hojas y los tallos y colócalos en una canasta de vapor sobre agua hirviendo. Está bien si las hojas se amontonan sobre el borde.
2. Cocine al vapor la malva durante 15 a 20 minutos o hasta que esté tierna. Reducirá significativamente el volumen y se volverá más oscuro en color.
3. Exprima o exprima el agua extra de la malva al vapor. Puedes hacer esto directamente en la canasta vaporera usando una cuchara de madera o una espátula para presionar la malva contra los lados de la canasta.
4. Mientras la malva se cuece al vapor, coloque el aceite de oliva, el ajo, el perejil, el cilantro y las especias en una sartén grande. Saltee a fuego medio a medio-bajo durante varios minutos, hasta que las hierbas se marchiten y el ajo esté fragante. Ten cuidado de no quemar el ajo. Retirar del fuego hasta que la malva esté lista.
5. Añadir la malva a la sartén con la pulpa de limón confitada picada y el jugo de limón. Saltee a fuego medio durante 5-10 minutos, hasta que los sabores estén bien combinados.
6. Pruebe y ajuste la sazón o el jugo de limón. Servir tibio o a temperatura ambiente, adornado con aceitunas enteras y ralladura de limón confitada.

M'HEINCHA

Origen: marroquí / dificultad: ★★★ /5

Tiempo total de preparación: 1 hora

Calorías: 410 Kcal por ración

Número de porciones: 8

-----------------Componente de la receta-----------------:

- 1 kg de almendras crudas
- 1⁄2 kilo de masa FILO (preferiblemente láminas circulares)
- 250 gramos de azúcar
- 250 gramos de mantequilla
- 150 gramos de azúcar en polvo
- Unas gotas de esencia de azahar
- 1 cucharadita de canela 1⁄8 cucharadita de goma arábiga
- Solo una pizca de nuez moscada 1 huevo
- Aceite vegetal, para freír

-----------------Pasos de realización-----------------:

1. Blanquear las almendras y freírlas en aceite vegetal hasta que estén doradas. Colóquelo sobre una toalla de papel para escurrir el exceso de aceite. Reserva un puñado de almendras fritas en un tazón pequeño antes de moler finamente el resto en lotes con 1 cucharadita de azúcar. Agregue otra cucharadita de azúcar con cada pequeño lote de almendras que muele. Mientras tanto, derretir la mantequilla y verterla lentamente en el bol con las grageas y el resto de ingredientes (además del huevo). Solo necesita agregar suficiente mantequilla para combinar la mezcla y no puede usar la cantidad total mencionada anteriormente.

2. Corta toda la masa FILO por la mitad para obtener 2 semicírculos de masa en capas. Coloque una hoja semicircular individual plana sobre un mostrador largo. Coloca otra hoja encima de modo que cubra la mitad de la primera. Terminarás con una larga línea de hojaldre. Deje caer cucharadas de relleno de almendras en el borde derecho de la hoja de masa, en la parte inferior, luego comience a enrollar todo lentamente en un cilindro grande. Luego envuelve el cilindro alrededor de sí mismo para que forme una espiral. Bate el huevo en un bol pequeño y pinta la parte superior de la M'HENCHA con el huevo batido. Espolvorear el resto de la mantequilla sobre la M'HENCHA.

3. Hornee a 180oC (350oF) durante 10-15 minutos o hasta que la masa esté dorada. Cuando termine, rocíe con miel de montaña y espolvoree con canela y almendras fritas adicionales.

ZAALOUK con berenjena

- ⏲ *Origen: marroquí / dificultad: ★★★ /5*
- ⏲ *TIEMPO DE PREPARACIÓN: 30 minutos*
- ⏲ *cocina marroquí*
- ⏲ *RENDIMIENTO: 2 porciones*
- ⏲ *CALORÍAS: 226 Kcal*

------------------*Componente de la receta* ------------------:

- **2 berenjenas ecológicas (500g)**
- **1 pimiento rojo (150g)**
- **1 pimiento amarillo (150g)**
- **1 lata de 400g de pulpa de tomate (o 3 tomates pelados)**
- **3 dientes de ajo (9g)**
- **2 1/2 cucharaditas en s. aceite de oliva (25g)**

- **1 pizca de pimiento de Espelette**
- **3/4 cucharadita pimentón (1,5g)**
- **3/4 cucharadita comino molido de café (1,5 g)**
- **cilantro y/o perejil picado**
- **sal pimienta**
- **zumo de limón antes de servir (5ml)**

------------------*Pasos de realización* ------------------:

1. **Pincha las berenjenas con un tenedor y hornea a 220°C durante unos 40 minutos hasta que estén blandas al tacto. Del mismo modo, hornea los pimientos en el horno durante 30 minutos. Voltéalos regularmente.**
2. **Poner los pimientos en una bolsa de plástico y dejar enfriar. Pelar las berenjenas y los pimientos, quitarles las semillas y cortarlos en trocitos pequeños. Reservar.**
3. **En una cacerola, caliente 2 cucharadas de aceite de oliva, agregue el pimentón y el ajo machacado, mezcle y agregue los tomates. Deja cocer a fuego lento hasta que se evapore toda el agua de los tomates.**
4. **Agregue las berenjenas y los pimientos a los tomates y mezcle. Añadir sal, comino, pimienta y una pizca de pimiento de Espelette. Deja cocer a fuego lento durante 5 minutos.**
5. **Agregue la última cucharada de aceite de oliva, cilantro o perejil picado y mezcle. Dejar enfriar y servir con un chorrito de jugo de limón.**

Pollo a la parrilla DJAJ MHAMER

- Origen: marroquí / dificultad: ★★★ /5
- Tiempo de preparación: 30 minutos / Tiempo de cocción: 45 minutos
- Tiempo total: 1 hora 15 minutos
- Raciones: 4 personas
- Calorías: 457 Calorías

-------------------------Componente de la receta -------------------:

- 1 pollo entero, alrededor de 1,5 kg
- 2 cebollas, picadas
- ½ limón confitado
- Aceitunas verdes y/o moradas

Escabeche:
- 2 dientes de ajo, picados

- 1 cucharadita de cúrcuma
- 1 cucharada de jengibre
- 1 cucharada de cilantro
- 3 cucharadas de aceite de oliva
- Sal y pimienta del molino
- Una pizca de azafrán

---------------------Pasos de realización ---------------------:

1. Enjuague el pollo y frótelo con limón. Enjuague por segunda vez.
2. Prepara la marinada mezclando las especias, el cilantro y el ajo. Agregue el aceite de oliva y mezcle bien.
3. Cepille el pollo con la marinada por dentro y por fuera. Dejar marinar durante al menos 30 minutos.
4. En una cacerola, dore las cebollas picadas en 2 cucharadas de aceite de oliva.
5. Agregue el pollo y la marinada y dore por todos lados durante unos minutos.
6. Cubra con agua y cocine durante unos 40 minutos (o hasta que la temperatura alcance los 82°C y la pulpa se desprenda fácilmente). Recuerda darle la vuelta al pollo durante la cocción para evitar que la piel se pegue al fondo de la sartén.
7. Precalentar el horno a 200°C. Coloque el pollo en una fuente para horno y dore durante unos minutos.
8. Agregue las aceitunas y el limón confitado alrededor del pollo, luego hornee durante unos 10 a 15 minutos.
9. Servir caliente con verduras de temporada.
10. Nota: Las medidas se han convertido a gramos y mililitros. Las cantidades de los ingredientes también se han aumentado ligeramente para las porciones de 4 personas.

Capítulo V :
Bebidas marroquíes

té marroquí

- Origen: marroquí / dificultad: ★★ /5
- Tiempo total de preparación: 13 min
- Calorías: -- bajas
- Número de porciones: nuestra determinación

El té marroquí no viene en bolsita de té. Se prepara a granel y obtendrá trozos de hojas de té y menta en su taza. No te preocupes, se deposita en el fondo y es costumbre dejar siempre algún sedimento ahí. Para hacer el té necesitarás

------------------Componente de la receta ------------------

 té verde a granel. El té chino es la variedad más utilizada.

 Menta. La menta fresca es mejor, pero si no es de temporada o la menta seca costosa también funciona.

 Azúcar.

Agua (por supuesto)

------------------Pasos de realización ------------------

1. Yo uso una tetera de metal, pero también sirve una de cerámica.
2. Esta receta se basa en una tetera de 16 oz de capacidad.
3. Pon tu tetera a hervir.
4. Luego agregue 2 cucharaditas colmadas de té de hojas sueltas a su tetera.
5. Si usa menta fresca, agregue 5-6 resortes al frasco; ¡es posible que deba rellenarlo!
6. Finalmente agregue 4-5 cucharaditas de azúcar. ¿Es mucha azúcar? Sí. Pero el azúcar es la clave.
7. Si sirvieras té marroquí sin azúcar, probablemente serían demasiado educados para decir algo más que preguntarse qué estaba haciendo el mundo.
8. Cuando el agua haya hervido, viértela en la tetera.

Si está usando una tetera de metal, colóquela en su quemador y suba el fuego.

Si usa una tetera de cerámica, deje reposar el té durante unos 5 minutos antes de servir.

El té se sirve en pequeñas tazas de vidrio.

Es una habilidad de verter de la manera correcta que implica sostener la tetera con una mano y elevar el flujo lo más alto posible.

Esta acción crea burbujas en la parte superior de la taza de té: cuantas más burbujas, mejor. Es común ver al anfitrión servirse un vaso de té y luego volver a ponerlo en la tetera. Esto puede suceder varias veces. Esta es una forma de hacer circular el té antes de servirlo. Puede parecer una forma complicada de preparar té, ¡pero los resultados valen la pena!

En una nota interesante, el nivel de dulzura varía según la región. Cuanto más al sur vayas, más dulce se vuelve el té. Tengo un amigo del norte de Marruecos que hace el té de una manera, pero siempre dobla el azúcar cuando mi esposo está en la mesa.

¿Y las bolsitas de té?

Si cree que es más de lo que le gustaría manejar, por supuesto, siempre puede usar bolsitas de té. Hay varias marcas diferentes de té de menta marroquí que son muy buenas.

Una tetera marroquí tradicional

Té especiado marroquí – KHOUDENJAL

- ⏱ *Origen: marroquí / dificultad: ★★ /5*
- ⏱ *Tiempo total de preparación: min*
- ⏱ *Calorías: -- bajas*
- ⏱ *Número de porciones: nuestra determinación*

De todas las recetas que he tratado de recrear, esta es la receta que necesitó más investigación e investigación para descubrir cómo hacer esta bebida marroquí. No puedo hablar por otras ciudades de Marruecos, pero en Marrakech durante los meses de invierno, KHOUDENJAL, una variedad de té especiado, es una bebida callejera muy popular. Es más fácilmente reconocible por las amplísimas cubas de cobre que lo guardan en la JEMMA EL FNA.

No, no es té de menta marroquí, ni mucho menos. Este té está cargado de especias y se dice que tiene propiedades curativas. Es uno de los remedios naturales que las personas utilizan durante el invierno para protegerse de enfermedades. Muchos vendedores tendrán una lista de ingredientes generales en la parte delantera de sus carritos, pero no hay cantidades y, como ocurre con muchas buenas recetas en Marruecos, no hay dos mezclas exactamente iguales.

Hierbas y especias para el té marroquí KHOUDENJAL

Recolectamos todo (¡no se preocupe si continúa desplazándose, tendré una lista completa!) Luego, todo se molió. Eso es. ¡Es realmente simple! Entonces, si está listo para preparar su té, ¡aquí le mostramos cómo hacerlo!

------------------Componente de la receta ------------------

- 🫖 Corteza de canela
- 🫖 galanga
- 🫖 cardamomo
- 🫖 clavos de olor
- 🫖 raíz más loca

- 🫖 pimienta blanca
- 🫖 maza (flor de nuez moscada seca)
- 🫖 jengibre seco
- 🫖 un pimiento rojo diminuto
- 🫖 comino blanco (opcional)

Cómo hacer té KHUDENJAL

Lo primero que debe hacer si está comenzando con los ingredientes crudos es moler todo. Algunos ingredientes, como la galanga, vendrán en tamaño grande. Cómo se hace en Marruecos es simple. Las raíces se colocan en una bolsa y se trituran con un martillo hasta que se rompen lo suficiente como para pasar por el molinillo. ¡Haz lo que sea necesario! Si no tiene un molinillo de alimentos, un molinillo de café también funcionará, solo mezcle en lotes pequeños.

¿Qué cantidad de cada ingrediente debo usar?

Puedes ver en la primera imagen que se usó aproximadamente la misma cantidad de cada cosa, pero ahí es donde puedes ser creativo. Si no te gusta el picor de un chile, no lo agregues. Si te gusta más jengibre, agrega un poco más. Realmente no hay una forma correcta o incorrecta de combinar los ingredientes. Té KHOUDENJAL con especias marroquíes

¿Cómo preparar té?

La regla general es mezclar un puñado de té seco con 1/2 litro de agua. Medí mi palma y era poco más de una cucharada. Tengo manos pequeñas, es posible que desee agregar un poco más. Pero, nuevamente, para esto, es mejor comenzar con menos hasta que tenga una idea de los sabores y lo que le gusta y no le gusta.

Prepara el té como lo harías con cualquier otro té; hierva el agua, agregue el té suelto seco o el té de bolas y deje reposar durante 2-3 minutos antes de servir. También puedes usar azúcar para ajustar el sabor.

¿Cómo debe saber?

Si nunca has probado este té, te sorprenderá un poco el sabor. Tiene patada. Realmente no está destinado a ser bebido de una taza gigante, solo una pequeña taza de té de tamaño marroquí.

Esto puede dejar una ligera sensación de ardor (¡dependiendo de su peso con los pimientos!). Pero, si tiene un resfriado o malestar estomacal, realmente puede ayudar a calmarlos. Como para mencionar, si parece un poco fuerte, un poco de azúcar puede equilibrar un poco el sabor.

Café –NOSS /NOSS- mitad marroquí mitad

- ◔ *Origen: marroquí / dificultad:* ★★ */5*
- ◔ *Tiempo total de preparación: 6 min*
- ◔ *Calorías: -- bajas*
- ◔ *Número de porciones: nuestra determinación*

----------------------*Componente de la receta* ------------------

 Un vaso de leche

 Café Expreso Concentrado

 Azúcar de tu elección

 Pequeño trozo de canela - opcional -

 Chocolate negro - opcional

--------------------*Pasos de realización* ------------------

Comience con un vaso de leche tibia y llene su taza hasta la mitad.

Luego use el mecanismo de espumado de una máquina de espresso o espumador de mano para espumar la leche hasta que apenas sobrepase el borde del vaso.

Empaque y prepare espresso como lo haría normalmente.

Deje que el espresso gotee en la taza de leche o viértalo lentamente sobre la leche.

¡Sirve con unos terrones de azúcar a un lado si quieres endulzarlo todo!

Observó :

Marruecos no tiene la cultura del café que tienen muchos países del Medio Oriente. El té es la bebida marroquí de facto. El café casi nunca es una bebida para el desayuno, aunque es común ver a hombres bebiendo espresso temprano en la mañana. Aquí, tomar café significa acercar una silla en un café y sentarse un rato. Sí

Té de menta marroquí

○ *Origen: marroquí / dificultad: ★★ /5*
○ *Tiempo total de preparación: min*
○ *Calorías: -- bajas*
○ *Número de porciones: nuestra determinación*

---------------------------Componente de la receta --------------------

🫖 *7 ramitas de menta fresca, cortadas a la mitad para que quepan en la tetera y más para decorar*

🫖 *1 cucharadita colmada de té en polvo suelto*

🫖 *500 ml de agua hirviendo*

🫖 *3 cucharadas de azúcar en polvo*

-------------------------Pasos de realización --------------------

1. *Para esta receta, necesitará una tetera marroquí o una tetera de estufa. Una tetera de estufa es una tetera que puede colocar y usar de manera segura en su estufa.*

2. *En una cacerola limpia, vierta el té en polvo y media taza de agua hervida. Deje que el té hierva a fuego lento durante un minuto y vierta el agua en una taza aparte. Si está usando una tetera de estufa, cuele el agua para mantener las hojas de té dentro de la olla. Ponga esta taza a un lado ya que contiene la esencia del té. No lo tires.*

3. *Repita el mismo proceso, vierta media taza de agua hervida en la misma tetera, pero esta vez agite la tetera varias veces para enjuagar las hojas de té. Si está usando una tetera de estufa, cuele el agua para mantener las hojas de té dentro de la olla. Vierta el agua y tírela.*

4. *Ahora introduce la menta fresca, el azúcar y la primera taza de agua que reservaste antes. Llene la tetera con el agua hervida restante y cocine a fuego lento a fuego medio-bajo hasta que hierva. Es importante dejar que el té hierva lentamente para permitir que el té en polvo y la menta fresca se empapen. Si está utilizando una tetera marroquí, verá que sale vapor de la tetera cuando hierva.*

5. *Cuando empiece a hervir, abre la tetera con cuidado y con una cuchara grande, revuelve el té para asegurarte de que el azúcar se haya disuelto por completo. Servir caliente. Si usa una tetera para estufa, cuele el té para mantener las hojas de té dentro de la tetera mientras lo vierte en cada vaso.*

6. *Coloque un poco de menta fresca en cada taza/vaso de té para obtener un aroma de menta fresca más fuerte y para decorar sus tazas/vasos de té (opcional).*

--------------------------Observó --------------------------

• *El té de menta marroquí es tradicionalmente muy dulce, pero siéntete libre de ajustar la cantidad de azúcar a tu gusto.*

• *Si está usando una tetera ordinaria resistente al calor, recuerde usar un colador pequeño cuando vierta el té en los vasos para atrapar las hojas de té en polvo.*

• *No dudes en aromatizar tu té marroquí con cualquier otra hierba aromática que te guste como verbena, salvia y geranio.*

• *Puede encontrar té en polvo en la mayoría de las tiendas de comestibles en el Medio Oriente.*

TÉ con hierbas de Marrakech (ATAY MAACHEB)

🕐 *Origen: marroquí / dificultad: ★★ /5*
🕐 *Tiempo total de preparación: 20 minutos*
🕐 *Calorías: 30 Kcal por ración*
🕐 *Número de porciones: 4*

La primera copa es tan dulce como la vida; el segundo es tan fuerte como el amor; el tercero es tan amargo como la muerte. (proverbio árabe)

-------------------Componente de la receta -------------------:

 Hojas secas de té verde

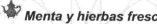 *Menta y hierbas frescas: añadir:*

    ★ *tomillo (ZAATAR)*

    ★ *salvia (salmia)*

    ★ *Mejorana (MERDEDOUCH)*

    ★ *Geranio (Atarcha)*

    ★ *Poleo (FLIO)*

 Azúcar (nosotros usamos terrones de azúcar moreno)

----------------------Pasos de realización ---------------------:

1. *Mezcle una cucharada generosa de hojas secas de té verde pólvora en una tetera grande de metal.*
2. *Luego, enjuague las hojas de menta fresca con las hierbas de su elección y vierta todo lo que pueda en la tetera.*
3. *Añadir agua hirviendo. Luego, encienda un quemador de gas y ajústelo a fuego alto.*
4. *Coloque la tetera directamente sobre la llama. Una vez que el té comience a burbujear en exceso, retíralo del fuego. Levante la tetera, vierta el té en una pequeña taza de té de vidrio lo más alto posible, luego vuelva a colocar el té en la tetera. Esto se llama "enjuagar" o "limpiar" el té de menta y se hace de 1 a 6 veces antes de servir una taza de té. Cuando el té tenga un bonito color amarillo verdoso oscuro, vierta un vaso y agregue tanta azúcar como desee. Servir caliente con galletas de coco.*

-------------------------Observó ------------------------ :

- *¡Hay más de 600 variedades de menta en el mundo! Para saber más sobre las variedades más utilizadas en Marruecos,*
- *Servimos nuestro té con azúcar al lado, pero la mayoría de los marroquíes agregan azúcar directamente a la tetera antes de servir.*

- *Es importante verter el té muy por encima de la taza, ya que esto ayuda a airear y desarrollar el sabor del té.*
- *Los marroquíes creen que cuantas más burbujas tenga el té, mejor.*
- *Descubrirá que cuando bebe una tetera, el sabor cambia de una taza a otra a medida que las hojas continúan reposando en la tetera.*

Bebida helada de sandía

○ *Origen: marroquí / dificultad:* ★★ */5*
○ *Tiempo total de preparación: unos 15 minutos*
○ *Calorías: alrededor de 100 calorías por porción*
○ *Número de porciones: 4-6 porciones*

------------------Componente de la receta ------------------

🍵 *10 tazas de cubos de sandía (sin pepitas), congelados por al menos 24 horas*

🍵 *2–3 cucharadas de jarabe de arce/miel*

🍵 *8-10 hojas frescas de menta o albahaca (añade más si te gusta más)*

🍵 *Jugo de 1 lima grande*

🍵 *1 1/2 tazas de agua*

------------------Pasos de realización ------------------

1. *Permita que los cubos de sandía congelados se descongelen a temperatura ambiente durante 5 a 10 minutos.*
2. *Una vez descongelado, agregue los cubos de sandía, las hojas de menta/albahaca, el jugo de lima, 2-3 cucharadas de jarabe de arce o miel y agua en una licuadora.*
3. *Mezclar todo hasta formar una consistencia de papilla. Querrá probarlo en este punto y luego ajustar la dulzura según lo que prefiera.*
4. *También puede agregar agua si la mezcla es demasiado espesa.*
   Verter en el vaso y servir inmediatamente con una rodaja de lima fresca y hojas de menta/albahaca.

Té helado de menta y limón marroquí

- ⊙ *Origen: marroquí / dificultad: ★★/5*
- ⊙ *Tiempo total de preparación: unos 30 minutos*
- ⊙ *Calorías: alrededor de 70 calorías por porción*
- ⊙ *Número de porciones: 4-6 porciones*

-------------------Componente de la receta -------------------

 3 bolsitas de té

 Jugo de 8 limones

 2 manojos de menta

 2/3 taza de jarabe de caña

 2 3/4 - 3 tazas de agua fría

----------------------Pasos de realización --------------------

1. *Pon a hervir 1 taza de agua. Añadir la bolsita de té y dejar en remojo durante 10 minutos.*
2. *Mientras tanto, haz rodar 6 limones sobre una superficie dura con la palma de la mano. Esto ayudará a aflojar los limones y liberar más jugo. Corta los 6 limones por la mitad.*
3. *Coloque un colador sobre un tazón mediano y luego exprima los limones.*
4. *Corta los dos limones adicionales en aros.*
5. *Agrega agua a una jarra con las hojas de menta. Vierta el jugo de limón, el jarabe, el té y el agua. Mezclar con una cuchara.*
6. *Refrigere hasta que se enfríe. Servir frío con hielo.*

Consejos para el té marroquí

- ▪ *Planifique su próxima reunión con inspiración e ideas adicionales.*

AGAFAY SUR, jugo de tomate

🕐 *Origen: marroquí / dificultad: ★★ /5*
🕐 *Tiempo de preparación: unos 10 minutos*
🕐 *Calorías (para una ración de 240 ml): unas 41 Kcalss*
🕐 *Número de porciones: alrededor de 4*

-------------------Componente de la receta -------------------

Mezcla de Bloody Mary

🫖 **4 tomates frescos grandes**

🫖 **3 cucharadas de jugo de limón**

🫖 **1 cucharada de salsa Worcestershire**

🫖 **1/2 cucharadita de chile chipotle molido**

🫖 **2 cucharadas de salsa picante**

🫖 **1 cucharada de pasta de tomate**

Mezcla de sal para llantas

🫖 **Sal gruesa**

🫖 **Chile chipotle**

🫖 **polvo de ajo**

🫖 **Sal de apio**

Coberturas de Bloody Mary

🫖 **limones**

🫖 **limas**

🫖 **gajos de pepino o pepinillo**

🫖 **olivos verdes**

🫖 **Aceitunas rellenas de queso de cabra**

🫖 **nabos en escabeche**

🫖 **rábanos marinados**

🫖 **Camarones Cocidos Fríos**

🫖 **Agua gaseosa**

----------------------Pasos de realización ----------------------

1. Lave y retire los tallos o partes duras de sus tomates.
2. Agréguelos a una licuadora junto con el jugo de limón, la salsa Worcestershire, el chipotle y la salsa picante. Blitz hasta que esté completamente combinado.
3. Se puede agregar pasta de tomate si la mezcla está demasiado líquida, la uso para espesar la mezcla o agregar más sabor a tomate si los tomates que usó necesitan un impulso.
4. Debido a que se mezcló con la cáscara, obtendrá más nutrientes, pero es posible que haya trozos de cáscara que no se mezclen. Puedes pasar la mezcla por un colador si quieres eliminar estos grumos.
5. Prueba y ajusta la mezcla a tu paladar.

borde de sal

- Hacer esta mezcla es realmente una decisión personal. Puedes mezclar a partes iguales todo o un poco más de cualquiera. Omita la pimienta si no la quiere picante, agregue más de cualquier cosa para realzar esos sabores.

Atender

- Primero frote el borde del vaso con jugo de limón y gírelo en la sal del borde, luego llénelo con la mezcla de jugo.
- No me gusta el sabor abrumador del jugo de tomate, así que mezclo el mío con 1/4 de taza de agua con gas y el resto de la mezcla de Bloody Mary. Es una elección personal.

Cóctel marroquí con menta y chocolate blanco

○ *Origen: marroquí / dificultad:* ★★ */5*
○ *Tiempo de preparación: unos 15 minutos*
○ *Calorías (para una ración de 240 ml): unas 240 Kcals*
○ *Número de porciones: alrededor de 2*

-------------------*Componente de la receta* -------------------

 1 taza de crema de coco

 1/2 taza de leche de coco

 1/4 taza de chocolate blanco

 1 cucharadita de extracto de menta

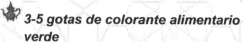 **3-5 gotas de colorante alimentario verde**

 Grageas doradas de azúcar (opcional)

---------------------*Pasos de realización* ---------------------

1. **Derrita el chocolate blanco en el microondas en incrementos de 30 segundos, revolviendo entre cada rebanada.**
2. **Mezcla la crema de coco y el chocolate blanco. Si la mezcla se vuelve grumosa, cocine en el microondas por otros 30 segundos y revuelva hasta que quede suave.**
3. **Separa aproximadamente 1/4 taza de la mezcla y deja enfriar en el refrigerador.**
4. **Agregue la leche de coco restante (3/4 taza) a la mezcla de crema y chocolate y revuelva para combinar.**
5. **Agregue el extracto y el colorante verde para alimentos y revuelva hasta que el color se combine uniformemente.**
6. **Congelar durante 2 horas o poner en una máquina de helados durante 10 minutos.**
7. **Llena un vaso con la mezcla verde, luego decora con la mezcla de crema de coco/chocolate reservada, seguida de nuggets y ¡disfruta!**

Cóctel Sencillo: Mojito De Fresa

○ *Origen: marroquí / dificultad:* ★★ /5
○ *Tiempo de preparación: 10 minutos*
○ *Calorías: 83 por porción*
○ *Número de porciones: 1*

---------------------*Componente de la receta* -------------------

 5 fresas medianas, en rodajas, sin cáscara

 4 hojas grandes de menta, picadas

 Zumo de 1 lima

 1 cucharadita de azúcar de caña

 1 1/4 taza de refresco de club

 300 ml de hielo picado

 rodajas de lima

 Fresa

---------------------*Pasos de realización* --------------------

1. **En una licuadora, combine las fresas, las hojas de menta, el azúcar y el jugo de lima.**
2. **Mezclar hasta que esté suave.**
3. **Vierta la mezcla en un vaso alto.**
4. **Llena el vaso hasta la mitad con hielo picado y luego agrega el club soda.**
5. **Mezcla todo.**
6. **Adorne con una fresa entera y rodajas de lima.**
7. **Servir inmediatamente.**

-------------------------*Observó* ---------------------

• **¿Necesitas prepararte con anticipación?**
• **Mezcle los ingredientes y guarde la mezcla en el refrigerador.**
• **Agregue hielo y gaseosa justo antes de servir.**

Bebida estimulante de romero y cítricos

- ◔ *Origen: marroquí / dificultad: ★ /5*
- ◔ *Tiempo de preparación: 15 minutos*
- ◔ *Calorías: 75 por porción*
- ◔ *Número de porciones: 1*

------------------*Componente de la receta* ------------------

- 🫖 romero fresco
- 🫖 2 cucharadas de azúcar
- 🫖 jugo de 1 naranja
- 🫖 Jugo de 1 limón
- 🫖 1 cucharadita de ralladura de naranja
- 🫖 1 onza de agua de coco
- 🫖 4 onzas de agua con gas

------------------*Pasos de realización* ------------------

1. Para el almíbar simple, agregue 1 ramita de romero, azúcar, jugo de naranja, jugo de limón y ralladura de naranja a una cacerola y deje hervir.
2. Reduzca el fuego a bajo, revuelva y cubra durante 5 minutos. Retire del fuego y cuele, deje enfriar 5-10 min.
3. Vierta 1 oz de jarabe simple en un vaso con hielo. Agregue todos los ingredientes restantes y revuelva
4. Adorne con una rodaja de naranja y romero extra fresco.

------------------*Observó* ------------------

- ¿Quieres hacerlo con alcohol? Un chorrito de ginebra sería una gran adición.

Cóctel fresco: sin alcohol al atardecer en Marrakech

🕐 *Origen: marroquí / dificultad: ★ /5*

🕐 *Tiempo de preparación: 10 minutos*

🕐 *Calorías: 187 por porción*

🕐 *Número de porciones: 2*

------------------Componente de la receta ------------------

🫖 1/2 taza de puré de fresas

🫖 2 tazas de hielo

🫖 1/4 taza de piña triturada

🫖 1/4 taza de crema de coco

🫖 2 cucharadas de azúcar en polvo

---------------------Pasos de realización ---------------------

1. Combine la crema de coco y el azúcar en polvo, batiendo hasta que el azúcar en polvo esté completamente incorporado.
2. Triture la piña mezclando trozos de piña fresca en una licuadora o procesador de alimentos.
3. Haga puré de fresas en un procesador de alimentos o licuadora
4. Combina helado y fresas.
5. Coloque hielo picado/fresas en el fondo de un vaso, luego agregue una capa de piña seguida de una capa de crema de coco.
6. ¡Agregue una fresa en el borde y disfrute!

-------------------------Observó ------------------------

✳ *Si quisieras diluir esta bebida y/o dividirla en dos partes, puedes mezclar la fruta con agua de coco para lograr la consistencia deseada. Si no te gusta la piña, puedes usar mango en su lugar.*

MOCKTAIL azul de Essaouira

◌ *Origen: marroquí / dificultad: ★/5*
◌ *Tiempo de preparación: 15 minutos*
◌ *Calorías: 159 por porción*
◌ *Número de porciones: 2*

------------------------*Componente de la receta* ------------------

 1/2 taza de Blue Hawaiian Punch (sabor Polar Blast)

 2 tazas de hielo

1/4 taza de piña triturada

1/4 taza de crema de coco

2 cucharadas de azúcar en polvo

2 limas, jugo

-----------------------*Pasos de realización* -----------------

1. **Combine la crema de coco y el azúcar en polvo, batiendo hasta que el azúcar en polvo esté completamente incorporado.**
2. **Licuar la piña en un procesador de alimentos o licuadora.**
3. **Mezclar el jugo de lima con el ponche.**
4. **Mezcle hielo y ponche juntos.**
5. **Coloque hielo triturado/perforado en el fondo de un vaso, luego agregue una capa de piña seguida de una capa de crema de coco.**

Limonada con sabor a limón

- ○ *Origen: marroquí / dificultad:* ★ /5
- ○ *Tiempo total de preparación: 10 minutos*
- ○ *Calorías (para una ración de 250 ml): unas 76 Kcals*
- ○ *Número de porciones: 6*

------------------Componente de la receta ------------------

 Jugo de 4 limones

 2 limones extra

 1 taza de bayas mixtas congeladas

 2/3 taza de jarabe de caña

 3 tazas de agua fría

---------------------Pasos de realización --------------------

1. *Para esta receta, puede usar bayas mixtas frescas que haya congelado o puede usar bayas mixtas congeladas compradas. ¡Lo que funcione para ti!*
2. *Si usa bayas frescas, divida las bayas mezcladas en una bandeja de cubitos de hielo, cubra con agua y congele durante la noche.*
3. *Para hacer la limonada, rueda 4 limones sobre una superficie dura con la palma de tu mano. Esto ayudará a liberar los jugos extra. Corta los 4 limones por la mitad. Coloque un colador sobre un tazón mediano, luego exprima los limones o use un exprimidor para extraer todo el jugo.*
4. *Corta los 2 limones adicionales en aros y agrégalos a una jarra. Vierta el jugo de limón, el almíbar y el agua en la jarra. Revuelve con una cuchara para combinar todo.*
5. *Refrigere hasta que se enfríe.*
6. *Sirva frío con cubitos de hielo de bayas en vasos. La limonada adquirirá un bonito tono rojo cuando los cubos se derritan.*

Café helado batido con chocolate y menta

- Origen: marroquí / dificultad: ★★ /5
- Tiempo total de preparación: 10 minutos
- Calorías (para una ración de 250 ml): unas 119 Kcals
- Número de porciones: 2

-------------------Componente de la receta -------------------

- 3 cucharadas de agua caliente
- 3 cucharadas de azúcar
- 3 cucharadas de café instantáneo
- 1 cucharada de cacao en polvo
- 2 cucharadas de jarabe de menta o 2 gotas de extracto de menta
- Leche o bebida vegetal a tu elección
- cubos de hielo

----------------------Pasos de realización ----------------------

1. En un recipiente, ponga 3 cucharadas de café instantáneo, 3 cucharadas de azúcar y 3 cucharadas de agua caliente.
2. Bátelo todo bien, con una batidora de mano o un batidor hasta que todo esté bien batido y la consistencia se asemeje a la crema batida.
3. Agregue el cacao en polvo y mezcle por otro minuto.
4. Llene una taza aproximadamente 2/3 con leche fría y agregue una cucharada de jarabe de menta por taza (o extracto)
5. Si lo quieres helado, agrega los cubitos de hielo ahora también.
6. Encima, pon unas cucharadas de café batido con chocolate.
7. Usa una cuchara para mezclar el café con la leche mientras lo bebes.

----------------------------Observó ----------------------------

✓ Puede usar las cantidades que prefiera, siempre que use la misma cantidad de agua caliente, azúcar y café instantáneo para crear el café batido. Eso es suficiente para dos tazas grandes.

Jarabe de menta casero

- ◔ *Origen: marroquí / dificultad: ★★ /5*
- ◔ *Tiempo total de preparación: 40 minutos*
- ◔ *Calorías (para una porción de 15 ml): unas 58 Kcal*
- ◔ *Número de porciones: 16*

------------------Componente de la receta ------------------

- 🫖 **1 taza de hojas de menta fresca (solo las hojas, sin tallos)**
- 🫖 **1 taza de agua**
- 🫖 **1 taza de azúcar blanca**
- 🫖 **frasco de vidrio esterilizado**

---------------------Pasos de realización ---------------------

1. **En una cacerola pequeña, combine todos los ingredientes**
2. **Lleve a ebullición lentamente, mientras revuelve, para permitir que el azúcar se disuelva por completo.**
3. **Dejar cocer a fuego lento de 3 a 5 minutos.**
4. **Apague el fuego y deje reposar el almíbar durante 30 minutos.**
5. **Colar la mezcla en un recipiente de vidrio esterilizado. Dejar enfriar completamente antes de cubrir.**

-------------------------Observó -------------------------

- ❖ **Conservar en el frigorífico y utilizarlo en bebidas, postres y otros platos. Dura un mes.**

Batido de almendras y aguacate

🕒 *Origen: marroquí / dificultad: ★★ /5*

🕒 *Tiempo total de preparación: 5 minutos*

🕒 *Calorías (para una ración de 250 ml): unas 187 Kcals*

🕒 *Número de porciones: 2*

---------------------*Componente de la receta* ------------------

🫖 **1/2 aguacate maduro**

🫖 **1 taza de leche de almendras (yo uso saborizante de vainilla y omito otros edulcorantes)**

🫖 **1 cucharadita de azúcar u otro edulcorante natural**

---------------------*Pasos de realización* --------------------

1. **Cortar el aguacate por la mitad y quitar el hueso.**
2. **Deslice la fruta de aguacate fuera de la piel y colóquela en una licuadora.**
3. **Agregue la leche y el azúcar y mezcle hasta que no queden más trozos de aguacate.**
4. **Es muy importante que el aguacate esté maduro, de lo contrario no se mezclará bien. La consistencia debe ser espesa pero suave. Puedes añadir más leche si prefieres un batido más aguado.**

-------------------------*Observó* ------------------------

✓ **Nota: puede usar cualquier tipo de leche y agregarle otras frutas; las manzanas y los plátanos son comunes. Si opta por no usar leche de almendras, agregue extracto de almendras o almendras picadas muy finas (así lo hacen en Marruecos). Se supone que el sabor incluye almendras.**

Leche de almendras con dátiles marroquíes

🕐 *Origen: marroquí / dificultad: ★★ /5*

🕐 *Tiempo total de preparación: 5 minutos*

🕐 *Calorías por porción: alrededor de 200-250 calorías*

🕐 *Número de porciones: 1*

------------------*Componente de la receta* ------------------

 6-8 oz de leche o sustituto de la leche (leche de almendras/leche de soya, etc.)

 4 dátiles blandos grandes

 10-12 almendras

------------------*Pasos de realización* ------------------

1. **En una licuadora, agregue la leche, las almendras y los dátiles.**
2. **Puedes blanquear y quitar la cáscara exterior de las almendras si no te gusta la textura. También puedes usar harina de almendras para una textura más suave.**
3. **Mezcle durante 2-3 minutos hasta que quede suave y cremoso.**
4. **Verter en un vaso y disfrutar frío.**

Printed in France by Amazon
Brétigny-sur-Orge, FR

14463122R00194